»Eine Frau als Museums-direktorin«

Hanna Hofmann-Stirnemann
(1899–1996)

SANDSTEIN

»Eine Frau als Museumsdirektorin«

Hanna Hofmann-Stirnemann (1899–1996)

Gloria Köpnick
Rainer Stamm

Die vorliegende Publikation
wurde großzügig
ermöglicht durch die

Inhalt

Vorwort

»Eine Frau als Museumsdirektorin«, meldete die Zeitschrift *Die Frau. Organ des Bundes Deutscher Frauenvereine* im Mai 1930 den Durchbruch der Kunsthistorikerin Hanna Stirnemann in eine bis dato fest gefügte Männerdomäne. Frauen in Museen waren bis dahin zumeist Sekretärinnen, Stenotypistinnen oder Hilfsarbeiterinnen.[1] »Zurzeit haben wir in Deutschland keine Museumsleiterin«, hatte die Hamburger Journalistin Else Grüttel (1881–1918) 1913 in dem Berufsorgan *Museumskunde* feststellen müssen, »wohl aber (soweit mir bekannt) eine – aber auch nur eine – festangestellte Assistentin, und zwar am Trierer Provinzialmuseum. Nicht festangestellte Assistentinnen sind in Berlin am Kaiser Friedrich-Museum und in Leipzig am Kunstgewerbemuseum tätig […]; akademisch vorgebildete Volontärinnen finden wir in der Berliner Nationalgalerie und in der Münchener Pinakothek. Bei der großen Anzahl deutscher Museen erscheint dieser Kreis von dort beschäftigten akademisch geschulten Frauen sehr gering.«[2]

An diesem Befund hatte sich auch nach dem Ende des Kaiserreichs, in den frühen Jahren der Weimarer Republik, nicht viel verändert, wie die Frauenrechtlerin Elisabeth Altmann-Gottheiner (1874–1930) mit Blick auf den Sonderfall Johanna Mestorfs, die 1899 als erste Frau in Preußen, zur Honorarprofessorin ernannt worden war, 1921 berichtet: »Unter den Museumsbeamten befinden sich zur Zeit vereinzelt auch Frauen, von denen einige wenige sogar zu höheren Posten aufgestiegen und mit dem Professorentitel ausgezeichnet worden sind. Sie spielen aber statistisch keine Rolle, und ihr Vorhandensein darf den weiblichen Nachwuchs nicht zu falschen Hoffnungen verleiten.«[3]

1908 erst waren Frauen in Preußen zum Hochschulstudium zugelassen worden. In dem Rückblick auf »25 Jahre Frauenstudium in Deutschland« listete die Bibliothekarin und Chronistin der Frauenbewegung Elisabeth Boedeker (1893–1980) rund 250 seither entstandene Dissertationen von Frauen im Fach Kunstgeschichte auf. Doch nur wenige Akademikerinnen konnten in ihrem Beruf Fuß fassen und nur den wenigsten gelang es, eine Museumslaufbahn einzuschlagen: Marie Schuette (1878–1957) begann 1904 ihr Volontariat am Kölner Kunstgewerbemuseum und war 1910 als wissenschaftliche Mitarbeiterin an das Kunstgewerbemuseum Leipzig gewechselt. Frida Schottmüller (1872–1936), die als Gasthörerin an der Berliner Universität eingeschrieben war und in Zürich promoviert wurde, war seit 1905 als Mitarbeiterin Wilhelm von Bodes am Kaiser-Friedrich-Museum in Berlin tätig. Die Archäologin Elvira Fölzer (1868–1937) arbeitete seit 1907 als wissenschaftliche Hilfsarbeiterin am Provinzialmuseum in Trier;[4] Hildegard Heyne (1878–1964) seit 1908 am Museum der bildenden Künste in Leipzig, wo sie ab 1922 die Grafische Sammlung leitete.

Seit den 1920er Jahren hatte sich das Berufsfeld etwas verbreitert: Elisabeth Moses (1894–1957) arbeitete ab 1920 als wissenschaftliche Mitarbeiterin am Kunstgewerbemuseum in Köln; Lilli Fischel (1891–1978) seit 1925, zunächst als wissenschaftliche Hilfsarbeiterin und ab 1928 als Kustodin, an der Kunsthalle Karlsruhe; Elisabeth Henschel-Simon (1897–1946) seit 1927 als Kustodin an den Berliner Schlössern und Gärten und Agnes Waldstein (1900–1961) als

Assistentin am Museum Folkwang in Essen, für das sie 1929 den Bestandskatalog »Moderne Kunst« verfasste. Das erschienene »Jahrbuch der Deutschen Museen« verzeichnet 1930 16 Kunsthistorikerinnen als »wissenschaftliche hauptamtliche Museumsbeamte«, von denen elf als wissenschaftliche Hilfsarbeiterinnen, Volontärinnen oder Assistentinnen tätig waren, vier als »Kustos«[5] und lediglich Hanna Stirnemann als »Direktor«, deren Funktion somit nahezu vorbildlos war.

Eine Ausnahme bildete die Prähistorikerin und Archäologin Johanna Mestorf (1828–1909), die als Autodidaktin 1873 zunächst zur Kuratorin und 1891 zur Direktorin des Museums vaterländischer Althertümer in Kiel ernannt worden war.[6] Sonderfälle stellten auch die Lebensläufe von Frieda Fischer (1874–1945) und Luise Straus-Ernst (1893–1944) dar: Erstere hatte, aufgrund testamentarischer Verfügungen, nach dem Tod ihres Mannes 1914 die Leitung des gemeinsam von ihr und ihrem Mann gestifteten Ostasiatischen Museums in Köln übernommen. Vom Deutschen Museumsbund wurde sie 1930 als einzige Museumsdirektorin geführt[7] – bis sie 1937, aufgrund der jüdischen Abstammung ihres zweiten Mannes Alfred Ludwig Wieruszowski, von den Nationalsozialisten aus ihrem Amt vertrieben und ihr verboten wurde, das Museum zu betreten.

Im Gegensatz zu Fischer war Straus-Ernst studierte Kunsthistorikerin und, als eine der ersten Absolventinnen der Universität Bonn, 1917 bei Paul Clemen über Kölner Goldschmiedekunst des 12. Jahrhunderts promoviert worden. Im Anschluss an ihre Promotion war sie als »wissenschaftliche Hilfsarbeiterin« am Wallraf-Richartz-Museum in Köln tätig und wurde hier nach dem Tod des kommissarischen Direktors Joseph Poppelreuter ab Januar 1919 für wenige Monate zur kommissarischen Direktorin des Museums ernannt.

Auch die Kunsthistorikerin Lilli Fischel leitete die Badische Kunsthalle Karlsruhe von 1927 bis 1933 lediglich kommissarisch.[8] Die Berufung Hanna Stirnemanns zur hauptamtlichen und öffentlich – durch die Stadt Jena – bestellten Museumsdirektorin war 1930 daher eine sozialgeschichtliche Sensation und ein Triumph der Kunsthistorikerin als Verkörperung der ›Neuen Frau‹. »Anders als bei Fischer, Straus und Fischel bedarf es hier aber keiner Testamente und auch keines verdrucksten Stellvertreterinnentums, um die Sache zu regeln. Jena wagt den großen Wurf [...]. Ein Meilenstein«, konstatierte Manuel Wischnewski 2019.[9]

Umso mehr verwundert es, dass Leben und Werk der Pionierin Stirnemann heute weitgehend vergessen sind. Das nationalsozialistische Regime hatte auch ihrem Engagement ein Ende gesetzt. Im Gegensatz zu den als Jüdinnen verfolgten Kolleginnen Lilli Fischel, Elisabeth Henschel-Simon, Elisabeth Moses und Agnes Waldstein wurde sie zwar nicht bereits 1933 entlassen, sondern erst 1935 aus dem Amt gedrängt. Auch konnte sie im Unterschied zu den zur Emigration gezwungenen oder – wie Luise Straus-Ernst – ermordeten Kolleginnen nach 1945 für wenige Jahre noch einmal an anderem Ort in ihr Amt zurückkehren. Doch die DDR mit ihren (kultur-)politischen Dogmen machte auch den beruflichen Neuanfang Hanna Hofmann-Stirnemanns nach dem Zweiten Weltkrieg nach wenigen Jahren zunichte.

Der faszinierende und aufrechte Lebensweg der Kunsthistorikerin fordert daher dazu heraus, an sie zu erinnern: Den Anfang machte der damalige Geschäftsführer des Werkbunds Berlin Bernhard Schneider, der die nahezu Vergessene 1979 anlässlich ihres 80. Geburtstags besuchte und interviewte.[10]

Seit den 1990er Jahren erinnert die Jenaer Historikerin Birgitt Hellmann an »die erste Museumsdirektorin Deutschlands«, und seit 2018 stellten die Verfasser ihr Leben und Werk im Rahmen von Tagungen in New York und Wien im Kontext von »Female Agency: Woman Curators and Directors« und der ebenso polemischen wie notwendigen Fragestellung »Why Have There Been No Great Female Art Historians?« vor.[11] Auf beiden Tagungen war das Interesse für die Geschichte der Pionierin innerhalb eines – wie selbstverständlich bis 1945 von Männern geprägten – Berufsfeldes groß und das Fehlen einer umfassenden Biografie und Bibliografie Hanna Hofmann-Stirnemanns wurde schmerzlich bewusst. Das Nichtvorhandensein einer Übersicht über die von ihr realisierten Ausstellungen und von ihr verfassten und an vielen unterschiedlichen Orten publizierten Schriften hat nicht zuletzt auch dazu geführt, dass sie keine Aufnahme in die 2021 von K. Lee Chichester und Brigitte Sölch herausgegebene Sammlung von »Quellentexten von Pionierinnen der Kunstgeschichte« gefunden hat, in der sie nur am Rande Erwähnung findet.[12]

Zu dem Verschwinden und Vergessen der Kunsthistorikerin sowie der bislang fehlenden Bibliografie ihrer Schriften haben sicherlich auch die nicht zuletzt durch ihr Leben und Wirken in fünf unterschiedlichen politischen Systemen begründeten Varianten und Änderungen ihres Namens beigetragen: Geboren als Johanna Stirnemann, trat sie ihren Beruf als »Hanna« Stirnemann an. Seit der Eheschließung mit dem Bauhaus-Absolventen Otto Hofmann unterzeichnete sie ihre Veröffentlichungen als Hanna Hofmann oder Hofmann-Stirnemann, während sie nach dem Verlassen der DDR als Johanna Hofmann publizierte. Die Wechsel ihrer Wirkungsstätten und Namen trugen ganz offensichtlich dazu bei, dass sich ihre Spuren teilweise verloren haben. So findet sie in dem 1989 erschienenen Standardwerk über die Keramikwerkstatt des Bauhauses unter unterschiedlichen Namen als ehemalige Direktorin des Stadtmuseums Jena und als Leihgeberin von Exponaten Erwähnung, als handele es sich um unterschiedliche Personen.[13]

Bescheiden war Hanna Stirnemann alias Johanna Hofmann sich ihrer Rolle als Pionierin gleichwohl bewusst, wie aus einem ihrer Rückblicke auf ihre Amtszeit als Direktorin des Jenaer Stadtmuseums aus den 1950er Jahren hervorgeht: »Am 1. April 1930 [übernahm ich] hauptamtlich die Leitung dieses Museums. Ich war damals die erste Frau, der in Deutschland der Posten eines Museumsdirektors gegeben wurde«, heißt es da.[14]

Während die Literatur zu den bedeutenden Museums*männern* des 20. Jahrhunderts, wie Wilhelm von Bode, Hugo von Tschudi, Alfred Lichtwark, Gustav Pauli, Ludwig Justi oder Alexander Dorner bereits Regale füllt, sucht man vergeblich nach Ähnlichem zu deutschen Museums*frauen*. Die vorliegende Monografie zeichnet daher erstmals Leben und Wirken, Netzwerk, Überzeugungen und Ideen der Kunsthistorikerin Johanna »Hanna« Hofmann-Stirnemann über fünf Jahrzehnte nach und möchte dem offensichtlichen ›Gendergap‹ und diesem Mangel etwas entgegensetzen.

Der vorliegende Band erscheint 2024 anlässlich des 125. Geburtstags Johanna »Hanna« Hofmann-Stirnemanns. Jahrelange, akribische Recherchen und glückliche Zufallsfunde in Oldenburg, Berlin, Greiz, Halle (Saale), Jena, Rudolstadt, Weimar und Wien kommen damit zu einem vorläufigen Abschluss. Zum Gelingen des Vorhabens hat die Unterstützung vieler Kolleginnen und Kollegen beigetragen.

Unser Dank gilt insbesondere Philip Gorki, Rainer Heide, Andrea Meyer, Wolfgang Schöddert und Rita Wolters (Berlin), Osamu Okuda (Bern), Beate Manske (†) und Anja Ochsendorf (Bremen), Sabine Breer, Miriam Krautwurst, Cornelia Nowak und Katharina Taxis (Erfurt), Wolfdieter Schiecke (Eutin), Steffi Markowski (Greiz), Susanna Bartsch, Constanze Mann, Maria Schmid und Erik Stephan (Jena), Isabelle Jansen (München), Christopher Oestereich (Potsdam), Sabrina Lüderitz (Rudolstadt), Frank Boblenz und Sebastian Dohe (Weimar) sowie Heidrun Rosenberg (Wien).

Besonders danken wir Martin Hoernes und der Ernst von Siemens Kunststiftung, die den Druck der vorliegenden Publikation ermöglicht hat.

Herzlich danken wir Marianne Hofmann für ihr Vertrauen, ihre Offenheit und ihre Freundschaft.

1 Vgl. Meyer 2023. Hier findet sich auch ein statistischer Überblick zu Frauen als Mitarbeiterinnen in Museen.

2 Grüttel 1913, S. 223.

3 Elisabeth Altmann-Gottheiner: Die Berufsaussichten der deutschen Akademikerinnen, Halle (Saale) 1921, zit. nach: Chichester und Sölch 2021, S. 9–37, hier S. 21.

4 Vgl. Jürgen Merten: Elvira Fölzer (*1868). Zum sozialen und beruflichen Umfeld einer frühen Trierer Archäologin, in: Fries und Gutsmiedl-Schümann 2013, S. 119–139.

5 Hildegard Heyne (Museum der bildenden Künste, Leipzig), Vita von Lieres (i. e. Viktoria von Lieres und Wilkau, Kunstgewerbemuseum, Frankfurt/Main), Frida Schottmüller (Kaiser-Friedrich-Museum, Berlin), Marie Schuette (Kunstgewerbemuseum, Leipzig). Den vier genannten ist Lilli Fischel hinzuzufügen, die lediglich unter Karlsruhe, nicht jedoch im alphabetischen Verzeichnis der Museumsbeamten genannt wird. Die weibliche Form der Berufsbezeichnung Kustos wird in dem Jahrbuch noch nicht genutzt.

6 Vgl. Anna Kieburg: Johanna Mestorf (1828–1909). »Zierde« der norddeutschen Altertumswissenschaft, in: Fries und Gutsmiedl-Schümann 2013, S. 95–100.

7 Frieda Fischer-Wieruszowski ist 1930 die einzige Frau, die im Mitgliederverzeichnis des Deutschen Museumsbundes als »Direktorin« geführt wird; Stirnemann wird hier ›nur‹ als Leiterin bezeichnet, vgl. Mitgliederliste des Deutschen Museumsbundes. Stand am 1. November 1930, Landesmuseum Kunst & Kultur Oldenburg, Archiv (im Folgenden: LMO-A) 387.

8 Vgl. u. a. den Briefwechsel Fischels mit Müller-Wulckow v. Februar/März 1929, LMO-A 17, in dem sie mit »Konservator Fischel i. V. der Direktion« unterzeichnet.

9 Wischnewski 2019, S. 72.

10 Vgl. Johanna Hofmann-Stirnemann in einem Interview mit Bernhard Schneider anlässlich ihres 80. Geburtstages, in: *Werk und Zeit*, 1979, H. 3, S. 2.

11 Woman Curators and Directors, Christies Education, New York, 26.–27. Juni 2018; Why Have There Been No Great Female Art Historians?, 21. Internationale Tagung des Verbandes österreichischer Kunsthistorikerinnen und Kunsthistoriker (VöKK), Wien, 5.–7. November 2021.

12 Chichester und Sölch 2021, S. 22.

13 Vgl. Weber 1989, S. 134 f.

14 Vgl. Hanna Hofmann-Stirnemann, Lebenslauf, ca. 1956, Typoskript, Landesmuseum Kunst & Kultur Oldenburg, Teilnachlass Hanna Hofmann-Stirnemann (im Folgenden: LMO-HHS). In die Zeit fällt auch der offenbar letzte Kontakt mit dem Landesmuseum Oldenburg: 1959 fragte dessen Direktor Herbert Wolfgang Keiser bei Hanna Hofmann um eine Leihgabe eines Bildes von Otto Hofmann für die Ausstellung der Berliner Kunstpreisträger an, vgl. Herbert Wolfgang Keiser an Hanna Hofmann, Briefdurchschlag v. 22. Oktober 1959, LMO-A 714.

1899–1927

Elternhaus, Schulbildung und Studium

Hanna Stirnemann, Mitte der 1920er Jahre, Fotografie, Landesmuseum Kunst & Kultur Oldenburg

Die Stadt Weißenfels (heute zu Sachsen-Anhalt gehörend), mit dem repräsentativen Schloss Neu-Augustusburg, das lange Residenz der Herzöge von Sachsen-Weißenfels gewesen war, liegt rund 30 Kilometer südlich bzw. südwestlich von Halle (Saale) und Leipzig. In der kleinen Stadt an der Saale, die ein Zentrum für die Verarbeitung hochwertiger Eichhörnchen-Pelze war, lebten um 1900 rund 28000 Einwohner. Johanna Margarete Luise Stirnemann wird hier am 12. Oktober 1899 als älteste Tochter von Albert Stirnemann und dessen aus Hanau stammender Ehefrau Margarethe (geb. Elsaß) geboren.[1] Albert Stirnemann besitzt in der Jüdenstraße 17, im Zentrum der Stadt, ein Geschäft für Eisenwaren, Haus- und Küchengeräte, welches der Familie ein gutes Einkommen und der Tochter eine höhere Bildung ermöglicht. Von 1906 bis 1916 besucht sie das Lyzeum in Weißenfels. Nach Unterbrechung im Ersten Weltkrieg setzt sie die Schulbildung von 1919 bis 1922 an der Oberrealschule von Weißenfels fort, die sie zu Ostern 1922 als eine der ersten weiblichen Absolventinnen mit dem Abitur abschließt.[2] Die auf männliche Absolventen ausgelegten Zeugnisvordrucke belegen ihren zu dieser Zeit noch ungewöhnlichen Lebensweg.

Unweit ihrer Geburtsstadt, in die Stirnemann während der Semesterferien immer wieder zurückkehrt,[3] schreibt sich Stirnemann am 2. Mai 1922 zunächst für das Studium der Philosophie an der Philosophischen Fakultät der Vereinigten Friedrichs-Universität Halle-Wittenberg in Halle (Saale) ein.[4] Streichungen und Ergänzungen im Anmeldebuch sowie Stirnemanns Aufzeichnungen belegen den baldigen Wechsel des Studienschwerpunkts hin zur Kunstgeschichte. Sie belegt darüber hinaus Kurse in Literaturwissenschaften, Psychologie und Pädagogik.[5] Selbstbewusst gibt Stirnemann als Zweck des Studiums früh schon die »Doktorpromotion« an.[6] Zeitweise gehört sie dem Akademischen Studentenausschuss (Asta) an.[7]

Im ersten Semester besucht Stirnemann mehrere Kurse zu »Deutscher Kunst im Mittelalter« – darunter eine Veranstaltung bei Paul Frankl (1878–1962), ihrem späteren Doktorvater.[8] Bereits im zweiten Semester belegt sie drei von 15 Veranstaltungen bei Frankl und eine bei dem Archäologen Georg Karo (1872–1963), der später Zweitgutachter ihrer Doktorarbeit sein wird. Während ihrer ersten Semester belegt sie Veranstaltungen zur Philosophie, Literatur und Psychologie. Bald zeichnet sich, sowohl in der Wahl der Vorlesungen als auch der praktischen Übungen, ihre Fokussierung auf Kunstgeschichte ab. Inhaltlich ist ein Großteil der Veranstaltungen auf die italienische, französische, niederländische und deutsche Kunst vom Mittelalter bis zum 17. Jahrhundert ausgerichtet. Kurt Gerstenbergs (1886–1968) Vorlesung über die Deutsch-Römer des 19. Jahrhunderts bietet einen der weitesten Vorstöße in die Gegenwart. Die Semestergebühren liegen im November 1923 – auf dem Höhepunkt der Inflation – bei 99 Milliarden Mark.[9]

Das freundschaftliche Netzwerk zu ihren Kommilitonen, das sie in diesen Jahren ausbildet, insbesondere den Schülern des 1921 an die Universität in Halle berufenen und 1933 entlassenen Professors der Kunstgeschichte Paul Frankl, wird ihren weiteren Lebensweg prägen. Dem Kreis ihrer Kommilitonen gehören u. a. Werner Meinhof, Walter Dieck, Walter Timmling, Hans Volhard,[10] Hellmuth Allwill Fritzsche und Heinz Köhn an, mit denen Stirnemann in den folgenden Jahren in unterschiedlichsten Konstellationen verbunden bleiben wird.

DER STILBEGRIFF DES
„SPÄTGOTISCHEN"
IN DER ALTDEUTSCHEN MALEREI

INAUGURAL-DISSERTATION
ZUR
ERLANGUNG DER DOKTORWÜRDE
DER
HOHEN PHILOSOPHISCHEN FAKULTÄT
DER
PREUSSISCHEN VEREINIGTEN FRIEDRICHS-UNIVERSITÄT
HALLE-WITTENBERG

VORGELEGT VON
HANNA STIRNEMANN
AUS WEISSENFELS a./d. SAALE

STRASSBURG — BUCHDRUCKEREI HEITZ & Co
1929.

Hanna Stirnemann, Der Stilbegriff des »Spätgotischen« in der altdeutschen Malerei, Dissertation, Straßburg 1929, Landesmuseum Kunst & Kultur Oldenburg

Vereinigte Friedrichs-Universität
Halle-Wittenberg

Unter dem Rektorat des ordentlichen Professors der Theologie D. Dr. Otto Eißfeldt verleiht die Philosophische Fakultät der Vereinigten Friedrichs-Universität Halle-Wittenberg durch ihren Dekan, den ordentlichen Professor der klassischen Philologie Dr. Ernst Diehl, auf Grund einer ausgezeichneten Arbeit: „Der Stilbegriff des Spätgotischen in der altdeutschen Malerei" und der am 23. Februar 1927 sehr gut bestandenen Prüfung der Kandidatin
Johanna Stirnemann
aus Weißenfels a. d. Saale die Würde eines Doktors der Philosophie.
Vollzogen zu Halle, am 27. Dezember 1929.

Ernst Diehl

Gedruckt bei Wilhelm Brandt, Halle (Saale)

Vereinigte Friedrichs-Universität Halle-Wittenberg, Promotionsurkunde Johanna Stirnemann v. 27. Dezember 1929, Landesmuseum Kunst & Kultur Oldenburg

Ihr Studium in Halle unterbricht sie 1924/25 für ein Semester an der Universität Wien, wo sie Vorlesungen bei den konkurrierenden Hauptvertretern der sog. Wiener Schule, Julius von Schlosser (1866–1938) und Josef Strzygowski (1862–1941), hört.[11] Bei Julius von Schlosser belegt sie die Vorlesung zur »Italienischen Kunstgeschichte«, »Praktische Übungen« sowie »Übungen an österreichischen Kunstdenkmälern«. Bei Strzygowski hört sie die Vorlesung »Planmäßige Kunstbetrachtung«. Darüber hinaus besucht sie in Wien Max Eislers (1881–1937) Vorlesungen »Der Künstler als Kritiker« und »Von Goya bis Gogh«. Bei Karl Swoboda (1889–1977), einem Schüler Schlossers, besucht sie eine Veranstaltung zur »Geschichte der gotischen Plastik und Malerei«. Ferner hört Stirnemann bei dem Philosophen Moritz Schlick (1882–1936) eine Vorlesung »Systeme der großen Denker«. Schließlich besucht sie eine archäologische Vorlesung zum Thema »Meisterwerke der griechischen Plastik«. Alles in allem umfasst ihr Studium 16 Wochenstunden – ein volles Programm, vorwiegend der älteren Kunstgeschichte gewidmet, das sich in ihre halleschen Studienschwerpunkte fügt.

Während ihres Studiums verfasst Stirnemann auch Gedichte, die das melancholische Pathos der Jugendlichkeit in sich tragen. Als Beispiel sei hier eines der von dem Dessauer Historiker Bernd Nowack wiederentdeckten Gedichte Stirnemanns zitiert:

»Sprich nicht von Untergang und nahem Ende,
wenn nächstens die Lemuren geistern.
Der Engel wacht! Und seine Flammenhände,
die furchtlos das Gezücht der Vipern meistern,
beschirmen Dich. Es bleibt gebannt.
Von seinem Blick ward der Skorpion gebrannt,
und Menschen, die in seinem Flügelrauschen
der Atem Gottes anweht, sie vertauschen
das Nessushemd der Angst mit kühler Seide.
Sie ruhn getrost mit Herden auf der Weide,
kein Wolf kann reißen sie in dieser Nacht,
vertan, verloren ist der Mahre Macht!
[...].«[12]

Stirnemanns poetische Versuche belegen ihr ausgeprägtes Interesse für Sprache und Literatur. Unter den wenigen Büchern, die sich aus ihrer Studienzeit erhalten haben, zählt die bei Paul Cassirer erschienene Erstausgabe der »Theorie des Romans« von Georg Lukács, mit der sich Stirnemann 1925 auseinandergesetzt hat. In ihrer beruflichen Laufbahn wird das Verfassen von kunstwissenschaftlichen Texten, Ausstellungsberichten und Rezensionen zu einem roten Faden ihrer Arbeit.

Während ihres Studiums belegt sie über fünf Semester Abendkurse in der Buchbindeklasse von Otto Pfaff (1896–1983) an der Kunstgewerbeschule Burg Giebichenstein in Halle (Saale).[13] An der wegweisend modernen Kunstgewer-

Das Landesmuseum für Kunst und Kulturgeschichte im Oldenburger Schloss, ca. 1921, Fotografie, Landesmuseum Kunst & Kultur Oldenburg

beschule eignet sie sich somit über ihre theoretische Bildung hinaus praktische Fähigkeiten und ein Verständnis zeitgenössischen Kunstgewerbes an, das für ihre weitere berufliche Ausrichtung ebenfalls prägend wird.

1927 wird Hanna Stirnemann mit ihrer Doktorarbeit über den »Stilbegriff des ›Spätgotischen‹ in der altdeutschen Malerei« promoviert.[14] Paul Frankl und Georg Karo bewerten ihre Abschlussarbeit mit der Bestnote »summa cum laude«.[15] Das Rigorosum findet am 23. Februar 1927 statt, und wenig später beginnt Stirnemann, sich mit Frankl über die Details der Drucklegung auszutauschen.[16] Dass noch mehr als ein Jahr vergeht, bis Stirnemanns Buch im Druck erscheint, mag an ihrem beruflichen Wechsel nach Oldenburg und der damit verbundenen neuen Fokussierung gelegen haben.

1 Wir geben hier die letztgültige Namensnennung des Bezirksamt Charlottenburg-Wilmersdorf von Berlin wieder, vgl. Auskunft aus dem Melderegister v. 3. März 2021. In der Abschrift der Geburtsurkunde lauten die Vornamen Louise Margaretha Johanna Stirnemann, vgl. Abschrift der Geburtsurkunde v. 23. Juni 1919, LMO-HHS. Siehe auch Kirchenbuch (St. Marien) Weißenfels und Taufregister 1895–1903, S. 22, Taufe Nr. 733/1899, vgl. Bach 2021, S. 110 und S. 112, Anm. 2.

2 Vgl. Bach 2021, S. 110. Er berichtet von Stirnemann und den drei weiteren ersten weiblichen Abiturientinnen der Lehranstalt. Hellmann 2001, S. 326, schreibt, Stirnemann sei die einzige weibliche Abiturientin ihres Jahrgangs gewesen.

3 Vgl. Universitäts-Archiv Halle-Wittenberg (im Folgenden: UAHW), Rep. 21, Nr. 677, Bl. 9.

4 Vgl. Anmeldebuch, Mai 1922 sowie Mai 1925, UAHW, Rep. 46, Nr. 35.

5 Vgl. Hanna Hofmann-Stirnemann, Lebenslauf und Bildungsgang, 29. Mai 1951, LMO-HHS.

6 UAHW, Rep. 47, Johanna Stirnemann, Datenblätter v. 1922 und 1925.

7 Vgl. Hanna Hofmann-Stirnemann, Lebenslauf, ca. 1956, Typoskript, LMO-HHS.

8 Anmelde-Buch Johanna Stirnemann, UAHW, Rep. 21, Nr. 677, Bl. 12. Zu Paul Frankl vgl. Osten 1962 sowie Wendland 1999, S. 152–157.

9 Anmelde-Buch Johanna Stirnemann, UAHW, Rep. 21, Nr. 677, Bl. 17.

10 Beide waren zusammen mit Meinhof Doktoranden von Frankl, haben aber offenbar auch zusammen in Wien studiert, vgl. Hans Volhard an Hanna Stirnemann, Brief v. 13. November 1928, Landesmuseum Kunst & Kultur Oldenburg, Bestand Hanna Stirnemann.

11 Während ihres Wiener Aufenthalts wohnt Stirnemann zur Untermiete in der Kaiserstr. 38, Wien VII. Vgl. zu den Kursen: Universitätsarchiv Wien, Nationale der Philosophischen Fakultät, WS 1924/25 Sch-St, Johanna Stirnemann.

12 Nowack 2011.

13 Vgl. Hanna Stirnemann, Lebenslauf, ca. 1930, Stadtarchiv Jena (im Folgenden: SAJ), D Id 61, Bl. 5.

14 Die einzige bekannte Rezension ihrer Arbeit stammt von der Jenaer Kunsthistorikerin und Wölfflin-Schülerin Margarete Hoerner (1899–1985), die in der *Zeitschrift für Ästhetik und allgemeine Kunstwissenschaft* 1931 moniert, dass Stirnemann hierin vor allem Frankls Gedankengänge wiedergebe: »Ohne eine Kenntnis Franklscher Terminologie [...] wird man dieser Studie nicht gerecht werden. Und ein großer Teil mündlicher Rede entnommener Begriffe fällt für den Uneingeweihten überhaupt dahin. Das sind die Eierschalen der Doktorarbeit. Denn ein Buch sollte natürlich ohne Vorstudien in sich verständlich sein, auch wo fremde Ideen verarbeitet werden.« Hoerner 1931, S. 278. Die Besprechung erscheint, als Stirnemann bereits in Jena tätig ist, wo sich die beiden Frauen kennengelernt hatten.

15 Vgl. Hanna Stirnemann: Der Stilbegriff des »Spätgotischen« in der altdeutschen Malerei, Straßburg 1929. Vgl. zum Promotionsverfahren die Studierendenakte von Johanna Stirnemann, UAHW, Rep. 21, Nr. 677, Bl. 1–8.

16 Vgl. Hanna Stirnemann an Walter Müller-Wulckow, Brief v. 6. Mai 1927, LMO-A 159.

1927–1929 Beginn der Berufslaufbahn am Landesmuseum Oldenburg

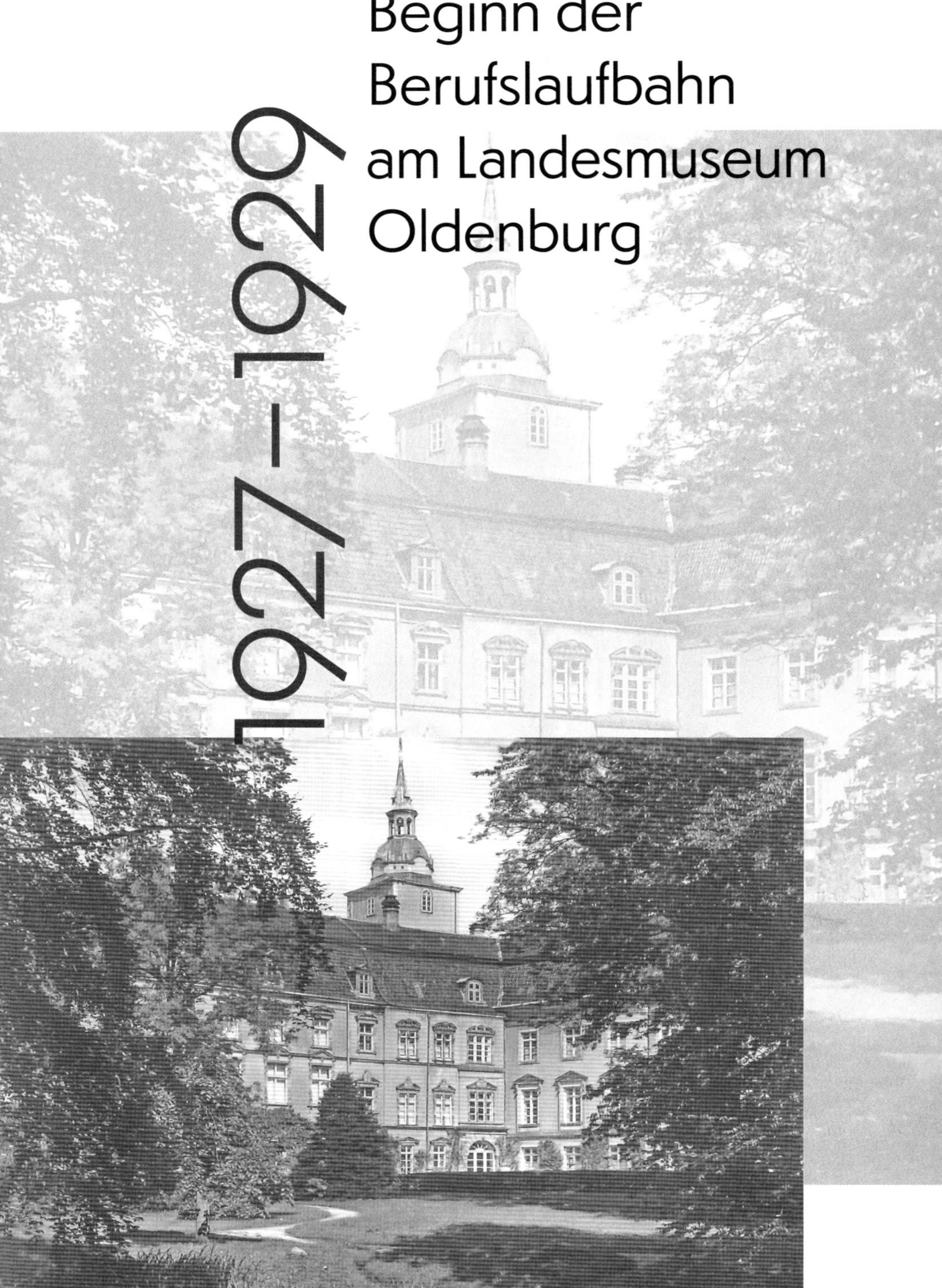

Das Landesmuseum für Kunst und Kulturgeschichte im Oldenburger Schloss, ca. 1930, Fotografie, Landesmuseum Kunst & Kultur Oldenburg

Direktor des Landesmuseums für Kunst und Kulturgeschichte Oldenburg war seit 1921 der aus Frankfurt am Main kommende Kunsthistoriker und Advokat der Moderne Walter Müller-Wulckow (1886–1964). Als Gründungsdirektor des vom Freistaat Oldenburg neu geschaffenen Museums hatte er die heterogenen Bestände des ehemaligen Kunstgewerbemuseums, der bescheidenen Staatlichen Galerie Neuerer Malerei und die Reste der ehemaligen Großherzoglichen Gemäldegalerie im ehemaligen Residenzschloss der Großherzoge von Oldenburg zu einem modernen Landesmuseum vereinigt, das im Februar 1923 eröffnet wurde.[1] Ein Herzstück seiner Museumsgründung war die zur Eröffnung des Museums eingerichtete Moderne Galerie im Erdgeschoss des Schlosses, die moderne Meisterwerke der Brücke-Maler Erich Heckel und Karl Schmidt-Rottluff aus der Zeit ihres Aufenthalts in Dangast sowie Werke von Paula Modersohn-Becker, Max Beckmann und Franz Radziwill zeigte.

Das Landesmuseum Oldenburg und seine Assistenten

Bei der täglichen Museumsarbeit und der Bearbeitung der Bestände wurde Müller-Wulckow von wissenschaftlichen Assistenten unterstützt.[2] Von 1922 bis Ende 1927 war Otto Holtze (1892–1944) als Assistent am Landesmuseum tätig. Auf ihn folgten verschiedene Frankl-Schüler, wobei bislang unklar ist, woher der Kontakt – und auch das Vertrauen – zwischen Frankl und Müller-Wulckow stammten, der mit Herbert Kunze, Walter Dieck, Hanna Stirnemann, Werner Meinhof und Heinz Köhn fünf seiner sieben wissenschaftlichen Mitarbeiter aus Halle übernahm.[3]

Frankl und Müller-Wulckow standen offenbar im kontinuierlichen Austausch über die Besetzungsmöglichkeiten der Mitarbeiterstelle am Landesmuseum. So bedankt sich Müller-Wulckow im November 1926 für Frankls Empfehlung, Walter Dieck als Assistenten einzustellen: »Der von Ihnen mir damals so freundlich Empfohlene hat sich hier in der praktischen Museumsarbeit vollauf bewährt als ein fleißiger und in jeder Weise zuverlässiger Mitarbeiter, sodaß ich Ihnen für diesen Vorschlag sehr zu Dank verpflichtet bin.«[4] Im Frühjahr 1927, nach dem Wechsel Diecks an das Städtische Museum Erfurt und während Otto Holtze, der zum Oktober als Assistent Walter Riezlers an das Stadtmuseum Stettin wechselt, aushilfsweise in Hameln arbeitet, um hier die Ausstellung »Oberweserkunst« einzurichten,[5] ist der Posten erneut vakant: »Ich möchte mich nun bei Ihnen erkundigen, welcher Nachwuchs bei Ihnen zur sofortigen Übernahme der hiesigen Stelle zur Verfügung stehen würde«, fragt der Museumsdirektor daher bei Frankl an,[6] der postwendend Hanna Stirnemann empfiehlt: »ich empfehle Ihnen auf wärmste und entschiedener als seiner Zeit Dr. Dieck diesmal Frl. Dr. Hanna Stirnemann.«[7]

Bereits wenige Tage später bewirbt sich die frisch promovierte Kunsthistorikerin in Oldenburg: »Sehr geehrter Herr Direktor. Ihrer Aufforderung, mich um die vakante Stelle am Landesmuseum in Oldenburg zu bewerben, beeile ich mich, mit Dank nachzukommen. Von Professor Dr. Frankl-Halle erfuhr ich die Anstellungsbedingungen und äußerte schon ihm gegenüber mein Einverständnis, was ich hier gern wiederhole, und zudem betonen möchte, wieviel mir daran läge, unter Ihrer Anleitung arbeiten zu dürfen.« Im beigefügten Lebenslauf berichtet sie über ihren bisherigen Werdegang:

Walter Müller-Wulckow (Entwurf), Werbeplakat für das Landesmuseum Oldenburg, 1924, Farblithografie, 55,8 x 34,5 cm, Landesmuseum Kunst & Kultur Oldenburg

Walter Timmling, Am Stau in Oldenburg, 1929, Aquarell, 32,4 x 41 cm, Landesmuseum Kunst & Kultur Oldenburg

»Als älteste Tochter des Kaufmannes Albert Stirnemann, bin ich, Hanna Stirnemann, am 12. 10. 99 in Weißenfels Pr. geboren, ich bin evangelischen Glaubens. – Von Ostern 1906 bis Ostern 1916 besuchte ich das Lyzeum in Weißenfels Pr. Von 1916–1919 blieb ich im Hause meiner Eltern, da der Krieg uns keine festen Entschlüsse fassen ließ. – Ostern 1919 ging ich dann nach meinem Wunsche auf die Oberrealschule in Weißenfels u. verließ diese Schule mit dem Abitur. – Ostern 1922 wurde ich an der Universität in Halle Pr. immatrikuliert für: Kunstgeschichte, Germanistik, Philosophie u. Pädagogik. Bis auf 1 Semester in Wien und größere Reisen, auf denen ich auf breiter Basis sehen u. sammeln konnte, war ich immer in Halle als Schülerin Professor Dr. Frankls. – Ende Februar dieses Jahres promovierte ich in Halle zum Dr. phil. […].«[8]

Walter Müller-Wulckow schilderte Stirnemann daraufhin die Bedingungen für die Anstellung in Oldenburg:

»Wie Sie durch Herrn Professor Frankl gehört haben werden, handelt es sich bei der hier wieder zu besetzenden Stelle um eine Volontärtätigkeit zur Erlangung von Museumspraxis. Als Entschädigung steht für dieses Etatjahr 1.000 RM zur Verfügung und außerdem ein einfaches, aber sehr geräumiges Zimmer im Seitenflügel des Schlosses mit elektrischem Licht, Heizung und Gasanschluß. Die Stellung ist monatlich kündbar und es kann natürlich, selbst im Falle der Bewährung, keine Verpflichtung zu dauernder Beschäftigung übernommen werden, da die dafür vorgesehenen Mittel ausdrücklich für vorübergehende Hilfsleistung im Etat eingesetzt sind. […] Die Vergütung gemäß den Bezügen der Referendare ist mit 128.– RM angesetzt, wovon nach Abzügen etwa 115.– RM verbleiben. Einen gewissen Ausgleich schafft das zur Verfügung stehende Zimmer. […] Ich nehme an, daß Sie, falls diese Darlegungen Sie nicht noch abschrecken sollten, alsbald die Stellung antreten und bitte daher um Nachricht über den Zeitpunkt Ihres Kommens.«[9]

Am 12. Mai 1927 beginnt Hanna Stirnemann ihre Museumslaufbahn am Landesmuseum Oldenburg.[10] Die Möglichkeit, ein Zimmer im Schloss zu bewohnen, nimmt sie gerne an: Noch das 1929 erschienene »Jahrbuch der Deutschen Museen« nennt die Adresse des Schlosses »Oldenburg, Schloßplatz 1« als Anschrift Stirnemanns.[11]

Kurz nach ihrer Einstellung monierte das Oldenburgische Ministerium des Innern die fehlende Genehmigung und bemängelte, dass zu prüfen gewesen wäre, ob eine Nachbesetzung des Postens von Walter Dieck über-

Walter Müller-Wulckow, 1931, Foto: Felicitas von Baczko, Landesmuseum Kunst & Kultur Oldenburg

haupt erforderlich gewesen wäre.[12] Bis zum Ende des Jahres 1927 zieht sich die Korrespondenz zwischen dem Museum und dem Ministerium über die Anstellung Stirnemanns und ihre Vergütung als Volontärin oder »wissenschaftliche Hilfskraft« hin.[13]

Während diese Frage im Arbeitsalltag so gut wie keinen Unterschied bedeutete, variiert die Höhe der Vergütung zwischen 50 RM – für Volontäre – und den genannten 128 RM für wissenschaftliche Hilfskräfte, die das Ministerium schließlich bewilligt. Nach zähen Verhandlungen und mehreren Vertragsverlängerungen wird Stirnemann bis Ende März 1929 am Landesmuseum Oldenburg beschäftigt. Ihr kommt hierbei die lange Vakanz der Assistentenstelle zu Gute, die durch Holtzes Weggang entstanden war. Sie rückt somit von einer Hilfsarbeiterin zur Assistentin auf,[14] und ihre Vergütung erhöht sich sukzessive auf 250 RM pro Monat.[15]

Aufgabenvielfalt

Als wissenschaftliche Hilfsarbeiterin und Assistentin am Landesmuseum Oldenburg lernt Stirnemann den typischen Arbeitsalltag im Museum kennen. Dem Ministerium ist besonders an der möglichst vollständigen Inventarisierung der Sammlung gelegen:[16] »Meine Arbeit macht mir wie immer Freude. Das Schreckgespenst der Inventarisation ist wieder einmal durch einen Vierteljahresbericht an das Ministerium gebannt worden«, berichtet Stirnemann im Juli 1928.[17] Darüber hinaus erwirbt sie Einblicke in Auf-, Ausbau und Präsentation der Dauerausstellung, Planung und Durchführung von Sonderausstellungen sowie ein Grundverständnis für Neuerwerbungen und finanzielle Einschätzungen von Kunstwerken.[18] Ferner lernt sie, Pressetexte zu verfassen sowie Führungen und Vorträge zu halten. Besonders die Einrichtung von Stilzimmern, wie sie in den 1920er Jahren in kulturgeschichtlichen Museen üblich waren, ist eine prägende Erfahrung, die ihr auch in ihrer eigenverantwortlichen Arbeit in Greiz, Jena und Rudolstadt dienlich sein wird: An allen drei Orten wird ihr die museale Gestaltung einstiger Residenzschlösser obliegen.

Auch wenn Stirnemann bereits im Studium praktische Übungen absolviert hatte, erlernte sie die Museumsarbeit und damit ihr Handwerkszeug am Landesmuseum Oldenburg. Walter Müller-Wulckow vermittelt ihr, eine Sammlung auf ihre Qualitäten hin zu untersuchen, zu schärfen und auszubauen. Spuren ihrer Arbeit finden sich – identifizierbar anhand ihrer markanten Handschrift bzw. ihres Namenskürzels »St.« bzw. »H.St.« – bis heute in den Akten und Inventaren des Oldenburger Museums. Sie belegen, dass Stirnemann in nahezu alle Belange des Museums einbezogen war und auf diese Weise ihre beruflichen Kenntnisse und – in der Korrespondenz mit Kolleginnen und Kollegen – ihr Netzwerk auf- und ausbauen konnte. Neben ihrer wissenschaftlichen Tätigkeit übernahm Hanna Stirnemann in Vertretung der Museumssekretärin Maria Goens auch Sekretariatsarbeiten und verwaltete zeitweise offenbar die Finanzen des Museums, was ihr detaillierte Einblicke in Ein- und Ausgaben vermittelte und als Vorbereitung auf weitere berufliche Stationen dienlich war.[19]

Im Mai 1928 bereist sie zu Recherchen über die kunstgewerblichen Arbeiten des Oldenburger Hofmalers Johann Heinrich Wilhelm Tischbein das Museum für Kunst und Gewerbe in Hamburg, das Thaulow-Museum in Kiel und das Schloss in Eutin: »Im Hamburger Museum für Kunst u. Gewerbe erwartete mich [dessen Direktor Max] Sauerlandt mit einer Hilfsbereitschaft

Die Moderne Galerie im Landesmuseum mit Gemälden von Erich Heckel (Dangaster Landschaft und Häuser in Dangast), Karl Schmidt-Rottluff (Die gelbe Öljacke und Kühe am Deich), Emma Ritter (Ziegelei), Ernst Ludwig Kirchner (Bube mit Bonbons) und Franz Radziwill (Deich mit Hecks), um 1930, Fotografie, Landesmuseum Kunst & Kultur Oldenburg

Inventarbuch des Landesmuseums Oldenburg,
Eintragungen in der Handschrift Hanna Stirnemanns, 1927,
Landesmuseum Kunst & Kultur Oldenburg

7. Abgang	8. An wen?	9. Inhalt derselben	10. Bezüglich auf Nr.	11. Aktenzeichen
	gekauft für 50 Mk.			1927 [illegible] ✓
	gekauft für 50 Mk.			ins. 6184. ✓
	vertauscht gekauft für 350 Mk.	doppelt eingetragen	787	—
	Leihgabe d. Vereinig. f. jg. Kunst	Leihgabe zurückgegeben an den V. d. Vfg. Kunst und an Herrn Reyersbach Beethovenstraße verkauft		—
	gekauft für zus. 60.– Mk.	[illegible]		als inventarisiert ✓
	überwiesen			8701 ✓
	gekauft für 100 Mk.	Blattgröße: Schneelandschaft 11,8 h; 16,3 br. Feuersbrunst 11,3 h; 16,5 br.		invent. ✓
	gekauft für zus. 360 Mk.	Bildgröße 24 x 19,5 150. (als Tausch f. Rösiko: Flemann (Flemannwerke) =15.804		8004 ✓
	"	Bildgröße 20,5 x 32,5 165.–		✓
	"	45.		✓

Verlag Ad. Littmann, Oldenburg.

Johann Heinrich Wilhelm Tischbein, Zebra von einem Tiger durch Ranken verfolgt (Studie zu Eutiner Ofenfliesen), um 1810, Aquarell und Feder über Blei auf Büttenpapier, 20,8 × 33,6 cm, Landesmuseum Kunst & Kultur Oldenburg

u. Güte, der ich mich nicht verschließen konnte«,[20] berichtet sie Müller-Wulckow von ihrer Dienstreise. In Kiel begegnet sie Walter Passarge (1898–1958), der hier seit 1927 als Direktorialassistent tätig war und ihr auch den Kontakt zum Kustos des Museums in Weimar, Eberhard Freiherr Schenk zu Schweinsberg (1893–1990), vermitteln sollte:[21] »Am Nachmittag saßen wir im Bellevue bei Kaffee, Musik u. guten Reden u. dem schönsten Blick auf die Kieler Förde. Am Abend war ich zum Abendessen bei Passarge, mit einem Grammophon u. wiederum Gesprächen. Ich mag ihn sehr gerne. – Wenn es so weiter geht, komme ich dankbar u. gefüllt wieder. Gerade in der letzten Zeit hat mich das Leben so ganz gepackt, daß ich es halten möchte.«[22]

Die Ergebnisse ihrer Recherchereise präsentiert Stirnemann in einem Vortrag über »Wilhelm Tischbeins Einfluß auf das Kunsthandwerk vor 100 Jahren«, den sie vor den Mitgliedern der Oldenburgischen Museumsgesellschaft hält und in dem sie den Einfluss der Entwürfe Tischbeins für Möbel und Öfen auf das norddeutsche Kunsthandwerk nachweist.[23] In einem weiteren Vortrag stellt sie im Rahmen der Adventsfeier des Oldenburger Hausfrauenvereins »Weihnachtsdarstellungen in der bildenden Kunst« vor – von dem mittelalterlichen Fuß eines Altarkreuzes mit der Darstellung der Geburt Christi aus der Sammlung des Landesmuseums bis zu den christlichen Motiven im Werk von Emil Nolde und Erich Heckels »Madonna von Ostende« (1915).[24]

Erich Heckel, Dangaster Landschaft, 1908,
Öl auf Leinwand, 65,5 × 70,5 cm,
Landesmuseum Kunst & Kultur Oldenburg

Emma Ritter, Ziegelei, um 1911,
Öl auf Leinwand, 54,5 × 67,5 cm,
Landesmuseum Kunst & Kultur Oldenburg

Engagement für die zeitgenössische Kunst und erste Publikationen

In den zwei Jahren ihrer Mitarbeit am Landesmuseum Oldenburg begann sich – unter dem maßgeblichen Einfluss Müller-Wulckows – Hanna Stirnemanns Interesse von der klassischen Kunstgeschichte zur zeitgenössischen Kunst und vor allem auf das moderne Kunstgewerbe zu verlagern. Während ihrer Anstellung in Oldenburg wurden in der Modernen Galerie des Landesmuseums die Ausstellungen »Holländische Malerei der Gegenwart« sowie die Fotografieausstellungen »Albert Renger-Patzsch. Formen der Natur, Kunst und Technik« und »Karl Bloßfeldt. Urformen der Kunst« gezeigt.

Die innovativsten Projekte und Ausstellungen dieser Jahre realisierte jedoch die dem Landesmuseum als Förderverein eng verbundene und 1922 vom Oldenburger Gerichtsrat Ernst Beyersdorff gegründete »Vereinigung für junge Kunst«.[25] Dieser Verein hatte sich – wie vergleichbare Vereinigungen in Hannover oder Braunschweig – programmatisch der Pflege der zeitgenössischen, vor allem nationalen Kultur verschrieben: Ausstellungen, Lesungen und Vorträge, Tanzveranstaltungen und Konzerte ließen den Verein zu einem gesellschaftlichen Mittelpunkt der Avantgarde in Nordwestdeutschland und zum wichtigsten Promotor der Gegenwartskunst in der Region avancieren. Mit einem umfangreichen und verlässlichen Netzwerk zu Künstlern, Sammlern, Galeristen und anderen Vereinen gelang es Ernst Beyersdorff, ein abwechslungsreiches und anspruchsvolles Ausstellungs- und Veranstaltungsprogramm zu realisieren. Bedeutende Vertreterinnen und Vertreter aller Gattungen der Moderne fanden sich im Programm der Vereinigung wieder: die Tänzerinnen Mary Wigman, Tatjana Barbakoff und Gret Palucca, Musiker wie das Amar-Quartett, Eduard Erdmann, Walter Gieseking und Paul Hindemith, Autorinnen und Autoren wie Else Lasker-Schüler, Bertolt Brecht, Erich Kästner und Gottfried Benn. Sie alle belegen die besondere Zeitgenossenschaft der Vereinigung. In Stirnemanns Oldenburger Jahre fallen eine Lesung von Franz Werfel (November 1927), ein Vortrag von Walter Gropius (Januar 1928) und einer von Erich Mendelsohn (Februar 1928), ein Tanzgastspiel von Yvonne Georgi und Harald Kreutzberg (September 1928), eine Lesung von Alfred Döblin (November 1928) und ein Vortrag von Wilhelm Pinder (März 1929) sowie die Einzelausstellung zum Werk von Christian Rohlfs (Herbst 1927), die Ausstellung »Neue Baukunst« (Frühjahr 1928) und eine Überblicksschau über zeitgenössische »Webstoffe und Keramik. Spitzen und Gläser« (Herbst 1928).

Veranlasst durch die Begleitung dieser Projekte und die Unterstützung Müller-Wulckows bei der Fertigstellung seiner im Herbst 1928 in der erfolgreichen Reihe der »Blauen Bücher« im Langewiesche Verlag erschienenen Bände »Wohnbauten und Siedlungen« und »Bauten der Gemeinschaft« wird Hanna Stirnemann 1928 auch Mitglied im Deutschen Werkbund[26] und beginnt sich für moderne Architektur und Bauplastik zu begeistern. Ein Exemplar des Bandes »Wohnbauten und Siedlungen« versah Müller-Wulckow bei seinem Erscheinen im Oktober 1928 mit der handschriftlichen Widmung für »Dr. Hanna Stirnemann im Bewusstsein treuer Arbeitsgemeinschaft«.

Elsa Oeltjen-Kasimir, Mädchenkopf (Leni), 1926, Terrakotta, farbig gefasst, 27,5 cm, Landesmuseum Kunst & Kultur Oldenburg

Elsa Oeltjen-Kasimir, Ruth, 1925, Klinkerton, 22,5 cm, Landesmuseum Kunst & Kultur Oldenburg

Auch die Moderne Galerie im Oldenburger Schloss hatte in der Zeit ihrer Mitarbeit bedeutende Zugänge verzeichnet. Nach den Werken der Brücke-Expressionisten und denen von Paula Modersohn-Becker und Max Beckmann hatte Müller-Wulckow aus der Rohlfs-Ausstellung vor 1928 dessen Gemälde »Tanzversuch« erwerben können. 1927 und 1928 erwarb Müller-Wulckow neue Arbeiten von Franz Radziwill sowie von dem im oldenburgischen Jaderberg ansässigen Künstlerpaar Jan Oeltjen und Elsa Oeltjen-Kasimir.

Ermutigt durch die rege publizistische Tätigkeit ihres Mentors und Vorgesetzten, dessen schriftstellerische Arbeit in dieser Zeit weitgehend architekturpublizistischen Themen gewidmet war, nutzte Stirnemann bereits im ersten Jahr ihrer Oldenburger Tätigkeit die Möglichkeit, Beiträge zu den Ankäufen und Ausstellungen des Landesmuseums und der Vereinigung für junge Kunst zu publizieren.

Den ersten Text, den Stirnemann veröffentlicht, widmet sie – mit der Bildhauerin Elsa Oeltjen-Kasimir – nicht zufällig einer Künstlerin. Er erschien im November 1927, kurz nach dem Ankauf zweier Tonplastiken der Bildhauerin durch das Landesmuseum, in der Zeitschrift *Die Frau und ihr Haus*, in der Müller-Wulckow erst zwei Monate zuvor publiziert hatte:

»Die Existenz der schöpferischen Frau in der Kunst wird heute nicht mehr diskutiert, sondern gewußt und geglaubt. Vor ihrer Offenbarung in den Werken der Käthe Kollwitz, Paula Modersohn-Becker und Renée Sintenis u. a. müssen zweifelnde Stimmen schweigen und schweigen auch. Hier liegt vor uns die Entwicklung und Steigerung der Frau zur

Gertrud Kraut, Zigarettendose, 1928, Terrakotta, glasiert, 4 × 7,5 × 9 cm, Landesmuseum Kunst & Kultur Oldenburg

Holländische Malerei der Gegenwart

Ausstellung im Oldenburger Landesmuseum

von

Hanna Stirnemann-Oldenburg

Sal. Meijer — Katze in der Küche

Eine Leihgabe moderner holländischer Malerei aus dem Besitz von A. Vecht in Amsterdam wird zum ersten Mal für Deutschland im Oldenburger Landesmuseum gezeigt. Als Privatsammlung macht sie nicht den Anspruch auf Vollständigkeit, aber andererseits eignet ihr dadurch eine gewisse Einheitlichkeit und liebevolle Auswahl.

Für den Expressionismus war in Holland niemals der leidvolle, auf jede Bewegung und Erschütterung reagierende Nährboden wie in Deutschland und Frankreich. Auch van Gogh brauchte den südfransösischen Himmel, um seine kreisenden Sonnen, wogenden Gebirge und flammenzüngelnden Bäume zu malen. Die expressionistische Epoche bei einzelnen Künstlern der Ausstellung (Matheus Lau, Konrad Kikkert, Wim Schuhmacher, J. L. Schwarz u. a.) bringt ihnen weniger ekstatisch-dämonische Besessenheit als sanfte verzückte Visionen.

Auf den Bildern der Ausstellung ist diese Zeit völlig überwunden, vollzogen auch die Ablösung vom Subjekt und seiner Bewegung auf eine Ferne hin. An Stelle dessen tritt eine sachliche, ichfreiere Beobachtung der Dinge, die sie jedoch in ihrer Beharrung und Zuständlichkeit teilhaftig werden läßt einer allgemeingültigeren Idee in wesenhafter Verbundenheit, als es im Naturalismus und Impressionismus der Fall sein konnte.

Die neue Gerechtigkeit entspricht gerade der schwerblütigen, zugleich unproblematischen holländischen Mentalität. Eine Gefahr kann in einer gewissen Anspruchslosigkeit liegen. Sal. Meijer-Amsterdam, ursprünglich Diamantenschleifer, sieht seinen Objekten in großer Nähe ihre Materialbeschaffenheit ab, und trotz der Verwandtschaft mit der kindlich einfachen Bildauffassung Henri Rousseaus besitzt er nicht dessen Möglichkeit zu phantasievoller Verzauberung. Die Dinge führen auf seinen Bildern ein in sich ruhendes Leben, in dem sich auch das Lebendige lautlos still verhält. Auf dem Bild „Katze in der Küche“ überspielt die Sonne das duldsame So-sein der weißen Fliesenwand, des blaugrauen Email, des holzgelben Brettes, des rotgerandeten Handtuchs, des Messinghahns und des weichen Katzenfells, in dem sich die Einzelfarben der Gegenstände wieder mischen. Der Ausschnitt ist denkbar knapp genommen, aber die Betrachtung will nie über diese Grenze hinaus. In seinem Amsterdamer Straßenbild und dem der Vorstadthäuser herrschen die gleichen warmen, sandgelben Farbentöne und trotz der formalen Größe der Objekte eine verkleinerte Sicht in der Zählbarkeit der einzelnen Pflastersteine und der Feststellung der Mauerschäden an den Häuserrückwänden. Sein „Blumenstück“ ordnet sich rund und farbig im Bild, wenn auch duftlos und fest und bietet sich dar in der Glasklarheit kristallener Gebilde. Zu einer verwandten Kühle und Glätte des Farbauftrags gelangt Wittenbergs „Glas mit Soleiern“. Nanninga und Meijer verbindet die Vorliebe für schlichte, oft idyllisch kleinstadthafte

107

Hanna Stirnemann: Holländische Malerei der Gegenwart, in: *Der Kunstwanderer*, November 1928

Frau, nicht zum Manne hin oder an ihm orientiert. Die verstehende, ein- und mitfühlende, besinnliche, durch Mutterschaft naturverbundene Frau wurde in der freien Entfaltungsmöglichkeit der neuen Zeit ihrer besonderen Lage inne und vermochte sich in dieser Bewußtheit davon zu lösen – nicht zu trennen – durch Gestaltung, um immer wacher und vertiefter wieder und wieder heimzukehren zu ihren Quellen. Die Schwere des ersten Weges verlieh den Werken dieser Frauen den heiligen Ernst einer Mission. –
Elsa Oeltjen-Kasimir ist Frau, Mutter und Künstlerin und erfüllt von diesen Aufgaben.«[27]

Es folgen Beiträge in der *Oldenburgischen Landeszeitung* über die Christian Rohlfs-Ausstellung der Vereinigung für junge Kunst (1927) sowie über die Ausstellung »Moderne deutsche Webstoffe, Keramik, Spitzen und Gläser« (1928). In Letzterem hebt Stirnemann die Werke zeitgenössischer Künstlerinnen und Kunsthandwerkerinnen erneut hervor: Konkrete Erwähnung finden die Webarbeiten von Else Mögelin, Elisabeth Hablik-Lindemann, Alen Müller-Hellwig und Ida Kerkovius, die modernen Klöppelspitzenarbeiten von Leni Matthaei sowie Keramiken von Auguste Papendieck und Gertrud Kraut: »Ein Zigarettenkästchen aus Keramik von Gertrud Kraut-Hameln, in emailartigem Charakter, fesselt den Blick.«

Einen besonderen Stellenwert für die Entwicklung des modernen Textildesigns schreibt Stirnemann den Arbeiten des Staatlichen Bauhauses Dessau und insbesondere der Bauhausweberei zu: »Interessant als Experiment ist eine schachbrettartig gemusterte Decke, die einzelnen Quadrate in Köperbindung mit Seidenfaden, im Licht wechselnd. In reinen, heiteren Farben, wie aus lauter Dominosteinen zusammengesetzt, erscheint ein aus Glanzgarn doppelt gewebter Kinderteppich. Von großem Reiz ist auch hier bei den Bauhausstoffen die Mannigfaltigkeit der Webarten und Materialien […].«[28]

Von ihrem besonderen und zeitlebens anhaltenden Engagement für die zeitgenössische Produktion des Bauhauses und seiner Weimarer Nachfolgeinstitution zeugt auch ein Schreiben Müller-Wulckows an den Herausgeber der Zeitschrift *Deutsche Kunst und Dekoration* Alexander Koch, in dem er diesem im Januar 1929 einen Aufsatz Stirnemanns »über die Arbeiten der Metallklasse der Weimarer Bauhochschule« zur Publikation empfiehlt.[29] Dieser erscheint indes erst 1930 in der Zeitschrift *Der Baumeister*.

In Beiträgen für die Kunstzeitschriften *Der Cicerone* und *Der Kunstwanderer* berichtete Stirnemann 1928 über die Ausstellung »Holländische Malerei der Gegenwart« sowie in der nordwestdeutschen Kulturzeitschrift *Die Tide* erneut über das Werk Elsa Oeltjen-Kasimirs.[30]

Durch die Erfahrung der in Oldenburg umgesetzten Projekte – und mit einem Netzwerk an Kontakten zu zeitgenössischen Künstlerinnen und Künstlern, das wesentlich auf ihre Oldenburger Tätigkeit zurückging – war sie für ihre folgenden Tätigkeiten bestens vorbereitet. Immer wieder lassen sich in den kommenden Jahren und Tätigkeiten daher Anknüpfungen an ihre Oldenburger »Lehrlingsjahre«[31] entdecken.

Am Strand von Dangast: hintere Reihe, v. l. n. r.: Der Kunsthändler Aäron (gen. Jack) Vecht, Hanna Stirnemann, Walter Müller-Wulckow, der Sammler Georg Düser; vordere Reihe: Johanna Inge Radziwill, Franz Radziwill, Deena (gen. Didi) Vecht, Juli 1928, Fotografie, Landesmuseum Kunst & Kultur Oldenburg

Unbeschwertheit der Oldenburger Jahre

Die Unbeschwertheit der Oldenburger Jahre Hanna Stirnemanns kommt am deutlichsten in einer Fotografie zum Ausdruck, die sie – gemeinsam mit Walter Müller-Wulckow, dem Ehepaar Radziwill und weiteren Personen – am 15. Juli 1928 am Strand von Dangast zeigt. Am Tag zuvor hatte im Landesmuseum die Eröffnung der Ausstellung »Holländische Malerei der Gegenwart« stattgefunden, deren Leihgeber der Kunsthändler und Sammler Aäron Vecht (1886–1965) aus Amsterdam war. Vecht, links im Bild, war dazu bereits am Freitag gemeinsam mit seiner Tochter Deena, genannt Didi (1911–1944), nach Oldenburg gereist. Rechts im Bild, lacht sie in die Kamera. Stirnemann, zwischen den beiden Herren sitzend, hatte die Vorbereitungen und die Pressearbeit zur Ausstellung übernommen. Aus ihren Artikeln erfahren wir, dass die Gemälde der zeitgenössischen holländischen Maler Chris Huidekoper, Raoul Hynckes, Matheus Lau, Jan Mankes, Salomon Meijer und Charley Toorop in der Modernen Galerie im Oldenburger Schloss gemeinsam mit den jüngst vom Landesmuseum erworbenen Werken Franz Radziwills präsentiert wurden, zu denen die Gemälde »Bankhausgarten« (1927) und »Rasenstück« (1928) zählten. Die Ausstellung machte somit die europäische Dimension einer Kunstrichtung sichtbar, die als Neue Sachlichkeit oder Magischer Realismus in die Geschichte einging.

Radziwill, der seit 1923 in Dangast lebte, war ihr wichtigster Vertreter in Nordwestdeutschland – seine Werke waren auch in der Sammlung Aäron Vechts vertreten. Auf dem Foto vom Strand in Dangast bildet Radziwill, gemeinsam mit seiner Frau Johanna Inge, das Zentrum. Hinter ihm sitzt der Oldenburger Sammler Georg Düser (1888–1982). Von Radziwills Werken der jüngsten Zeit war Hanna Stirnemann – ebenso wie Müller-Wulckow – fasziniert, wie sie in ihrem Brief an Müller-Wulckows Ehefrau Margarete, die an dem Wochenende offenbar auf Reisen war, schreibt:

> »Meine Arbeit macht mir wie immer Freude. […]. Die Eröffnung der Ausstellung holländ. Maler u. unsres Besitzes an moderner Kunst war wunderbar leicht u. zwanglos. Vecht sprach mit sehr viel persönlicher Liebe u. Subjektivität von seinen Bildern, deren Maler z. Tl. seine Entdeckungen sind. […] Unsere modernen Bilder halten die Konkurrenz sehr gut aus. Herr Direktor sprach auch am Eröffnungssonnabend, obwohl völlig improvisiert, sehr klar u. überzeugend dazu. – Am Abend fuhren wir (2 Vechts, Radziwill, Dr. Düser, Dr. Meinhof, Herr Direktor, ich) im Auto nach Dangast. Das gab einen langen Abend mit Tanz im Kurhaus. Ich war nicht so tanzfreudig wie sonst, vielleicht weil das Meer u. der Abendhimmel so schön waren Gegen 3h war Ebbe im Jadebusen u. da wachten ganz tolle Lichter auf. […] Das Schwimmen u.

Franz Radziwill, Rasenstück, 1928, Öl auf Holz, 36 × 27,5 cm, Landesmuseum Kunst & Kultur Oldenburg

Hanna Stirnemann, ca. 1930, Fotografie, Landesmuseum Kunst & Kultur Oldenburg

Hanna Stirnemann im Landesmuseum Oldenburg, ca. 1927, Fotografie, Landesmuseum Kunst & Kultur Oldenburg

> Sonnen u. Ballspielen am anderen Vormittag am ganz hellen Strand u. in sehr intensiver Sonne beglückte mich sehr. – Für Radziwill glaube ich, ist jetzt seine Zeit gekommen. Er hat sehr an sich gearbeitet. Seine Aquarelle aus der Dresdner Zeit (Winter 1927) sind sehr schön. Bei aller Genauigkeit in der Zeichnung (bei ihm etwas ganz Neues) ist viel nicht schon vorgedachte Vorstellung darin, viel Jungensphantasie mit Träumen von unbekannten zu entdeckenden Ländern u. zu bestehenden Abenteuern. Wir haben 5 neue Aquarelle von ihm u. ein Grasstück (Öl), das wunderbar liebevoll gemacht ist u. an Dürer anschließt.«[32]

Politische Überzeugungen oder gar antisemitische Ressentiments werden an jenem Sommertag kaum eine Rolle gespielt haben. Im Gegenteil: Nahezu alle Beteiligten versichern einander noch wenige Tage nach dem gemeinsam verbrachten Sommertag ihre Freundschaft: »Dieser Tag wird mir für immer in Erinnerung bleiben«, bekräftigt Vecht in einem Brief an Franz Radziwill und dessen Frau.[33] »Die Tage Ihres Hierseins sind uns in froher Erinnerung und bald bekommen Sie die Abzüge von den lustigen Aufnahmen in Dangast«, schwärmt auch Stirnemann noch Tage später in einem Brief an Vecht.[34] Noch in den letzten Tagen ihrer Tätigkeit in Oldenburg bemüht sie sich um den Erwerb eines Exemplars der Grafikmappe »Zehn Radierungen« von Franz Radziwill und bekräftigt seiner Frau gegenüber: »meine Erinnerung an Dangast u. Sie beide gehört zu meinen schönsten hier«.[35]

Doch bereits wenige Jahre später hatten sich die Vorzeichen verändert und die Harmonie der einstigen Strandgesellschaft zersplitterte unwiederbringlich: Werner Meinhof wird – als Nachfolger Stirnemanns in Oldenburg – unter den neuen Machthabern gegen seinen Direktor intrigieren und hoffen, ihn im Amt beerben zu können.[36] Stirnemann wird sich 1935 von den neueren Arbeiten Radziwills und seinem Bekenntnis zum Nationalsozialismus distanzieren und ihm dennoch die Schließung der Einzelausstellung aufgrund höherer Weisung mitteilen müssen. Die Kunsthandlung Aäron Vechts wird, nach der Besetzung der Niederlande durch die Deutsche Wehrmacht, 1943 »arisiert«, Deena Vecht 1944 in Auschwitz ermordet. Ein Kontakt oder Briefwechsel zwischen Hanna Hofmann-Stirnemann und Franz Radziwill nach 1935 ist nicht mehr nachweisbar.

Eine Liaison

Hanna Stirnemann muss ein ungewöhnliches Auftreten gehabt haben: Sie rauchte (bis ins hohe Alter) öffentlich und trug ihre Haare in einem modernen Kurzhaarschnitt. Wohl durch eine Scharlacherkrankung als Kind war sie auf einem Ohr schwerhörig und hatte wohl auch die Sehkraft auf einem Auge weitgehend eingebüßt. Die berufliche und menschliche Anerkennung, die sie in den Jahren ihrer Oldenburger Berufstätigkeit bereits nach kurzer Zeit erfuhr, müssen ihrem Selbstbewusstsein entschieden Auftrieb verliehen haben. Verfolgt man ihre berufliche Entwicklung, beeindruckt ihre Zielstrebigkeit. Ihr späterer Vorgesetzter in Jena, Paul Weber beschreibt Stirnemann – trotz seiner fachlichen Wertschätzung – indes mit chauvinistisch-diskriminierender Herablassung: »Ich persönlich habe von Fräulein Dr. Stirnemann einen äußerst

Hanna Stirnemann (Reflexion im Fenster) bei ihrem Besuch bei Bernhard Hoetger in Worpswede, 1929, Foto: Walter Müller-Wulckow, Landesmuseum Kunst & Kultur Oldenburg, Nachlass Walter Müller-Wulckow

sympathischen Eindruck empfangen. Sie ist äußerlich etwas stiefmütterlich weggekommen, aber sicherlich ein vortrefflicher und tüchtiger Mensch. Ihre Schwerhörigkeit ist nicht so stark [...].«[37]

Auch Frankls sicherlich wohlmeinend verfasste Beschreibung spiegelt – neben der fachlichen Anerkennung – den schockierenden Chauvinismus dieser Zeit: »Denn mit das entscheidendere ist doch wohl der Charakter, und da kann ich nur sagen, dass der von ungewöhnlicher Güte ist. Man muss über die äußere Schale hinweg kommen, sie ist nicht schön; außerdem ist Frl. St. schwer benachteiligt durch Schwerhörigkeit, wozu noch kommt, dass sie wohl als Folge davon etwas anstößt beim Sprechen. Aber sehr bald kommt man auf den Kern.«[38]

Müller-Wulckow war von ihrem Auftreten zweifellos beeindruckt. Umgekehrt fand sie in ihm einen vorbehaltlosen Förderer und Mentor, einen feinsinnigen Kunstsammler, umtriebigen Publizisten und gut vernetzten Kunsthistoriker, der mit seiner Haltung zur Moderne in der biederen Beamtenstadt Oldenburg nicht nur auf Wohlwollen traf. Auch die Bücher in Müller-Wulckows Bibliothek, die Notizen Stirnemanns enthalten, oder die an *sie* gerichteten Briefe in *seinem* Nachlassarchiv belegen den zeitweise engen, persönlichen Austausch.[39]

Dass die beiden durch ihr Engagement verbundenen Außenseiter zeitweise mehr als ein professionelles Verhältnis verband, klingt in manchen Details an.

Im Herbst 1928 hatte sich Margarete Wulckow von ihrem Mann getrennt und Oldenburg verlassen, um zu dem gemeinsamen Sohn Wolfgang nach Süddeutschland und schließlich nach Paris zu ziehen, wo sie plante, als literarische Übersetzerin und Grafologin zu arbeiten. Zwischen Stirnemann und Müller-Wulckow entbrennt eine kurze Liaison, die in die Jahre 1929/30 und somit vor allem in die Zeit ihrer Tätigkeit in Greiz fällt. Die Konstellation und seine Gefühlslage schildert Müller-Wulckow der Frankfurter Freundin Tony Lasnitzki (1893–1991), die die Affäre in beeindruckend offenen Briefen durch ihre Ratschläge begleitet und Müller-Wulckow in deutlichen Worte befragt, ob Stirnemann für ihn mehr »Episode oder Schicksal«[40] sei. Einfühlsam versucht sie sich in den Freund und »Steppenwolf« Müller-Wulckow einzudenken: »Sie wollen wissen, was ich von Frl. Dr. St. denke? Sicher ein grundanständiger Mensch, himmelt Sie aber zu sehr an.«[41] Und: »Wollen Sie diese Frau heiraten? Eigentlich nur dann müssen Sie sich so stark prüfen, wie Sie es eben tun. Aber: ich nehme es an. Außerdem denke ich, daß Sie sich selber nicht ganz sicher sind, ob es eben gerade das ganz Richtige ist, sonst würden Sie mich nicht fragen, sondern handeln. Blind, bedingungslos. [...] Bei H. St. u. Ihnen habe ich nicht das Gefühl, daß sie erotisch zusammengetrieben sind, sondern eher, daß die Frau Sie stärker liebt, als umgekehrt. Geistig verstehen Sie sich sicher ausgezeichnet. Und sie ist sicher ein grundanständiger Mensch, die für ein Spiel auch zu schade ist. [...]«[42]

Im Herbst 1929 ist die Beziehung offenbar innig: Als Müller-Wulckow an der Fertigstellung des vierten und letzten Bandes der »Blauen Bücher« zur Neuen Baukunst arbeitet, dem Band »Die deutsche Wohnung der Gegenwart«,[43] schreibt er an den befreundeten, in Worpswede lebenden Bildhauer Bernhard Hoetger und seine Frau, er habe daran gedacht, »mit H. St. nach Worpsw. zu kommen, um dort mit ihr die Abbildungsreihen zusammenzustellen. In den

Hanna Stirnemann bei ihrem Besuch bei Bernhard Hoetger in Worpswede, 1929, Foto: Walter Müller-Wulckow, Landesmuseum Kunst & Kultur Oldenburg, Nachlass Walter Müller-Wulckow

Hanna Stirnemann im Gespräch mit Bernhard Hoetger und Martin Gordyga, Worpswede 1929, Foto: Walter Müller-Wulckow, Landesmuseum Kunst & Kultur Oldenburg, Nachlass Walter Müller-Wulckow

Logierhauszimmern aber ist dies nicht durchführbar. Würden Sie uns wohl für 8 Tage in Pension nehmen können? Es wäre herrlich u. ich würde mich auch so sehr freuen, wenn Sie beide H. St. kennen lernen könnten.«[44] Am 22. Oktober 1929 reisen Müller-Wulckow und Stirnemann nach Worpswede.[45] Walter Müller-Wulckow hält den gemeinsamen Besuch in Hoetgers Wohn- und Atelierhaus in einer Reihe von Fotografien fest, und wenige Tage später bedankt sich Hoetger bei dem Museumsdirektor und seiner »liebe[n] Freundin«[46] für den Besuch.

Nicht zuletzt sind es auch Fehlstellen, die Hinweise auf die Beziehung geben: Abgesehen von vereinzelten offiziellen Schreiben im Archiv des Landesmuseums, welche die Bewerbung, Gehaltsfragen etc. berühren, hat sich so gut wie keine Korrespondenz zwischen Stirnemann und Müller-Wulckow erhalten. Dieser lebte seit etwa 1932 mit Hilde Lesser zusammen, die er, nach der langwierigen Scheidung von Margarete Wulckow 1939 schließlich heiratet. Stirnemann korrespondiert mit Lesser 1932 freundschaftlich.[47] Die Lebensgemeinschaft mit Hilde Lesser mag gleichwohl ein Grund dafür sein, dass der Bestand an Briefen Stirnemanns durch Müller-Wulckow bereinigt worden ist.

1 Zur Sammlungsgeschichte vgl. Stamm 2011 sowie Die Gemäldegalerie Oldenburg. Eine europäische Altmeistersammlung hg. v. Sebastian Dohe, Malve Anna Falk und Rainer Stamm, Petersberg 2017.

2 Für die Mitarbeiter Müller-Wulckows am Landesmuseum Oldenburg sind für die Jahre 1922 bis 1930 die Berufsbezeichnungen wissenschaftlicher Hilfsarbeiter, Volontär und Assistent überliefert, die mit unterschiedlichen Gehaltsstufen verbunden waren; zum Teil arbeiteten die Mitarbeiter ohne Gehalt, nur für Kost und Logis. Gemeinsam ist ihnen das vielfältige Aufgabenspektrum von Sammlungs- bis Öffentlichkeitsarbeit. Stirnemann selbst bezeichnete ihre Aufgabe in Oldenburg rückblickend als »stellvertretende Direktorialassistentin«, vgl. Hanna Stirnemann, Lebenslauf, ca. 1930, SAJ, D Id 61, Bl. 5. Eine offizielle Dienstbezeichnung war dies nicht, Stirnemann hatte keine Stellvertreterfunktion.

3 Erst der aus Essen stammende Kunsthistoriker Gustav Vriesen (1912–1960) beendet 1936 die Reihe der Franklschüler. Frankl selbst war 1933 aufgrund seiner jüdischen Abstammung durch die Nationalsozialisten entlassen worden und emigrierte 1938 in die USA. Auf Empfehlung Köhns übernahm Vriesen nach Werner Meinhofs Wechsel nach Jena die Stelle des wissenschaftlichen Assistenten.

4 Walter Müller-Wulckow an Paul Frankl, Briefdurchschlag v. 19. November 1926, LMO-A 159.

5 Vgl. die diesbezügliche Korrespondenz, LMO-A 11.

6 Walter Müller-Wulckow an Paul Frankl, Briefdurchschlag v. 19. April 1927, Landesmuseum Kunst & Kultur Oldenburg, Nachlass Walter Müller-Wulckow (im Folgenden: LMO-MW) 80d.

7 Paul Frankl an Walter Müller-Wulckow, Brief v. 24. April 1927, LMO-MW 80d.

8 Hanna Stirnemann an Walter Müller-Wulckow, Brief v. 30. April 1927, LMO-A 159.

9 Walter Müller-Wulckow an Hanna Stirnemann, Briefdurchschlag v. 3. Mai 1927, LMO-A 159.

10 Vgl. auch Walter Müller-Wulckow an Otto Holtze, Briefdurchschlag v. 13. Mai 1927, LMO-A 11.

11 A. Schramm (Hg.): Jahrbuch der Deutschen Museen, 2. Jg., Wolfenbüttel 1929, S. 317.

12 Vgl. [Franz] Driver, Ministerium des Innern, an das Landesmuseum Oldenburg, Brief v. 23. Mai 1927, LMO-A 159. Die Gegenüberlieferung der Einstellung von Stirnemann sowie die Fragen ihrer Aufgaben und Eingruppierung haben sich im Niedersächsischen Landesarchiv Standort Oldenburg, Best. 134, Nr. 3655 erhalten.

13 Vgl. [Franz] Driver, Ministerium des Innern, an das Landesmuseum Oldenburg, Brief v. 24. Juni 1927, LMO-A 159.

14 Die Oldenburger Regierung besteht darauf, dass die Assistentenstelle ausgeschrieben wird. Offenbar wird diese im März mit Werner Meinhof besetzt. Doch Stirnemanns Stellung und Vergütung scheinen sich dadurch nicht verschlechtert zu haben. Als die Ausschreibung der Stelle erscheint, fragt Müller-Wulckow bei Frankl wieder um Rat. Dieser empfiehlt Stirnemann und erst an dritter Stelle Werner Meinhof, der zu dieser Zeit ein Volontariat in Danzig absolviert. Stirnemann hatte ebenfalls eine Bewerbung eingereicht, vgl. Korrespondenz in LMO-MW 80d. Mindestens ein persönliches Treffen zwischen Müller-Wulckow und Frankl in Halle (Saale) ist für Anfang 1928 belegbar, vgl. Walter Müller-Wulckow an Ministerium des Innern, Brief v. 26. März 1928, Nds. Landesarchiv Standort Oldenburg, Best. 134, Nr. 3654-2, Bl. 561.

15 Vgl. Personalakte Stirnemann, LMO-A 159. Stirnemanns Bezüge erhöhen sich durch die Vakanz des Assistenten.

16 Ende Dezember 1927 berichtet Hanna Stirnemann an das Ministerium, dass sie vom 1. Oktober bis 31. Dezember 1927 326 Gegenstände inventarisiert habe. Sie fügt eine Liste bei, vgl. Hanna Stirnemann an Ministerium des Innern, Brief v. 31. Dezember 1927, Nds. Landesarchiv Standort Oldenburg, Best. 134, Nr. 3655, Bl. 96. Weitere Berichte v. 30. April 1928 (ebd., Bl. 101) und v. 18. Juli 1928 (ebd., Bl. 106).

17 Hanna Stirnemann an Margarete Müller-Wulckow, Brief v. 19. Juli 1928, LMO-MW 20.

18 Vgl. Hanna Hofmann-Stirnemann, Lebenslauf und Bildungsgang, 29. Mai 1951, LMO-HHS.

19 Vgl. Haushaltsausgaben 1927/28, LMO-A 222.

20 Hanna Stirnemann an Walter Müller-Wulckow, Brief v. 15. Mai 1928, LMO-MW 165.

21 Vgl. Haushaltsübersicht, LMO-A 223; Hanna Stirnemann (aus Eutin) an Walter Müller-Wulckow, Brief v. 16. Mai 1928, LMO-A 15. Auf Anraten Walter Passarges nahm Stirnemann Kontakt mit Eberhard Freiherr Schenk zu Schweinsberg auf, um sich nach Tischbein-Stücken in den Sammlungen der Weimarer Museen zu erkundigen, Hanna Stirnemann an Eberhard Freiherr Schenk zu Schweinsberg, Briefdurchschlag v. 2. Juni 1928, LMO-A 15. Gemeinsam mit Schenk zu Schweinsberg, der 1929 Direktor der Städtischen Galerie in Wiesbaden wird, gründet Stirnemann 1930 die Freunde der Dornburger Keramik, vgl. S. 56–58.

22 Hanna Stirnemann an Walter Müller-Wulckow, Brief v. 15. Mai 1928, LMO-MW 165.

23 Vgl. *Nachrichten für Stadt und Land*, Oldenburg, 62. Jg., Nr. 343 v. 16. Dezember 1928, Zweite Beilage.

24 Vgl. *Nachrichten für Stadt und Land*, Oldenburg, 62. Jg., Nr. 341 v. 14. Dezember 1928. Den Vortrag wird Hanna Stirnemann im Dezember 1931 in Jena wiederholen.

25 Vgl. Köpnick 2021.

26 Vgl. Hanna Hofmann-Stirnemann, Lebenslauf und Bildungsgang, 29. Mai 1951, LMO-HHS. Ferner wird ihr Name auf einer Liste der Oldenburger Werkbund-Mitglieder genannt, vgl. LMO-A 383. Stirnemann erhält die Mitglieder-Zeitschrift *Die Form*. Hierin wird in der Mitglieder-Rubrik 1930 auch ihre Berufung nach Jena bekanntgegeben. Sie nutzt das Medium aber auch für die Ankündigung ihrer Ausstellungen in Jena, vgl. Mitteilungen des Deutschen Werkbundes v. 1. Mai 1930, in: *Die Form. Zeitschrift für gestaltende Arbeit*, 5. Jg. 1930, H. 9, o. Pag.

27 Hanna Stirnemann: Plastische Arbeiten von Elsa Oeltjen-Kasimir, in: *Die Frau und ihr Haus*, 8. Jg., H. 11 v. November 1927, S. 347.

28 Hanna Stirnemann: Moderne deutsche Webstoffe, Keramik, Spitzen und Gläser, in: *Oldenburgische Landeszeitung* v. 21. Oktober 1928.

29 Walter Müller-Wulckow an Alexander Koch, Brief v. 17. Januar 1929, LMO-MW 145.

30 Vgl. hierzu das Schriftenverzeichnis im Anhang.

31 Hanna Stirnemann an Maria Goens, Brief v. 10. Januar 1935, LMO-A 33.

32 Hanna Stirnemann an Margarete Müller-Wulckow, Brief v. 19. Juli 1928, LMO-MW 20.

33 Aäron Vecht und Werner Meinhof an Franz und Johanna Inge Radziwill, Brief v. Juli 1928, Radziwill Stiftung Dangast.

34 Hanna Stirnemann an Aäron Vecht, Briefdurchschlag v. 3. August 1928, LMO-A 15.

35 Hanna Stirnemann an Johanna Inge Radziwill, Brief v. 7. März 1929, Radziwill Stiftung Dangast.

36 Vgl. die ausführliche Dokumentation der Auseinandersetzung, die Meinhof unter den Schlagworten »Unterdrückung neuer nationaler Kunst« und »Störung und Verhinderung einer volkstümlichen Museumswerbung« gegen Müller-Wulckow führt, in den Akten des Nds. Landesarchiv Standort Oldenburg, Best. 134, Nr. 3655.

37 Paul Weber an Fr. Schneider, Briefabschrift v. 18. April 1928, Stadtarchiv Greiz.

38 Paul Frankl an Paul Weber, Briefabschrift v. 5. April 1928, Stadtarchiv Greiz.

39 Der schriftliche Nachlass und die Nachlassbibliothek des Gründungsdirektors gehören seit 1991 zu großen Teilen zum Bestand des Landesmuseums Kunst & Kultur Oldenburg.

40 Tony Lasnitzki an Walter Müller-Wulckow, Brief, undat. [1929], LMO-MW 167.

41 Tony Lasnitzki an Walter Müller-Wulckow, Brief v. 6./7. Juni 1929, LMO-MW 167.

42 Tony Lasnitzki an Walter Müller-Wulckow, Brief, undat. [nach dem 7. Juni 1929], LMO-MW 167.

43 Walter Müller-Wulckow: Die deutsche Wohnung der Gegenwart, Königstein i. Taunus [u. a.] 1930.

44 Walter Müller-Wulckow an Bernhard Hoetger, Briefentwurf v. 1. Oktober 1929, Getty Research Institute, Los Angeles, Walter Müller-Wulckow Papers (im Folgenden: GRI-MWP), Folder 4.

45 Vgl. Walter Müller-Wulckow, Taschenkalender 1929, LMO-MW 30.

46 Bernhard Hoetger an Walter Müller-Wulckow, Brief v. 13. November 1929, GRI-MWP, Folder 4.

47 Hanna Stirnemann an Hilde Lesser, Brief v. 14. Mai 1932, LMO-MW 24.

1929

Einrichtung des Heimatmuseums Greiz

Reußisches Heimatmuseum der Stadt Greiz, 1929, Foto: Heinrich Fritz, Landesmuseum Kunst & Kultur Oldenburg, Nachlass Walter Müller-Wulckow

Nachdem das Oldenburger Ministerium des Innern Stirnemanns Vertrag mehrfach verlängert hatte, machte die Behörde deutlich, dass sie einer Vertragsverlängerung über den 31. März 1929 hinaus nicht zustimmen werde.[1] Hanna Stirnemann musste sich daher bereits während ihrer Anstellung in Oldenburg nach einer neuen Betätigungsmöglichkeit umsehen.

Gegenüber Frankl hatte Müller-Wulckow bereits seine Begeisterung über die Arbeit Stirnemanns zum Ausdruck gebracht. »Es genügt eigentlich zu sagen, dass er Frl. Stirnemann im Grunde als Assistentin angestellt hätte, wenn in Oldenburg die Widerstände gegen die Weiblichkeit nicht unüberwindlich gewesen wären«,[2] berichtet Frankl dem Direktor des Jenaer Stadtmuseums Paul Weber daher, als er von dessen Suche nach einer Kuratorin für das zu gründende Heimatmuseum in Greiz erfährt.

Müller-Wulckow und Frankl vermitteln ihr daraufhin ein Vorstellungsgespräch bei Paul Weber,[3] der in die Greizer Planungen involviert ist.[4] Im September 1928 erhält Hanna Stirnemann schließlich ein Stellenangebot vom Oberbürgermeister der Stadt Greiz, Reinhard Erbe (1885–1946):

> »Geehrtes Fräulein Stirnemann!
> Herr Professor Weber in Jena hat Anfang dieses Jahres darauf aufmerksam gemacht, dass Sie gegebenenfalls bereit wären, die Neueinrichtung unseres Heimatmuseums zu übernehmen. Es handelt sich lediglich um eine Arbeit von einigen Monaten, nicht um eine Dauerstellung. Ich frage hiermit ergebenst bei Ihnen an, ob Sie zur Zeit frei und bereit sind, eine solche Arbeit zu übernehmen. Es handelt sich darum, dass verschiedene Sammlungsgegenstände, die sich für ein Heimatmuseum eignen, bis jetzt in Kisten und Kasten verpackt stehen und nunmehr in schöne lichte Räume des früheren Fürstlichen Schlosses untergebracht und dadurch der Öffentlichkeit zugänglich gemacht werden sollen.«[5]

Für Hanna Stirnemann bietet die Offerte aus Greiz eine großartige Chance: Das Stellenangebot gibt ihr die Möglichkeit, in ihre Heimatregion zurückzukehren, und mit der Einrichtung und Ausgestaltung eines ehemaligen Residenzschlosses zu einem modernen Museum ist sie durch ihre Arbeit in Oldenburg bestens vertraut. Abgesehen von der Klärung der Kündigungsfristen in Oldenburg stellt sie zunächst einige Rückfragen, bittet, ihr mitzuteilen, »welche Zeitspanne etwa für die dortigen Arbeiten in Betracht kommt, was an monatlicher Vergütung vorgesehen ist, welche Mittel für Einrichtungsmaterial und Schaugerät zur Verfügung stehen«, erkundigt sich nach dem Vorhandensein eines Sammlungsverzeichnisses und – offensichtlich aus der Erfahrung ihrer Arbeit im Oldenburger Schloss – danach, ob die betreffenden Räume während der Wintermonate ausreichend beheizt und beleuchtet werden können.[6] Nachdem Stirnemann die entsprechenden Auskünfte (Mittel für die Neueinrichtung sind nicht festgelegt, Beheizung und Beleuchtung sind dürftig, eine Verzeichnis existiert nicht usw.) erhalten hat, berät sie sich mit Walter Müller-Wulckow und bittet, die befristete Projektstelle zum

1. April 1929 antreten zu dürfen.[7] In der Zwischenzeit wird Müller-Wulckow um eine Einschätzung ihrer Leistungen gebeten:

»Fräulein Dr. Stirnemann, die nunmehr seit anderthalb Jahren hier tätig ist, hat sich – was wir Museumsbeamte keineswegs bei allen von den Universitäten zu uns kommenden Kunsthistorikern feststellen können – in der Praxis aufs beste bewährt. Eine rege Einfühlungsfähigkeit und natürliche praktische Veranlagung macht sie vielen männlichen Kollegen gerade auch in dieser Beziehung überlegen, sodaß sie mit gefühlsmäßiger Sicherheit rasch zu positiven Arbeitsergebnissen kommt. Dabei fehlt ihr keineswegs die wissenschaftliche Gründlichkeit, die sie der vorzüglichen Schulung durch Professor Frankl in Halle verdankt. Der selbständigen Einrichtung eines Museums kommt ausserdem ihr sicherer Geschmack und gediegenes Qualitätsgefühl zustatten.«[8]

Ende Oktober 1928 erhält Stirnemann die Einstellungszusage, verbunden mit der Versicherung, im April 1929 mit der neuen Aufgabe beginnen zu können.[9] Sie erhält eine Vergütung in Höhe der Reichsbesoldungsgruppe A2c (450,50 RM pro Monat).[10] Ihre Berufung wird am 4. November 1928 in den *Oldenburger Nachrichten* bekannt gegeben,[11] und wenig später meldet auch die Zeitschrift des Deutschen Museumsbundes: »Am 1. April 1929 ist die wiss. Hilfsarbeiterin Dr. H. Stirnemann zur Einrichtung des Museums nach Greiz berufen worden.«[12]

Stirnemann, die bereits am 5. April 1929 von Müller-Wulckow in Greiz besucht wird,[13] erhält die Möglichkeit, in der ostthüringischen Residenzstadt aus den disparaten Sammlungen der ehemals im Unteren Schloss ansässigen Fürsten Reuß ältere Linie ein Museum einzurichten. »Das reussische Heimatmuseum besass nur einen kleinen magazinierten Grundstock«, beschreibt sie die vorgefundene Situation. »Etwa ²⁄₃ der Bestände wurden erst von mir ermittelt, gesammelt und für das Museum erworben. Die Schlossräume mussten nach eigenen Plänen für die Aufstellung der Bestände und dem Charakter des Museums entsprechend teilweise umgestaltet werden. Das Schaugerät wurde nach eigenen Angaben gefertigt.«[14]

Innerhalb von sieben Monaten gelingt es ihr, aus dem verlassenen Schloss und der eingelagerten Sammlung ein modernes Museum zu formen. In dieser Zeit überwacht und begleitet sie nicht nur die baulichen Veränderungen der Schlosssäle und entwickelt selbst die Gestaltung von Ausstellungsvitrinen, sondern katalogisiert und erweitertet die Sammlung grundlegend:

»Die Museumsgegenstände lagen seit 7 Jahren im Heizungskeller einer Schule ohne Pflege u. ohne Sachverzeichnis. Im unteren Schloss hatte die Stadt von der Thüringer Regierung 12 Räume gemietet. Die Stadtverwaltung ließ mir völlig freie Hand in Bezug auf Planung und Einrichtung. Bauliche Veränderungen, Wandanstriche, Zeichnen des

Führer

durch das

Reußische Heimat-Museum

der Stadt Greiz

Hanna Stirnemann: Führer durch das Reußische Heimat-Museum der Stadt Greiz, Greiz 1929, Landesmuseum Kunst & Kultur Oldenburg

Reußisches Heimatmuseum der Stadt Greiz, Weißer Saal mit Stadtgeschichte und Stadtmodell, 1929, Foto: Heinrich Fritz, Landesmuseum Kunst & Kultur Oldenburg, Nachlass Walter Müller-Wulckow

Schaugerätes (Vitrinen etc.), Einteilung der Räume konnte ich angeben. Die Ausführung übernahm nach Senatseinigung des Kostenanschlages für die baulichen Arbeiten das Städtische Hochbauamt, für alle handwerklichen Arbeiten Greizer Handwerker. Mit drei Behörden: der Thür. Regierung als Eigentümerin der Räume, der Stadtverwaltung u. dem Hochbauamt galt es, dauernd zu verhandeln u. zusammenzuarbeiten. Dazu kam die Katalogisierung der Museumsgegenstände u. Beaufsichtigung der Instandsetzungsarbeiten etc.«[15]

Innerhalb kürzester Zeit gelingt ihr die Aufstellung und Erweiterung der Bestände:

»Da die Bestände noch große Lücken aufwiesen, setzte eine rege Sammeltätigkeit ein: Aufsuchen von Greizer Familien, Aufrufe in der Zeitung, Nachforschungen auf dem Lande, sodaß rd. 1/3 des Museums hinzuerworben werden konnte, darunter zig Geschenke und Leihgaben.«[16]

Der Oberbürgermeister von Greiz wird in seiner Empfehlung für Jena später auch Stirnemanns »gesellschaftliche Gewandtheit« betonen, »dank derer sie hier in allen Kreisen auch in den höchsten Kreisen der Bevölkerung sich schnell Eingang verschaffte und mit grossem Geschick Leihgaben oder Geschenke für das Heimatmuseum erwarb.«[17]

In Greiz orientiert sie sich an dem Oldenburger Vorbild und schafft – im Stil der Zeit – Themen- und Epochenräume. Die Beziehungen nach Oldenburg und der freundschaftliche Kontakt zu ihrem ehemaligen Mentor Müller-Wulckow erweisen sich auch in praktischen Fragen als nützlich: Aus dem Bestand der einstigen Großherzoglichen Gemäldegalerie in Oldenburg erwirbt sie für das Greizer Museum zwei goldgefasste Empirerahmen.[18]

Die von ihr in atemberaubender Zeit realisierte Präsentation und die Verbindung der höfischen Relikte mit Objekten zeitgenössischen Kunstgewerbes und Designs zeigen die Bedeutung der Erfahrung der Ausstellungen der Vereinigung für junge Kunst – zum Beispiel zum Neuen Wohnen: Neben den Epochenräumen – wie einem bürgerlichen Kabinett und einem Rokokoraum – vermerkt der von Hanna Stirnemann verfasste »Führer durch das Reußische Heimat-Museum der Stadt Greiz« eine »Moderne Abteilung« mit »Thüringischen Gläsern aus Ernstthal. – Arbeiten der Mitteldeutschen Hochschulen für neuzeitliches Kunsthandwerk in Weimar (Staatliche Hochschule für Handwerk und Baukunst), in Halle (Kunstwerkstätten der Stadt Halle), in Dessau (Staatliches Bauhaus).« »Die Ausstellung dieser Arbeitsproben will formbildend und geschmackserzieherisch einwirken«, vermerkt sie: »Zugleich wird nachher beim Anschauen der Kunst der Vergangenheit klar, wie sehr jede Zeit, auch die unsrige, einer vergangenen geistig und formal verwurzelt bleibt.«[19]

Teebüchsen mit Schütter. Abb. 1

Unten Abb. 2. Weinkanne

ARBEITEN DER METALLWERKSTATT IN DER STAATLICHEN BAUHOCHSCHULE WEIMAR

Die Maschine setzt die formfindende Kraft der Hand voraus, und diese wiederum bedient sich des exakteren und rationelleren Produktionsmittels, so daß beide sich verbinden in einer Arbeitsgemeinschaft, die jedem von ihnen gerecht sein kann, wodurch die Frage, ob Hand- oder Maschinenarbeit, sekundär wird. Das Zusammenwirken aller notwendigen Kräfte zur Lösung der gemeinsamen Aufgabe stellen Leistung und Werk höher als personal gespaltenen Eigenwillen.

Die heutigen Werk- oder Bauschulen, die an die Stelle der individualistisch gerichteten Kunstgewerbeschulen traten, beteiligen sich alle mitverantwortlich am Werkauftrag. In den Arbeiten der Staatlichen Hochschule für Handwerk und Baukunst in Weimar, deren Metallwerkstatt Wilhelm Wagenfeld zielbewußt leitet, lebt der entschiedene Wille und die schöpferische Kraft, jedes einzelne Stück zum Ausdruck seiner Wesensform zu machen, in der Zweckerfüllung und hoher Schönheitsgrad eingeschlossen sind. Es gehört hierzu in der Tat mehr Fantasie und Ideenreichtum als zu den virtuosen Formenspielereien, die in Unkenntnis der Gesamtstruktur eines Gegenstandes diesen halt- und gestaltlos bauen.

Schon im Septemberheft 1929 des „Baumeister" wurden Arbeiten Wagenfelds und seiner Werkstatt abgebildet als Paradigmen für schönes formsicheres Gebrauchsgerät.

237

Hanna Stirnemann: Arbeiten der Metallwerkstatt in der Staatlichen Bauhochschule Weimar, in: *Der Baumeister. Monatshefte für Architektur und Baupraxis*, 1930

Über die Umtriebigkeit ihrer Tätigkeit berichtete der mit Walter Müller-Wulckow und Hanna Stirnemann gleichermaßen befreundete Pionier des Industriedesigns Wilhelm Wagenfeld wenige Wochen vor Eröffnung des Museums: »Während der Messe [gemeint ist vermutlich die Grassi-Messe 1929] war ich selbst noch 4 Tage auf unserem Stand. Hanna, als Käufer für das Greizer Museum, hat mich dort getroffen und Ihnen vielleicht ihren Eindruck schon geschildert. Wir haben unerwartet gute Erfolge gehabt. Unsere Leuchten und Metallgeräte fanden reges Interesse.«[20] Für die Moderne Abteilung des Heimatmuseums in Greiz erwarb sie Beleuchtungskörper nach den von Wagenfeld erarbeiteten Modellen der Staatlichen Bauhochschule Weimar,

Aenne Biermann, Kartoffel mit Messer, vor Juli 1929, Bromsilbergelatine, 12,7 × 17,3 cm, Landesmuseum Kunst & Kultur Oldenburg

die von der Firma Walther & Wagner im nahegelegenen Schleiz produziert wurden. Die Rekonstruktion der konkreten Erwerbungen oder Typenbezeichnungen scheint indes heute nicht mehr möglich, da sich bislang weder die Objekte oder konkrete Bezeichnungen in den Inventaren des Museums noch Fotografien der Modernen Abteilung haben auffinden lassen.

Eine Ausnahme – und zugleich die vermutlich bedeutendsten Erwerbungen Stirnemanns für das Greizer Museum – bilden vier Werke der wichtigsten Thüringer Vertreterin des Neuen Sehens Aenne Biermann (1898–1933), von denen bislang drei wieder aufgefunden werden konnten.[21] Von der Fotografin aus dem nahegelegenen Gera erwarb Stirnemann die Aufnahmen »Pappeln im Rauhreif«, »Tüte mit Nüssen«, »Kartoffeln auf Holztisch« und die ikonische Fotografie »Kinderhände auf Schreibheft«, die Franz Roh als Einbandillustration für die 1930 erschienene Monografie zum Werk der Künstlerin wählte. Das Werk der Avantgardefotografin hatte Stirnemann im Frühsommer 1929 kennengelernt, als Walter Müller-Wulckow der Fotografin im Landesmuseum Oldenburg die erste museale Einzelausstellung widmete.[22] Unmittelbar nach ihrem Dienstantritt in Greiz hatte Stirnemann Aenne Biermann in Gera besucht[23] und die vier Aufnahmen der Künstlerin für die Moderne Abteilung des Museums erworben. Nach den Ankäufen durch das Landesmuseum Oldenburg bildete diese Erwerbung den zweiten Museumsankauf in der Karriere der Fotografin und den Beginn ihrer Anerkennung in ihrer thüringischen Heimat.[24]

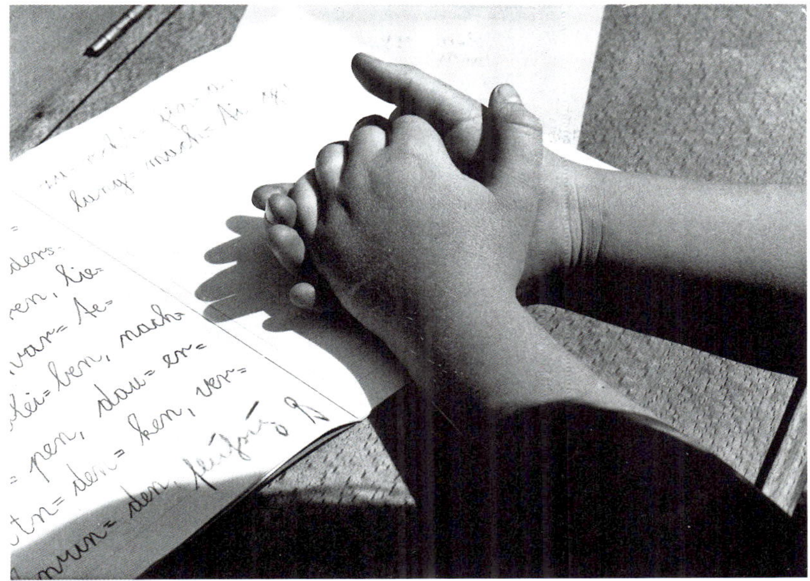

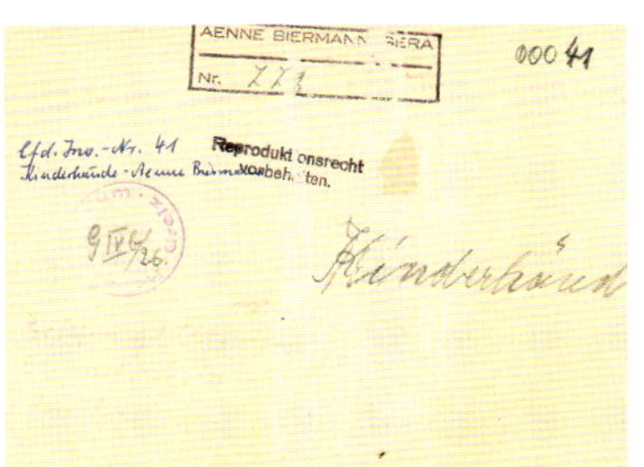

Aenne Biermann, Kinderhände, 1928, Fotografie, Museen der Schloss- und Residenzstadt Greiz

Mehrere Zeitungen berichten ab Oktober des Jahres über die Eröffnung des Reußischen Heimatmuseums und die damit verbundene außerordentliche, in wenigen Monaten erbrachten Leistung, die in der feierlichen Eröffnung des Reußischen Heimatmuseums am 12. Oktober 1929, an Hanna Stirnemanns 30. Geburtstag, sichtbar wurde. Die *Greizer Neuesten Nachrichten* widmeten dem Ereignis eine ganze Seite.[25] Demnach hatten sich anlässlich des Festakts »50 Herren, Vertreter von Behörden, Schulen und Organisationen eingefunden«. Der Begrüßung durch den Oberbürgermeister der Stadt und einem Grußwort des Greizer Fabrikbesitzers Felix Günther, die beide in Teilen abgedruckt wurden, folgte ein von Stirnemann verfasster Rundgang durch die neuentstandenen Museumsräume, den sie mit dem Weg durch die Moderne Abteilung des Museums beginnt.

Dass es sich bei der Einrichtung des Museums um das Werk einer Frau handelte, schien für die auswärtigen Medien nicht vorstellbar, wie die Berichterstattung in den *Westfälischen Nachrichten* zeigt:

Das Untere Schloss Greiz, um 1910, Postkarte

»Den bösen Zeiten zum Trotz hat sich die kleine, frühere Residenzstadt Greiz [...] ein reizendes Heimat-Museum errichtet. Man verschrieb sich auf den Rat des Professor Dr. Weber, Jena, ohne Rücksicht auf manche lokale Gegenströmung, eine fachmännisch geschulte Kraft, Dr. H. Stirnemann, der in wenigen Monaten aus geringen Anfängen ein sehr hübsches Museum aufbaute. In mehreren Räumen des unteren Schlosses wurden die nicht allzu großen Bestände geschickt so aufgestellt, daß man einen starken Eindruck von der Geschichte und der Kunst dieses kleinen Thüringer Ländchens erhielt.«[26]

Das herausragende Engagement und der Erfolg der in verblüffender Geschwindigkeit umgesetzten Museumsgründung bewirkten schnell den weiteren Karrieresprung Hanna Stirnemanns, die mit dem Abschluss der Greizer Arbeiten bereits auf der Suche nach einer neuen Tätigkeit war: »Ab 15. Oktob. bzw. 1. Nov. bin ich bei Weber in Jena am Stadtmuseum als Assistentin. Neuer schöner Wirkungskreis. Propaganda, Führung, Schriftliches etc.«, schreibt sie voller Vorfreude auf die neue Aufgabe an Maria Goens, die Sekretärin am Landesmuseum Oldenburg.[27] Im November 1929 wird sie wissenschaftliche Assistentin Paul Webers am Jenaer Stadtmuseum und nur wenige Monate später, nach dem plötzlichen Tod Webers, dessen Direktorin.

1 Vgl. Personalakte Stirnemann, LMO-A 159.

2 Paul Frankl an Paul Weber, Briefabschrift v. 5. April 1928, Stadtarchiv Greiz.

3 Walter Müller-Wulckow an Paul Weber, Briefentwurf v. 4. April 1928, LMO-MW 80d sowie Briefabschrift v. 5. April 1928, Stadtarchiv Greiz; Hanna Stirnemann an Paul Weber, Briefabschrift v. 4. April 1928, Stadtarchiv Greiz.

4 Paul Weber an Fr. Schneider, Briefabschrift v. 18. April 1928, Stadtarchiv Greiz. Weber sendet – um Rat für die Besetzung der vakanten Position gefragt – Stirnemanns Unterlagen inkl. Empfehlungen von Müller-Wulckow und Frankl nach Greiz.

5 Oberbürgermeister Reinhard Erbe an Hanna Stirnemann, Briefdurchschlag v. 19. September 1928, Stadtarchiv Greiz.

6 Hanna Stirnemann an Reinhard Erbe, Brief v. 25. September 1928, Stadtarchiv Greiz.

7 Hanna Stirnemann an Reinhard Erbe, Brief v. 6. Oktober 1928, Stadtarchiv Greiz.

8 Walter Müller-Wulckow an Reinhard Erbe, Briefdurchschlag v. 16. Oktober 1928, LMO-MW 80d sowie Brief v. 16. Oktober 1928, Stadtarchiv Greiz.

9 Oberbürgermeister Reinhard Erbe an Hanna Stirnemann, Briefdurchschlag v. 19. Oktober 1928, Stadtarchiv Greiz.

10 Stadtvorstand an Rechnungsamt, Briefdurchschlag v. 9. April 1929, Stadtarchiv Greiz.

11 *Oldenburger Nachrichten für Stadt und Land* v. 4. November 1928.

12 *Museumskunde. Vierteljahresschrift für Verwaltung und Technik privater und öffentlicher Sammlungen, Amtliches Organ des Deutschen Museumsbundes*, NF, Bd. 1.1929, S. 150.

13 Vgl. Walter Müller-Wulckow, Taschenkalender 1929, LMO-MW 30. Die Reise verbindet er mit einem Besuch in Gera bei Aenne Biermann (4. April) und einem Besuch in Halle/Saale (6. April).

14 Hanna Hoffmann-Stirnemann, Lebenslauf und Bildungsgang, 29. Mai 1951, LMO-HHS.

15 Hanna Stirnemann, Lebenslauf, ca. 1930, SAJ, D Id 61, Bl. 6–7.

16 Hanna Stirnemann, Lebenslauf, ca. 1930, SAJ, D Id 61, Bl. 7.

17 Oberbürgermeister Reinhard Erbe an Alexander Elsner, Brief v. 8. November 1929, SAJ, D Id 61, Bl. 12.

18 Eilfrachtbrief v. 20. September 1929, LMO-A 17. Die Rahmen gehörten zu Gemälden von Jan van Huysum und Aert van der Neer, vgl. Maria Goens an Hanna Stirnemann, Briefdurchschlag v. 17. September 1929, LMO-A 17.

19 Hanna Stirnemann: Führer durch das Reußische Heimat-Museum der Stadt Greiz, Greiz 1929, S. 5.

20 Wilhelm Wagenfeld an Walter Müller-Wulckow, Brief v. 8. September 1929, GRI-WMP, Folder 8.

21 Vgl. Stamm 2019.

22 Vgl. Stamm 2014.

23 »Für nächste Woche hat sich Fräulein Dr. Hanna Stirnemann angesagt, sie möchte einige Arbeiten für eine Ausstellung aussuchen, sie schickte mir bereits Empfehlungen von Ihnen.« Aenne Biermann an Walter Müller-Wulckow, Brief v. 29. August 1929, LMO-MW 156.

24 Vgl. Stamm 2020.

25 –nd.: Reußisches Heimatmuseum der Stadt Greiz. Die feierliche Eröffnung am Sonnabend, in: *Greizer Neueste Nachrichten* v. 14. Oktober 1929.

26 h.g...tt: Museumsgründung in Greiz, in: *Westfälische Neueste Nachrichten* v. 15. Oktober 1929.

27 Hanna Stirnemann an Maria Goens, Brief v. 18. September 1929, LMO-A 17.

Hanna Stirnemann in Jena

1930 – 1935

Das Stadtmuseum Jena in der Weigelstraße, 1930, Fotografie, Stadtmuseum Jena

Nach dem erfolgreichen Aufbau des Museums in Greiz, der auch in Jena aufmerksam registriert worden war,[1] hatte Paul Weber Hanna Stirnemann zum 15. November 1929 als seine Assistentin an das Stadtmuseum Jena geholt.[2] Die thüringische Stadt zählte 1931 rund 59000 Einwohner und war damit in etwa so groß wie Oldenburg. Die im 16. Jahrhundert gegründete Universität, die optische Industrie, das Zeiss-Planetarium und die Glaswerke verhalfen der Wissenschaftsstadt zu wirtschaftlicher Prosperität. Für Stirnemann war es – nach den ehemaligen Residenzstädten Oldenburg und Greiz – ein Ort der Moderne und der kulturellen Vielfalt, war Jena doch ebenso der Sitz eines der ruhmreichsten Kunstvereine der Moderne. Auch das architektonische Wirken von Henry van de Velde, Walter Gropius und Ernst Neufert ist im Stadtbild, das zu dieser Zeit noch über eine unzerstörte, gewachsene Altstadt verfügte, sichtbarer Beleg des modernen Geistes.

Das Stadtmuseum Jena war 1901 von dem Kunsthistoriker Paul Weber gegründet und 1903 eröffnet worden. Dass er Vertrauen in die fachlichen Fähigkeiten einer Frau besaß, war schon früher deutlich geworden: Von 1921 bis 1926 war bereits Gertrud Paul (1894–1933) als Assistentin am Stadtmuseum tätig gewesen.[3] Stirnemann, die als Assistentin zunächst eine Vergütung von 200 RM im Monat für ihre Teilzeittätigkeit mit fünf Stunden pro Tag erhielt,[4] stürzte sich auch hier in die Arbeit, erkundete die Sammlungen und unterstützte den Direktor in allen Belangen. Als Paul Weber am 28. Januar 1930 nach einer Operation überraschend verstarb, übernahm Stirnemann zunächst kommissarisch die Führung des Museums und bewarb sich im Februar 1930 offiziell auf die hauptamtliche Leitung. Der Oberbürgermeister von Jena, Alexander Elsner, hatte Stirnemann dafür bereits im Blick gehabt: »Es ist dabei daran gedacht, dass der Assistent gegebenenfalls in einigen Jahren die Leitung des Museums überhaupt übernehmen müsste, da Herr Professor Weber in Rücksicht auf sein Alter diese in absehbarer Zeit abzugeben gedenkt.«[5] Elsner suchte jemanden, der »die toten Sammlungen […] lebendig macht«.

In ihrer Bewerbung gab sie fünf Personen als Referenzen an: ihren Doktorvater Paul Frankl, Walter Müller-Wulckow, den Vorsitzenden der Oldenburger Vereinigung für junge Kunst und Richter am Landgericht Oldenburg Ernst Beyersdorff, den Greizer Oberbürgermeister Erbe sowie den Justizrat Alfred Junge (Leiter des städtischen Heimatmuseums Weißenfels).[6] Die entsprechenden Empfehlungen und Zeugnisse von Frankl, Müller-Wulckow und Erbe finden sich noch heute in ihrer Personalakte.

Museumsdirektorin in Jena

Müller-Wulckow, der mit ihr am längsten zusammengearbeitet hatte, hebt vier Bereiche hervor, in denen Stirnemann sich besonders bewiesen habe: die Verwaltung und Pflege der Sammlungsbestände, das ausgezeichnete Qualitätsgefühl bei der Vermehrung der Bestände, die »lebendige Nutzbarmachung des Museums für das Publikum« sowie ihren Einsatz für eine wirkungsvolle Ausstellungsgestaltung. Er schlussfolgert daher: »Da sich also die Eigenschaften des sorgsamen Verwaltungsbeamten, des geschickten Kaufmanns, des warmherzigen Lehrers wie regsamen Propagandisten und des schöpferischen Gestalters mit umfassenden kunstgeschichtlichen Kenntnissen vereinen, ausserdem – was für eine gedeihliche Auswirkung eines Museums besonders wichtig ist – ein lebendiges Verständnis für die Erfordernisse der Gegenwart sowie die Vertraut-

Der Siedelhof in Jena, ca. 1930, Fotografie, Stadtmuseum Jena

heit mit der Kunstproduktion der eigenen Zeit vorhanden sind und – last not least – die besten Charaktereigenschaften, so bin ich überzeugt, dass Frau Dr. Stirnemann den Wirkungsbereich in Jena […] aufs beste ausfüllen wird.«[7] Stirnemann selbst gibt im Lebenslauf an, sieben Monate »Stellvertretende Direktorialassistentin«[8] gewesen zu sein. Ein Amt, das es formell zwar nicht gab und in das sie offiziell nicht berufen worden war, doch bildete die Formulierung vermutlich recht treffend die Einschätzung ihrer Tätigkeiten in Oldenburg ab.

Am 1. April 1930 wird sie – nach einem Beschluss des Theater- und Museumsauschusses der Stadt Jena vom 10. März 1930 – mit 30 Jahren zur Museumsdirektorin berufen.[9] Zunächst ist die Leitung auf ein Jahr befristet. Zusätzlich zum Haupthaus des Stadtmuseums übernimmt sie auch die Leitung des Siedelhofes.[10] Das von Weber vor dem Abbruch gerettete Weinbauerngehöft – »ein gotischer Ständerbau mit romanischen Grundmauern und Renaissanceportal«[11] – wird von ihr museal ausgebaut, und bereits Ende Juli 1930 veröffentlicht sie einen Führer hierzu.[12]

Unterstützt wird Stirnemann von einem kleinen Team, das – neben einer geringen Zahl an Aufsichtskräften – zu dieser Zeit lediglich aus zwei weiteren Personen besteht: dem im Museumsgebäude wohnenden Museumswart Hermann Harrass,[13] der bereits seit 1925 für das Museum tätig ist,[14] und der seit 1926 am Stadtmuseum tätigen Sekretärin Helene Marcus.[15]

Während Paul Weber lediglich einen Ehrensold von jährlich 2 000 RM erhalten hatte,[16] bezieht Stirnemann als Direktorin – ausgestattet mit einem Privatvertrag – ein Jahresgehalt von etwa 4 880 RM, Helene Marcus von etwa 2 045 RM, Harrass von etwa 2 730 RM.[17]

Aufgrund von Sparmaßnahmen der Stadt wird Helene Marcus jedoch zum 31. Dezember 1931 entlassen.[18] Welche Lücke die Sekretärin hinterließ, verdeutlicht deren Aufgabenrepertoire, das über längere Zeit von Stirnemann abgefangen werden muss: Neben der Korrespondenz (das Briefbuch verzeichnet 1926 noch 341 Positionen, 1929 bereits 1064, 1931/32 1500 Nummern)[19] obliegen ihr die Akten- und Buchführung, die Inventarisierung der Neuzugänge, die Verwaltung der Bücherei, die Durchsicht der Zeitungen und Zeitschriften, die Durchsicht von Auktionskatalogen in Hinblick auf mögliche Erwerbungen, die Pflege des Fotoarchivs, die Erstellung von Beschriftungen und Plakaten, die Erteilung von Auskünften, die Bearbeitung des Leihverkehrs sowie bei Bedarf die Veranstaltung von Führungen durch das Museum.[20] Das Maß an Selbstausbeutung, das für Stirnemanns frühe Berufsjahre in Jena kennzeichnend ist, wird nicht zuletzt an den Bemerkungen Wilhelm Wagenfelds deutlich, der dem Oldenburger Museumsdirektor im September 1930 aus Weimar berichtet: »hanna ist seit langer zeit in jena wie durch eine chinesische mauer von uns getrennt. sie wollte längst einmal kommen.«[21]

Nach Marcus' Entlassung ist die Museumsleiterin mit dem Museumswart, für den sie aufgrund seines umfangreichen Aufgabenspektrums eine Höhergruppierung[22] erreicht und dessen Frau das Museumsteam als Reinigungskraft unterstützt,[23] weitestgehend auf sich gestellt. Ab 1934 erhält sie erneut Unterstützung durch eine Sekretärin. Offenbar erkennt die Stadtverwaltung damit an, dass die Entlastung dringend erforderlich ist: In der Planung für 1935 ist das Stundenkontingent der Büroangestellten mit 48 (statt bisher 30) Wochenstunden verzeichnet.[24]

Die kurzzeitige Unterstützung durch die Volontärin Irmgard Koska (1912–1945) im Jahr 1932 hat – soweit wir heute sehen können – keine nennenswerten Spuren hinterlassen.[25] Stirnemann gelingt es stattdessen, den wesentlich älteren Kunsthistoriker Walter Thomae (1875–1949),[26] ehemals wohl zeitweise Assistent von Paul Weber, in ihre Arbeit einzubeziehen. Er hält u. a. Vorträge im Museum.

Auch der Förderverein des Museums, der bereits von Paul Weber gegründet worden war und 1931 163 Mitglieder zählt, unterstützt Stirnemanns Arbeit.[27]

Von der Ernennung Stirnemanns als hauptamtliche Museumsdirektorin berichtete als erstes Medium das *Jenaer Volksblatt*: »Der Jenaer Stadtrat wählte am Donnerstag abend die bisherige Mitarbeiterin des verstorbenen Professors Weber, Dr. Hanna Stirnemann, zur Leiterin des Stadtmuseums.«[28] Nach kurzer Zeit wurde die Nachricht auch im gesamten Deutschen Reich verbreitet:[29] »Eine Frau als Museumsdirektorin«, meldete die Zeitschrift des Bundes Deutscher Frauenvereine *Die Frau* im Mai 1930 die sozialgeschichtliche Sensation.[30] Sowohl dem *Bonner-General-Anzeiger*, dem Münchner *Illustrierten Sonntag* als auch der Illustrierten *Die Woche* war die Nachricht eine Meldung mit Portraitfoto wert: »Zur Museumsdirektorin in Jena wurde Frl. Hanna Stirnemann ernannt. Sie ist die erste Frau, die in Deutschland einen solchen Posten bekleidet.«[31] Auch in der Werkbund-Zeitschrift *Die Form* erschien unter der Rubrik »Von unseren Mitgliedern« am 1. Mai 1930 ein Hinweis auf Stirnemanns Berufung.[32]

Frauen haben die Führung

Mrs. Charles H. Sabin

ist die gesamte Inneneinrichtung und Dekoration des neuen Waldorf-Astoria-Wolkenkratzers in Neuyork übertragen worden. Sie muß also mehr als 2000 Zimmer vollständig einrichten.

Die 7 Ehescheidungsgründe des Konfuzius

Wenn Männer Knöpfe knöpfen

Kein Mann hat bisher wohl darüber nachgedacht, welche Unsumme Zeit er durch die große Zahl seiner Knöpfe vergeudet.

Oder ist es nicht nutzlos, durch starres Festhalten an einer Mode so an die 30 Knöpfe täglich mindestens einmal zu- und einmal aufzuknöpfen?

Nur das Kragenknöpfchen, als Tücke des Objekts, hat bisher seine literarische Würdigung gefunden.

Aber der Ballast der andern Knöpfe wurde stillschweigend getragen.

Man rechnet sicher nicht zuviel, wenn man dem Manne täglich nur insgesamt 6 Minuten für seine Knopfarbeit gibt. (Das Aufknöpfen der Weste bei fettem Gänsbraten und dem obligaten Mittagsschlaf sei hier eingerechnet!)

Das sind im Jahr 2190 Minuten oder rund 35 Stunden.

Von seinem 15. bis zu seinem 50. Lebensjahr hat der Mann also 1225 Stunden oder, den normalen Achtstundentag gerechnet, rund 153 Tage mit seinen Knöpfen zugebracht.

Fünf Monate seines Lebens hat er geopfert, da noch kein Erfinder auf den Gedanken kam, den Mann mit einem Reißverschluß oder sonstigen zeitsparenden Vorrichtungen zu beglücken.

Man muß den Eindruck gewinnen, daß unsere Schneider eine leidenschaftliche Vorliebe für Knöpfe und Knopflöcher haben.

So sieht zum Beispiel die Mode von heute allein für jeden Jackenärmel drei kleine Knöpfe vor. Gigolos, Stehgeiger und Vortänzer tragen sogar fünf kleine Knöpfe, dicht nebeneinandergesät, wie Radieschen in einem Heimgarten.

Diese Knöpfe dürfen aber nun auf keinen Fall lediglich Attrappen sein, sondern man muß sie auch auf- und zuknöpfen können.

Käse mit dem Messer ißt und noch außerdem ein Portemonnaie trägt.

Es gibt Gesetze, die nicht zu umgehen sind.

Welchen organischen oder mechanischen Zweck erfüllen nun diese Knöpfe?

Beim Militär hieß es früher, sie seien deshalb auf den Patten angebracht, damit der Soldat sich nicht mit dem Ärmel die Nase putzen könne.

Dieser Grund scheint bei den Kavalieren von heute nicht mehr stichhaltig zu sein.

Wenigstens nicht, soweit sie sich in der Öffentlichkeit bewegen.

Nun ist zuzugeben, daß ein Mann ohne Knöpfe nicht ohne weiteres gesellschaftsfähig sein kann.

Auch entfiele damit ein starkes Argument, mit dem der Mann innerhalb der Ehe seiner Frau stets Vorwürfe machen kann; denn der Mann, der seine Knöpfe selber annähen muß, bedenkt während dieser Tätigkeit meistens schon, welchen Anwalt er mit seiner Scheidung betrauen will.

Darum wird uns wohl nichts anderes übrig bleiben, als dem Mann seine Knöpfe zu lassen. Vielleicht kommt eines Tages der Retter, der mit einer praktischen Erfindung dieses stille Drama beendet.

Sei es, daß der Mann der Zukunft seine Hosen annagelt oder seine Weste mit Karabinerhaken versieht.

Bei den Frauen wechseln die Moden von Tag zu Tag, beim Manne dauert es Jahrhunderte.

In dieser Beziehung ist er außerordentlich zugeknöpft.

M. A.

Dr. Hanny Stirnemann

ist als Leiterin an das Stadtmuseum in Jena berufen worden. Sie ist damit der erste weibliche deutsche Museumsdirektor. Daß die Frau in der Kunst eine führende Rolle spielt, ist nichts außerordentliches. Wir erinnern nur an Käte Kollwitz und René Sintenis, aber auf dem Gebiet der Verwaltung von Kunstbesitz ist Dr. Hanny Stirnemann die erste.

»Frauen haben die Führung« – Meldung anlässlich der Berufung von Hanna Stirnemann, *Illustrierter Sonntag. Das Blatt des gesunden Menschenverstandes*, München, 7. Juni 1930

Hanna Stirnemann war damit eine von sieben ehemaligen Assistenten Müller-Wulckows, die nach ihrer Zeit am Landesmuseum Oldenburg Museumsdirektoren wurden. Neben Stirnemann waren dies:

- Herbert Kunze (1895–1975), der 1925 Direktor des Städtischen Museums Erfurt (Angermuseum) wurde. Er arbeitete damit in unmittelbarer Nähe zu Stirnemann. Neben dem privaten Dialog standen die beiden auch im beruflichen Austausch: So hielt Kunze auf Stirnemanns Einladung hin mindestens einen Vortrag in Jena (»Das Wesen in der Deutschen Kunst«, am 7. Februar 1932). Auch Ausstellungsübernahmen lassen sich belegen.[33]
- Otto Holtze (1892–1945) wurde 1934 Direktor des Stadtmuseums Stettin (als Nachfolger des von den Nationalsozialisten abgesetzten Walter Riezler).
- Walter Dieck (1896–1985) wurde 1935 zum Leiter des Städtischen Museums Trier.
- Werner Meinhof (1901–1940) wurde 1936 Nachfolger Stirnemanns und somit Leiter des Stadtmuseums und des Kunstvereins Jena.
- Heinz Köhn (1902–1962) wurde 1937 Direktor des Museum Folkwang in Essen.
- Gustav Vriesen (1912–1960) wurde 1954 Leiter der Kunsthalle Bielefeld.

Sie alle profitierten von den Ideen und Erfahrungen, die Müller-Wulckow ihnen am Landesmuseum vermittelt hatte, dem Netzwerk, das sie hier hatten aufbauen können, und zum Teil auch von dem Engagement, das die Vereinigung für junge Kunst (1922–1933) durch ihr avantgardistisches Ausstellungs- und Veranstaltungsprogramm an den Tag gelegt hatte. Diese Erfahrungen machten aus ihnen kreative Museumsmitarbeiter und Führungskräfte mit dem Mut, sich für die Kunst der Gegenwart einzusetzen, Bestehendes zu hinterfragen, strategisch und vorwärtsgewandt zu sammeln, neue Konzepte umzusetzen und auf Netzwerke zurückzugreifen.

Mit ihrem Oldenburger Mentor Müller-Wulckow blieb Stirnemann während ihrer frühen Jahre in Jena in freundschaftlichem Austausch: Während er die von ihr konzipierte Paula Modersohn-Becker-Ausstellung 1930 mit zwei wichtigen Leihgaben unterstützt, empfiehlt sie ihm Bücher, fragt um Rat[34] und vermittelt Arbeiten des Jenaer Glaswerks Schott oder von Otto Lindig an Müller-Wulckow. Dessen im *Jenaer Volksblatt* für Januar 1931 angekündigter Vortrag »Der Goethe-Tischbein, ein Künstlerleben um 1800« hatte offenbar nicht stattgefunden.[35] Doch im Juni 1932 besucht der Oldenburger Museumsdirektor die Ausstellung »Gestaltende Arbeit der Frau« in Jena und erwirbt aus dieser Werke von Lydia Driesch-Foucar, Else Mögelin und Margaretha (gen. Grete) Reichardt.

Bereits im Sommer 1930 – kurz nach ihrem Dienstantritt – beantragt Stirnemann bei dem Vorsitzenden des Deutschen Museumsbundes und Leiter des Museums in Freiburg Werner Noack die Aufnahme in den Berufsverband und setzt damit ihre fachliche Vernetzung fort: »Durch den Tod Professor Dr. Webers, den Leiter des Jener Stadtmuseums, gehört das Museum nicht mehr dem Deutschen Museumsbund an. Als seine Nachfolgerin möchte ich gern meine Aufnahme in den Bund beantragen.«[36] Die satzungsgemäß erforderlichen Patenschaften übernehmen die Direktoren der Landesmuseen von Weimar und Oldenburg Wilhelm Köhler und Walter Müller-Wulckow.

Bereits im September des Jahres nimmt Stirnemann an der Tagung des Museumsbunds in Essen teil – das Who's who des deutschen Museumswesens; insgesamt 44 Mitglieder kommen hier zusammen.[37] In der wichtigen Sitzung werden 57 Mitglieder neu aufgenommen[38] und die Zielsetzung formuliert, »alle deutschen Museumsbeamten zu seinen Mitgliedern zu zählen.«[39] Hanna Stirnemann ist nun – mit Lilli Fischel (Karlsruhe), Frieda Fischer (Köln), Hildegard Heyne (Leipzig), Margarete Lippe (Münster), Elisabeth Moses (Köln) und Agnes Waldstein (Essen) – eines von sieben weiblichen Mitgliedern des Museumsbunds, der in diesem Jahr auf 176 Mitglieder anwächst.[40]

Im Anschluss an die Tagung reist Stirnemann gemeinsam mit Müller-Wulckow nach Oldenburg.[41] Für den folgenden Sonntag, den 21. September, ist ein Besuch Müller-Wulckows in Jaderberg vermerkt.[42] Es ist anzunehmen, dass Stirnemann, die bereits zweimal über die in Jaderberg lebende Elsa Oeltjen-Kasimir publiziert hatte, ihn dorthin begleitet. Von Oldenburg reist sie weiter nach Berlin, wo sie auf Einladung des Preußischen Kultusministeriums und der Preußischen Staatsregierung an der Jahrhundertfeier der Berliner Museen teilnimmt sowie – ebenso wie Müller-Wulckow – den zweiten Teil der Versteigerung der Sammlung des 1927 verstorbenen Albert Figdor in Berlin besucht.

Hanna Stirnemanns Arbeit für das Stadtmuseum Jena

Hanna Stirnemann, die sich in Jena schnell vernetzt, absolviert als Museumsdirektorin ein umfangreiches, vielfältiges Aufgabenpensum. Neben der wissenschaftlichen Bearbeitung der Sammlung, der Erneuerung der Dauerausstellung, der Planung und Realisierung von Sonderausstellungen, Verhandlungen mit Händlern, Taxationen, der Pflege von Kontakten zu Künstlern, Sammlern und Museen, dem Veranstalten von Führungen, Vorträgen und Kursen übernimmt sie die Korrespondenz, publiziert Aufsätze und ist für die Pressearbeit verantwortlich.[43]

In ihrer Amtszeit treibt sie die Professionalisierung der Abläufe im Stadtmuseums voran, so strukturiert sie – in Absprache mit dem Oberbürgermeister – als Budgetverantwortliche im April 1930 den Haushalt des Museums neu. Auch wenn ihr Budget im reichsweiten Vergleich unterdurchschnittlich ist,[44] entstehen Ein- und Ausgabetitel, die eine Modernisierung der Abläufe markieren.[45] In dem seit 1922 amtierenden Oberbürgermeister Alexander Elsner findet Stirnemann einen kulturinteressierten politischen Partner, der das Museum für das Stadtmarketing zu nutzen weiß.

Für die Besucherinnen und Besucher erlässt Stirnemann eine Museumsordnung, die u. a. ein Rauchverbot in den Museumsräumen beinhaltet – damals eine Novität.

Das städtische Museum in der Weigelstraße verfügte 1930 über 22 Ausstellungsräume auf drei Stockwerken.[46] Noch im letzten Tätigkeitsjahr von Weber hatte dieser nicht nur einen Sammlungsführer veröffentlicht,[47] sondern bereits eine Umordnung und Neugestaltung der Museumsräume begonnen. Diese Arbeit setzt Stirnemann, die im Eingangsraum des Museums ein Bildnis des verstorbenen Museumsgründers aufhängen lässt, nach eigenem Ermessen fort. Bereits vier Tage nach ihrem Amtsantritt berichtet sie:

> »Nach wie vor wird es die Hauptaufgabe des Museums sein, den lebensvollen Kontakt zu schaffen mit seinen Besuchern. Liegt doch der Wert unseres Museums nicht in der künstlerischen Qualität des Dargebotenen, wodurch ein Kunstmuseum oft unmittelbar und für sich selbst sprechen kann, sondern vielmehr in der Herausarbeitung der Beziehung eines Gegenstandes, einer Persönlichkeit, eines Künstlers zur Kultur- und Geistesgeschichte. Dadurch reicht ein derart ortsgeschichtliches Museum tiefer hinein in die Lebenskreise aller Bevölkerungsschichten. Um auch den Besuchern Gelegenheit zu geben, selbstdenkend mitzuarbeiten, wird das Museum Ende der kommenden Woche ein kleines Preisausschreiben veröffentlichen, das für Museum und Publikum wechselseitig anregend und befruchtend sein wird.«[48]

Der Leitungswechsel markiert auch einen Generationswechsel. Schon ein Jahr später – im Mai 1931 – kann Stirnemann weitere Neuerungen in der Präsentation und die vollständige Neuordnung der Ausstellungsräume im dritten Stockwerk vermelden, das nun dem »kunsthandwerklichen Schaffen vergangener Zeiten«[49] gewidmet ist, wobei die reichen Bestände einem chronologischen Aufbau folgend nach einzelnen Materialien sortiert präsentiert werden: Keramik, Glas, Porzellan, Steingut und Zinn.[50] Sie verbindet dabei Altes mit Neuem und zeigt u. a. Arbeiten des von ihr geschätzten Keramikers Otto Lindig. Aspekte der Didaktik kommen dabei nicht zu kurz: In einer Fotosequenz mit kurzen Texten vermittelt sie den Besucherinnen und Besuchern beispielsweise das Entstehen einer Gefäßkeramik vom »unbearbeiteten rohen Tonklumpen bis zum fertigen Gefäß«.

In einem Bauernzimmer stellt sie städtischen ländlichem Geschmack gegenüber; Bauernschmuck und eine neuerworbene Bauerntruhe ergänzen die historischen Räume. Auch das sog. »Universitätszimmer« wird mit neuen Werken ausgestattet. Im Kern stehen die Arbeit mit den reichen Beständen, ergänzt um gezielte Neuerwerbungen, und die anschauliche Vermittlung an das Publikum im Fokus.

Die sukzessiven, aber stetigen Neuordnungen ziehen sich durch die gesamte Amtszeit Stirnemanns, die es als Teil moderner Museumsarbeit betrachtet, eine Sammlung und deren Präsentation immer wieder neu zu befragen, zu prüfen und zu präsentieren. Stil- und Themenzimmer (es gibt u. a. ein Mittelalter-, Landschafts-, Bauern-, Zunft-, Biedermeier- und Universitätszimmer) wechseln sich mit Präsentationen von Materialgruppen und Sonderausstellungsräumen ab, wobei sie auch hier auf ihren Erfahrungsschatz früherer Arbeitsorte zurückgreifen kann.

Birgitt Hellmann zieht für Stirnemanns Amtszeit eine beeindruckende Bilanz in Hinblick auf die Erweiterung der Sammlung des Museums: »Dem Gesamtbestand von 18 500 Exponaten aus vielen Gebieten der Kunst- und Kulturgeschichte fügte sie in den fünf Jahren ihres Wirkens am Museum 1300 hinzu […].«[51] Die Neuzugänge setzen sich aus Ankäufen, Schenkungen und Stiftungen zusammen.[52]

Sonderausstellungen im Stadtmuseum

Hanna Stirnemann richtet jährlich vier bis sechs Sonderausstellungen im Stadtmuseum aus, die ihre schnelle Identifikation mit den für Jena relevanten Themen widerspiegeln. So zeigt sie im Mai 1931 eine Schau zur »Jenaer Studentengeschichte«.[53] Im Sommer 1931 folgt eine Ausstellung zum Tautenburger Goldschmuck: »Alljährlich, einmal zur Hauptbesuchszeit des Museums, wird der Goldschmuck der Schenken von Tautenburg, den das Museum als Leihgabe der Kirche von Frauenprießnitz wohl bewahrt, im mittelalterlichen Raum des Museums öffentlich ausgestellt.«[54] Es sind »Kleinodien der Goldschmiedekunst aus der Zeit der Renaissance«, wie Stirnemann schreibt.

Im Oktober 1931 wird das »Jenaer Studentenleben« anhand von Stammbuchbildern aus dem 18. Jahrhundert präsentiert. Den Auftakt des Ausstellungsjahrs 1932 bildet die Schau »Buch und Schrift von den Anfängen bis zur Gegenwart« mit Buchbinderwerkzeug sowie Büchern aus dem Jenaer Eugen Diederichs Verlag.[55] Vom 6. März bis Juni folgt die Schau »Bedeutende Jenaer Persönlichkeiten der Goethezeit in Bildnis und Handschrift«,[56] die von Vorträgen des Jenaer Goethe-Forschers Ernst Vincent und Hermann Vogels von Frommannshausen begleitet wird.[57] Anlässlich der 40. Wiederkehr des Besuchs Bismarcks folgt im Juli die Schau »Bismarck und Jena«. Im August widmet sie anlässlich der Mitteldeutschen Pfarrertagung dem Thema »Luther und Jena« eine Ausstellung. Im Oktober folgt eine Präsentation von »Jenaer Glas und Dornburger Keramik« aus zeitgenössischer handwerklicher Produktion der Region.[58]

Otto Lindig, Jahresgabe 1932/33: Obstschale und 6 Obstteller, Fotografie, ca. 1932, Landesmuseum Kunst & Kultur Oldenburg, Nachlass Walter Müller-Wulckow

Freunde der Dornburger Keramik

Zur Unterstützung des von ihr außerordentlich geschätzten Keramikers Otto Lindig, der nach der Schließung der Keramikwerkstatt des Bauhauses in Dornburg diese privat weiterführte, hatte Hanna Stirnemann bereits 1931, gemeinsam mit Eberhard Schenk zu Schweinsberg, der 1929 von Weimar nach Wiesbaden gewechselt und dort Direktor der Städtischen Kunstsammlung geworden war, die »Freunde der Dornburger Keramik« gegründet.

In einem gedruckten Rundschreiben informierten die beiden Museumsleiter über das Ziel der Vereinigung:

> »FREUNDE DER DORNBURGER KERAMIK haben sich zu einer Vereinigung zusammengeschlossen, um zu verhindern, daß ein einzig dastehendes künstlerisches Unternehmen der Not der Gegenwart zum Opfer fällt.
> Die von Otto Lindig geleitete Werkstatt in Dornburg ist deshalb besonders bedroht, weil sie keine Fabrik für Massenherstellung von Keramiken in überlieferten oder von anderen Techniken abgeleiteten Formen ist. Sie ist bedroht, weil sie individuell handwerksmäßig betrieben wird; weil sie versucht, neue Formen für die Gebrauchskeramik zu finden, für die der Abnehmerkreis naturgemäß klein ist.«

M I T G L I E D S K A R T E 1932/33

Herrn Dr. Müller-Wulckow, Oldenburg i/O
Festungsgraben 8

Gefchäftsftelle: Jena, Stadtmufeum, Weigelftraße 2

Walter Müller-Wulckows Mitgliedskarte der »Freunde der Dornburger Keramik«, 1932/33, Landesmuseum Kunst & Kultur Oldenburg, Nachlass Walter Müller-Wulckow

Jena, 21. Dez. 32.

An die Mitglieder der "Freunde der Dornburger Keramik".

Sollten Sie die Jahresgabe 32/33 nicht rechtzeitig zu Weihnachten erhalten, so bitten wir vielmals um Entschuldigung. Otto Lindig, Dornburg, teilte uns mit, dass aus unvorhergesehenen Produktionshindernissen, und weil er dìe Schwierigkeiten in der Herstellung der umfangreichen Jahresgabe unterschätzt hat, nicht alle Jahresgaben rechtzeitig herausgehen können, dass aber unmittelbar nach dem Fest die weitere Belieferung erfolgen soll.

Schrift=und Geschäftsführerin

Dr. H. Stirnemann

Hanna Stirnemann an die Mitglieder der »Freunde der Dornburger Keramik«, Schreiben v. 21. Dezember 1932, Landesmuseum Kunst & Kultur Oldenburg, Nachlass Walter Müller-Wulckow

Die Initiatoren des Freundeskreises, Stirnemann und Schenk von Schweinsberg, hätten

> »nicht die Absicht, durch geldliche Zuwendungen der Werkstatt zu helfen; sie wollen nicht einseitig die Produktion unterstützen, sondern einen regelmäßigen Absatz der keramischen Erzeugnisse verbürgen. […] Es sind keine Luxusgegenstände, die aus der Dornburger Werkstatt hervorgehen: im täglichen Gebrauch auf dem Tisch, in Haus und Garten werden sie sich durch ihre handwerkliche Qualität und ihre Zweckmäßigkeit ebenso behaupten können, wie sie in den Vitrinen der Kunstsammlungen durch ihre Schönheit neben Keramik des Altertums und des Mittelalters bestehen.«[59]

Während Schenk zu Schweinsberg als Vorsitzender fungierte, war Stirnemann Geschäftsführerin der Vereinigung. Der Assistent an den Staatlichen Kunstsammlungen zu Weimar Walther Scheidig und Hellmuth von Maltzahn, Kustos am Goethe-Nationalmuseum, übernahmen 1932 die Kassenprüfung und die Entlastung der Geschäftsführerin. Als Geschäftsstelle der Freunde der Dornburger Keramik fungierte die Adresse des Jenaer Stadtmuseums, und es erstaunt nicht, dass Lindigs Werke ihren Weg sowohl in die Sammlung und Dauerausstellung des Stadtmuseums Jena als auch in die Sammlungen der Staatlichen Kunstsammlungen zu Weimar fanden.

Walter Müller-Wulckow gehörte zu den ersten Mitgliedern der Freunde der Dornburger Keramik. Fotografien der Werke Lindigs sowie Drucksachen und Rundschreiben des Freundeskreises haben sich in seinem Nachlass erhalten. Der Rundbrief »An die Mitglieder der ›Freunde der Dornburger Keramik‹«, den Schenk zu Schweinsberg und Stirnemann nach Ablauf des ersten Geschäftsjahrs 1931/32 im Herbst 1932 verfassen, beziffert die Mitgliederzahl auf 100. »Für das Jahr 1932/33 sind bereits eine Reihe Neuanmeldungen erfolgt. Der Anfang war also gut.«[60] Der Verein der Freunde der Dornburger Keramik ist bis mindestens 1935 aktiv, was mit dem Ende von Stirnemanns Ära als Museumsdirektorin zusammenfällt und durch die von den Freunden der Dornburger Keramik und Hanna Stirnemann gesammelten Jahresgaben belegt ist. Diese bildeten 1931/32 die große Deckeldose L 600, 1932/33 eine »Obstschale und 6 Obstteller«, 1933/34 die Kaffeekanne L 16 und 1934/35 eine Vase.[61] Über den Bezug der Jahresgaben hinaus hatten die Vereinsmitglieder die Möglichkeit, weitere Keramiken Lindigs zu vergünstigten Preisen direkt ab Werkstatt zu beziehen: »Für Mitglieder gelten Werkstattpreise«, vermerkte Stirnemann handschriftlich in den aufwendig hergestellten Katalogen, die – neben der Neuen Sammlung in München, dem Grassimuseum Leipzig sowie den Museen von Erfurt, Weimar und Wiesbaden – das Stadtmuseum Jena und das Landesmuseum Oldenburg als öffentliche Sammlungen nennen, in denen Otto Lindigs Arbeiten »als vorbildliche Leistung« zeitgenössischen Kunstgewerbes vertreten sind.[62]

Ausstellungen des Stadtmuseums ab 1933

Das Ausstellungsjahr 1932 des Jenaer Stadtmuseums schließt mit der Schau »Die Bildnisse der Jenaer Ehrenbürger und das Goldene Buch der Stadt Jena« (27. November bis Dezember).[63] Ab Januar 1933 zeigt Stirnemann »Spielzeug – Holz – Glas« aus der »Spielwarenstadt« Sonneberg in Thüringen. Zur Eröffnung der Ausstellung sprach – vermutlich zum letztes Mal – Oberbürgermeister Alexander Elsner.[64] Im Frühjahr 1933 widmet sie den Glasschliffarbeiten des Jenaer Künstlers Fritz Körner (1888–1955) eine Sonderausstellung.[65] Seinen Werken stellt sie eine Auswahl historischer Gläser sowie die Industrieprodukte der Jenaer Glaswerke Schott & Gen. gegenüber, die inzwischen ebenfalls zur ständigen Sammlung des Museums gehörten.

Trotz der Machtergreifung der Nationalsozialisten im Reich, die schließlich auch dazu führte, dass Elsner aus dem Amt gedrängt wurde, arbeitete Stirnemann unbeirrt weiter. So engagiert sie sich im Frühjahr und Sommer 1933 gemeinsam mit dem Musikhistoriker Werner Danckert (1900–1970) und dem Jenaer Musiker Karl Grebe (1901–1980) für die Gründung und Einrichtung eines Museums für historische Musikinstrumente, die auch für sonntägliche Konzerte des *Collegium musicum* der Universität genutzt werden. Die »Glasersche Sammlung historischer Musikinstrumente«, die auf die Sammlung des 1932 verstorbenen Jenaer Pianofortefabrikanten Franz Glaser zurückging, eröffnete am 9. Juli 1933 in dem ehemaligen Zisterzienserkloster hinter der Stadtkirche.[66]

Anlässlich der Verbandstagung der Thüringer Buchbindermeister in Jena richtet das Stadtmuseum im August 1933 eine kleine Schau mit historischen Schriftstücken und Buchbinderwerkzeugen aus.[67] Zum 450. Geburtstag Martin Luthers zeigt Stirnemann im November 1933 eine Ausstellung von Fotografien und Berichten über die Lutherfestspiele 1883 in Jena.[68]

Parallel dazu erweiterte Stirnemann die Abteilung »Jena und Umgebung in der Malerei« um Werke des 20. Jahrhunderts und fügt (zum Teil verkäufliche) Werke von Kurt Ketscher, Helmut Krause, Christoph Natter, Georg Kötschau, Fritz Körner, Freiherr von Kloch-Kornitz, Hans Jansen, Frida Mentz-Kessel und Karl Pietschmann in die Ausstellung ein.[69] Der völkisch-nationalsozialistisch engagierte Zeichenlehrer Jansen beschwerte sich – offenbar ohne die Ausstellung gesehen zu haben – bei dem seit Ende Mai amtierenden Oberbürgermeister Armin Schmidt, dass er nicht an der Ausstellung »Jena und Umgebung in der Malerei unserer Zeit« beteiligt worden sei und forderte den Oberbürgermeister auf, zu veranlassen, dass ein Bild von ihm gehängt werde.[70] Stirnemann wird genötigt, sich zu rechtfertigen und antwortet Jansen, dass zwei seiner Werke aus dem Besitz des Museums ausgestellt seien.[71] Zudem erklärt sie, ihr Fokus liege auf den freischaffenden Künstlern, die – im Gegensatz zu Jansen – auf Einnahmen durch Kunstverkäufe angewiesen seien. Dass sie von Jansens Kunst wenig hält, wird aus ihrem Antwortschreiben an Oberbürgermeister Schmidt deutlich: »Meine Liebe zu altdeutschen Meistern und zur Kunst der Romantik […] ist so gross, dass wenn man sich zu ihnen bekennt, dies nur in ehrfurchtsvoller Bewunderung geschehen kann, nicht aber darin dass man sie wie Herr Jansen unzulänglich nachahmt, ohne sie je zu erreichen oder zu übertreffen.«[72]

Vom 16. April bis 13. Mai 1934 wird im Stadtmuseum die Sonderausstellung »Ein Jahr nationalsozialistische Aufbauarbeit in Jena« gezeigt, die das Wirken seit der Machtübernahme veranschaulichen soll und die politische Vereinnahmung des Museums durch die Nationalsozialisten dokumentiert.[73] Die Eröffnungsansprache des Oberbürgermeisters wird musikalisch von der Hitlerjugend (»Kämpfer für das Dritte Reich sind wir«) und der Rezitation eines Gedichts des Reichsjugendführers Baldur von Schirach (»Das neue Geschlecht«) gerahmt. Die Ausstellung versammelt – ähnlich einer Messe – Fotografien und Dokumente verschiedener nationalsozialistischer und gleichgeschalteter Organisationen: Die Landesführerschule in Lobeda, die Jenaer Universität und Studentenschaft, die Fliegerortsgruppe im Deutschen Luftsportverband, der Reichsluftschutzbund Jena, die Firmen Zeiss und Schott mit Siedlungsbeispielen sind ebenso vertreten wie die Hitlerjugend, der Bund deutscher Mädel, Schutzstaffel (SS), Sturmabteilung (SA), NS-Frauenschaft, NS-Kriegsopferversorgung und das Arbeitsamt Jena. Jeskow und Stutz gehen zwar davon aus, Stirnemann habe die Ausstellung konzipiert,[74] es ist jedoch anzunehmen, dass sie die Ausstellung lediglich einrichtete – wer hätte es auch sonst tun sollen? Diese Annahme wird auch durch die Dokumente im Universitätsarchiv Jena gestützt, nach denen die Ausstellung unter dem »Protektorat« des Oberbürgermeisters und NSDAP-Kreisleiters Schmidt stand, dem das Stadtmuseum als städtische Institution unterstellt war.[75] In einem Protokoll einer Arbeitssitzung mit den beteiligten Ausstellern heißt es gar: »Das Stadtmuseum leistet hierbei mehr eine Art Hilfsdienststellung, es stellt die notwendigen Räume zur Verfügung, das Schaugerät und sorgt nach Angaben der Gruppen für eine einheitliche Beschriftung und wacht über eine sinnvolle Anordnung.«[76]

Zwischen Weihnachten 1934 und Neujahr 1935 werden im Stadtmuseum die Studien Otto Herbigs für ein Wandbild »Die Gründung der Burschenschaft« für das »Germanenhaus« am Jenaer Markt präsentiert.[77] Die weiteren Pläne des Stadtmuseums und des Instrumentenmuseums werden Mitte November 1934 in einer gemeinsamen Veranstaltung präsentiert:[78] »Dr. Stirnemann lud in kurzer Ansprache die Besucher zu verschiedenen Ausstellungen deutschen Wesens und Brauchtums ein, die demnächst eröffnet werden sollen«,[79] berichtet die Presse. Den genannten Themen entsprechend entsteht die Sonderausstellung »Thüringer Volkskunst«, der Stirnemann am 28. Januar 1935 einen Vortrag und noch 1938 einen Aufsatz widmet.[80] In der Ankündigung heißt es: »Mit vielen Lichtbildern soll aufgezeigt werden, was alles an Werken der volkstümlichen bildenden Künste in unserem Heimatland entstanden ist, wie sehr diese Arbeiten aus der Stammeseigenart der Bewohner und der landschaftlichen Besonderheit erwachsen sind und was für sie als ›Volkskunst‹ wesentlich ist. […] Verbunden damit ist eine kleine Sonderschau, in der aus dem Besitz des Stadtmuseums und Siedelhofes […] Arbeiten der Thüringer Volkskunst zur Ausstellung gelangen.«[81] Ein Vortrag von Charlotte Beil zu »Sitte und Brauch in den Thüringer Volkstrachten« findet am 4. Juni 1935 parallel zu der entsprechenden, etwa vier Wochen dauernden Ausstellung des Stadtmuseums statt.[82] Es ist eine der letzten Veranstaltungen, die Hanna Hofmann-Stirnemann, die im April geheiratet hatte und nun einen Doppelnamen trägt, betreut.

Hanna Stirnemann: Alte Jenaer Bürgerhäuser, Jena 1931, Landesmuseum Kunst & Kultur Oldenburg

Das lebendige Museum

Als umtriebige Museumsdirektorin hält Stirnemann Vorträge, führt in die von ihr kuratierten Ausstellungen ein und gibt selbst zahlreiche Führungen. So spricht sie bereits am 16. Februar 1930 – noch als »Museumsassistentin« – anhand von Lichtbildern und Originalen über »Bildnisse vom 15. Jahrhundert bis zur Gegenwart«:[83] Der Vortrag ist Teil der von Paul Weber gewünschten und unter Stirnemann verfestigten Vortragsreihe, die in enger Kooperation mit dem Kunstverein veranstaltet wurde und zeugt »von einer in jeder Hinsicht tiefblickenden und umfassenden kunsthistorischen Schulung«, wie der Rezensent des *Jenaer Volksblatts* urteilt.[84] Während das Programm des Stadtmuseums mit Vorträgen zur Kunst- und Kulturgeschichte der älteren Zeit, der Heimatkunde usw. eher bieder anmutet, bietet der Jenaer Kunstverein Vorträge zur Kunst und Kultur der Gegenwart.

Darüber hinaus ist Stirnemann publizistisch höchst aktiv. Nach dem bereits 1930 erschienenen Führer durch den Siedelhof veröffentlicht sie eine Publikation über »Alte Jenaer Bürgerhäuser«,[85] schreibt Beiträge für die lokalen Zeitungen und verfasst mehrere Aufsätze, u. a. über die Bürgertugenden Lucas Cranach d. Ä. und die Idee des lebendigen Museums.

Eine Durchsicht des digitalisierten *Jenaer Volksblattes* und der *Jenaischen Zeitung* belegt die rege, von ihr betriebene Pressearbeit für das Museum. Es erscheinen zahlreiche Anzeigen und Ankündigungen zu Ausstellungen und Veranstaltungen, die von der regionalen Presse kontinuierlich – und mehrheitlich wohlwollend – besprochen werden.

Für das Publikum – (Heimat-)Forscherinnen und Forscher, Lehrende und Studierende – lässt sie die Bestände der rege genutzten Museumsbibliothek erweitern.

Ein besonderer Schwerpunkt ihrer Arbeit liegt auf der Vermittlung: Im Juni 1931 gründet Stirnemann die Arbeitsgemeinschaft »Museum und Schule« mit Kursen für Lehrende zum Einbau des Museumsbesuchs in den Schulunterricht,[86] was zu einer Verdoppelung der Besuche durch Schulklassen führt.[87] Ferner arbeitet sie eng mit der Volkshochschule zusammen, für die sie regelmäßig Vorträge hält sowie mit dem Frauenverein Jena und weiteren Vereinen und Organisationen. Ihre Sonderführungen belegen ihr besonderes Engagement für die Mündigkeit von Frauen sowie ihre Fähigkeit, neue Besuchergruppen zu erschließen. Im Bericht über das erste Halbjahr ihrer Tätigkeit als Museumsdirektorin notiert sie, »dass das Interesse für das Museum in allen sozialen Schichten vorhanden« sei. Besonders durch die Firma Zeiss habe sich der Anteil der »Besucher aus Deutschösterreich, der Schweiz, Italien, Tschechoslowakei, Frankreich, England, Amerika und den nordischen Ländern« gesteigert.[88]

Mit Leihgaben, die sie aus den Sammlungen des Stadtmuseums für Ausstellungen an anderen Orten zur Verfügung stellt, vernetzt sie das Museum in der Fachwelt.[89]

Stirnemann wählt immer wieder auch ungewöhnliche Wege, um mit der Stadtgesellschaft in Verbindung zu treten. So lädt sie – wie es Weber bereits begonnen hatte – am 13. Dezember 1931 zur Weihnachtsfeier ins Stadtmuseum ein. Stirnemanns Vortrag über »Weihnachtsdarstellungen in der bildenden Kunst«, den sie 1928 bereits in Oldenburg gehalten hatte, wird durch musikalische Darbietungen sowie den Verkauf von Anisgebäck ergänzt, das sie von einem städtischen Bäcker in alten Lebkuchenformen des Museums nach historischen Rezepten backen lässt.[90] Die Feier mit Vortrag, Gebäck und Musik wird in Stirnemanns Amtszeit zu einem wiederkehrenden Event. Am 11. Dezember 1932 referiert sie über »Dürers Marienleben«.[91] Zur Weihnachtsfeier am 10. Dezember 1933 hält Stirnemann einen Lichtbildervortrag über »Lucas Cranach, der Freund Luthers und Johann Friedrichs des Großmütigen, als Maler der Reformation«.[92]

Mit den von ihr konzipierten Ausstellungen und zahlreichen begleitenden Führungen, Vorträgen und Lesungen positionierte Hanna Stirnemann das Stadtmuseum erfolgreich als lebendige Institution der Stadtgesellschaft, was sich nicht zuletzt an der Steigerung der Besucherzahlen ablesen lässt: Besuchen das Museum zu Beginn ihrer Amtszeit noch rund 6000 Menschen, sind es 1932/33 bereits 10000 Besucherinnen und Besucher pro Jahr.[93] Ihr im Juni 1932 in der *Thüringer Lehrer-Zeitung* erschienener Beitrag »Das lebendige Museum« kann somit als Programmtext ihrer Tätigkeit als Museumsleiterin gelesen werden: »Das Wort Museum schreckt viele in der Empfindung, als sei dort alles unlebendig und unveränderlich untergebracht, was im Leben und in der Gegenwart nicht mehr zu gebrauchen ist«, schreibt sie hier und setzt der überkommenen Wahrnehmung ihr Credo entgegen:

Helmut Krause, Hanna Stirnemann, um 1930, Holzschnitt, 32,6 × 20 cm, Landesmuseum Kunst & Kultur Oldenburg

---

»Museen sind oder sollten sein *lebendige Organismen*, fähig, sich zu wandeln, zu wachsen, zu sprechen in einer Sprache, die dem Lebenden immer verständlich sein muß. […]
Wie fassen wir heute das Museum in seiner Aufgabe und Zielsetzung auf? Die Antwort muß lauten: als *Volksmuseum*; als eine Einrichtung, die nicht das Museum als Selbstzweck will, sondern als *Bildungsstätte* (im Sinne Lichtwarks) *für das ganze Volk*. Ein solches Museum ist nicht mehr ein ›museion‹, ein den Musen in weltferner Abgewandtheit geheiligter Raum wie bei den Griechen, sondern eine Stätte, an der man spürt, daß diese Dinge einer vergangenen Zeit in ihren kulturellen und künstlerischen Äußerungen Spiegel sind für den Verlauf der Geschichte, an denen wir andererseits ermessen können – wie immer am Gegenteil und an der Gegenüberstellung –, was sich heute änderte, worauf diese Wandlung gründet und was sie bedeutet.«[94]

Das Griesbachsche Gartenhaus »Prinzessinnenschlösschen«, ca. 1930, Postkarte, Privatbesitz

Edgar Lehmann: Das Prinzessinnenschlösschen als Kunst-Galerie, in: *Von hier. Die Illustrierte Thüringens und des Vogtlandes* v. 1. Dezember 1928

Nr. 24 „Von hier", die Illustrierte Thüringens und des Vogtlandes Seite 389

DAS PRINZESSINNEN SCHLÖSSCHEN ALS KUNST-GALERIE

Edgar Lehmann

Es gibt kaum einen zweiten Ort, an dessen Geschick sich der Wandel der geistigen, religiösen und sozialen Struktur vom XVIII. zum XX. Jahrhundert hin so offenbar darstellt, wie an dem Jenas. In dieser Stadt selbst spricht kein Denkmal so unmittelbar, wie das sogenannte Prinzessinnenschlößchen. — Einsam, verlassen, zwischen alten Bäumen versteckt, fristet es Dank der Kapitalsmacht einer großen Industrie sein Dasein. Nur noch selten finden romantische Müßiggänger, denen das zweifelhafte Glück beschert ist, dem Lebensgetriebe des XX. Jahrhunderts fernstehen zu dürfen, oder spielende Kinder den Weg zu dem schlafenden Schloß. Um das Jahr 1800 war es ein Treffpunkt der gebildeten und schöpferischen Welt, die in dem „lieben närrischen Nest", wie Goethe Jena gern nannte, aus und einging. Es gibt wenig Persönlichkeiten von Namen, die in der damaligen Zeit nicht auf irgend eine Weise mit diesem berühmten Gartenhaus verbunden gewesen wären. Denn als Gartenhaus, für die damalige Zeit groß und geräumig, angemessen dem Ansehen, das er genoß, entsprechend dem geselligen Verkehr, den er pflegte, hatte es kurz nach seiner Berufung an die Universität der Professor und Kirchenrat Griesbach erbauen lassen. Die Berufung fiel in das Jahr 1775. Griesbachs Tätigkeit endete mit seinem Tod 1812. In den vierzig Jahren, die um die Wende des XVIII. zum XIX. Jahrhundert liegen, erlebte das Haus seine erste große Glanzzeit. Was in ihm vorging war solcher Art, daß es dem entsprach, was wir heute als die zentrale Leistung jener Zeit werten. Vertreter des deutschen Idealismus, das Genie, dem wir eine noch lange nicht erkannte und betätigte neue Weltbetrachtung verdanken, begegneten sich in dem Gartenhaus. Goethe, Schiller, Herder, Fichte, W. v. Humboldt, Wieland, Knebel, Voß, Heinr. Meyer suchten immer wieder die gastliche Stätte auf, angelockt durch das anregende gesellige Leben, das der geistreiche und selbstbewußte Theologe und seine gebildete herzensgütige Gemahlin zu entfalten wußten. Wir nennen nicht alle Namen, die mit dem Gartenhäuschen in Verbindung gebracht werden müssen. Derer sind so viel, daß wir sie wohl kaum mehr alle ausfindig machen können. Vermag doch der berühmte Arzt Hufeland dem 1806 an die Universität berufenen Historiker Luden keinen besseren Rat zu geben, als „seine ersten Schritte nach des edlen Griesbach Garten zu richten." — „Es war alles aufs niedlichste mit Blumen ausgeputzt und wir soupierten unter freiem Himmel und aus freier Hand auf dem Platze nahe beim Hause, der mit Pappeln umgeben ist," schreibt Knebel an seine Schwester über einen Gesellschaftsabend, zu dem sich im Anblick der entzückenden Berglandschaft um den Jenzig die führenden Geister einer versunkenen Kultur unter ernsten und heiteren Gesprächen im Griesbachschen Garten versammelt hatten. Während der Schlacht bei Jena fanden viele Bürger, die aus der brennenden Stadt flüchten mußten, Unterkunft im Gartenhaus, so daß der Garten selbst ein buntes Bild bot. „Mutter Griesbach" war überall verehrt, weil es kaum ein Haus gab, in dem sie nicht einmal zu helfen und zu pflegen gehabt hatte. Als Voß 1817 zum letzten Mal die liebe Stätte besuchte, geschah es in trauernder Erinnerung. Viele, die hier aus- und eingegangen, waren aus dem Leben geschieden, unter ihnen Griesbach selbst. Mit diesen Jahren geht die Epoche zu Ende, in der sich in den Erlebnissen des Gartenhauses zugleich die Situation des deutschen Geistes spiegelte.

Prinzessinnenschlößchen Phot. E. Lehmann

F. Hodler: Ölstudie Kunstverein Jena

Geschäftsführerin des Jenaer Kunstvereins

Im sogenannten Prinzessinnenschlösschen, das im 19. Jahrhundert der Weimarer Großherzogin Maria Pawlowna als Sommerresidenz gedient hatte, war seit 1928 die herausragende Sammlung moderner Kunst des Jenaer Kunstvereins ausgestellt. Bedeutende Werke u. a. von Ferdinand Hodler, Cuno Amiet, Ernst Ludwig Kirchner, Erich Heckel, Emil Nolde, August Macke und vielen weiteren Künstlern waren in den zurückliegenden Jahrzehnten von den Leitern des Kunstvereins zu einer stattlichen Sammlung zusammengetragen worden. Vor allem Botho Graef und Walter Dexel hatten hier, seit der Gründung des Kunstvereins 1903, Erstaunliches für die Anerkennung der Moderne in der Provinz geleistet.[95] Anlässlich des 25. Geburtstags des Kunstvereins wurde das Prinzessinnenschlösschen, in dem er bereits in den frühen 1920er Jahren seine Sonderausstellungen präsentierte, umfassend modernisiert, sodass die bis dato weitestgehend magazinierten Bestände hier ein würdiges Domizil fanden.[96] Zurückhaltende Wandfarben und eine moderne Beleuchtung, zum Teil mit Leuchten von Wilhelm Wagenfeld, schufen ein modernes Ausstellungsambiente.

Die Geschichte der Vermittlung der künstlerischen Avantgarde in Deutschland beschreibt die Ära des Jenaer Kunstvereins unter Walter Dexel als dessen Blütezeit, auf die ein unaufhaltsamer Niedergang folgte. Tatsächlich fällt das Ende der Ära Dexels, der 1928 als Dozent an die Magdeburger Kunstgewerbeschule wechselte, mit der nahenden Weltwirtschaftskrise, hohen Arbeitslosenzahlen und dem Niedergang der Weimarer Republik zusammen. Auf die zumindest wirtschaftlich »goldenen« und politisch halbwegs stabilen Jahre folgte eine Phase der zunehmenden Politisierung und Radikalisierung der Gesellschaft, die zu reichsweiten Wahlerfolgen der NSDAP und schließlich zum Machtwechsel führten. Die Wahlen zum fünften Thüringer Landtag vom Dezember 1929 ermöglichten die erste Beteiligung der NSDAP an einer Landesregierung der Weimarer Republik: Der spätere Reichsinnenminister Wilhelm Frick wurde dadurch zum Staatsminister für Inneres und Volksbildung und ersten Minister der NSDAP. Unter seiner Ägide wurden im Herbst 1930 die Wandbilder von Oskar Schlemmer im ehemaligen Bauhausgebäude in Weimar überstrichen und die Werke von Feininger, Kandinsky und Klee im Weimarer Schlossmuseum abgehängt.

Programm und Struktur

Ab 29. Juli 1930 war Stirnemann – neben ihrer Tätigkeit für das Stadtmuseum – in Personalunion auch als Geschäftsführerin des Jenaer Kunstvereins tätig. Sie war zuständig für die Verwaltung der Sammlung moderner Kunst im Prinzessinnenschlösschen, organisierte Ausstellungen zeitgenössischer Künstlerinnen und Künstler, eine Vortragsreihe über »Die Kunst des 20. Jahrhunderts« und setzte – unter den schwierigen äußeren Umständen – das moderne Programm des Kunstvereins bis zum Ende ihrer Amtszeit fort.[97]

Während Stirnemann für das Stadtmuseum zahlreiche Werke erwerben konnte, gibt es kaum nennenswerte Erwerbungen für den Kunstverein, was auf die angespannte finanzielle Situation des Vereins zurückzuführen ist, der seit 1928 die Bewirtschaftung des Prinzessinnenschlösschens zu tragen und gleichzeitig – wie nahezu alle Kunstvereine im Deutschen Reich – nach der Weltwirtschaftskrise unter einem Rückgang der Mitgliederzahlen zu leiden hatte.[98] Gleichwohl findet sich Stirnemanns markante Handschrift im Inventarbuch, trug sie doch etliche Arbeiten nach, die von ihren Vorgängern nicht oder nur unvollständig inventarisiert worden waren.

Zu einem wichtigen Partner Stirnemanns bei der Arbeit für den Kunstverein wurde der Kunsthistoriker Hans Rose (1888–1945), der 1931, aus München kommend, einem Ruf an die Universität von Jena folgte. Rose, dessen Ernennungsurkunde bereits von Wilhelm Frick unterzeichnet wurde, war damit der Nachfolger Paul Webers auf dem Lehrstuhl für Kunstgeschichte, der seit dessen Tod 1930 vakant geblieben war. Neben der Professur am kunsthistorischen Seminar der Universität Jena, die Rose zum 1. April 1931 antrat, übernahm er am 13. Juli 1931 den Vorsitz des Kunstvereins.[99]

Stirnemann und Rose scheinen kollegial zusammengearbeitet zu haben: Beide steuerten eigene Impulse und Ideen für Ausstellungen bei. Einige richteten sie gemeinsam ein, andere wurden federführend von einem der beiden betreut. Mal hielt er die Eröffnungsrede, mal sie. Die Ausstellung »Neuzeitliche Gartenkunst« (1931) oder Ausstellungen mit Leihgaben aus München, Hans Roses früherem Wirkungsort, sind sicherlich vor allem mit ihm in Verbindung zu bringen. Stirnemann übernahm indes bei der »Theater-Ausstellung. Das Bühnenbild von gestern und heute« (1932) mit Leihgaben aus dem Theatermuseum München oder der Schau zu den Münchner Zeichnern des Simplicissimus (Januar 1933). Ebenso beteiligte sie sich an Aufgaben bei nicht von ihr initiierten Ausstellungen, wie die Berichte in den zeitgenössischen Zeitungen belegen. Mit Rose, bei dem sie plante ihre Habilitationsschrift einzureichen, hatte Stirnemann einen fachlich versierten und bürgerlich-liberalen Partner an ihrer Seite, der sicherlich auch ein Grund dafür gewesen ist, dass der Kunstverein über so einen erstaunlich langen Zeitraum sein modernes Programm fortführen konnte. In einem Gutachten des Jenaer Kreispersonalamtsleiters heißt es noch 1937 über Hans Rose, dieser sei weder Mitglied der Partei noch einer NS-Gliederung geworden. Auch ein aktiver Einsatz für die »Bewegung« sei von ihm nicht zu erwarten: »Er gehört zu den Menschen, die zwar politisch, d. h. national, zuverlässig sind, die aber niemals Nationalsozialisten werden.«[100] Kurze Zeit später wird auch Hans Rose zu einem Opfer des nationalsozialistischen Regimes: Im Sommer 1938 wird er nach §175 StGb wegen »Unzucht zwischen Männern« angeklagt und verurteilt. Er wird dadurch seinen Doktortitel, seine Amtsbezeichnung und seine Dienstbezüge verlieren.

Die Ausstellungen des Kunstvereins ab 1930

Unmittelbar mit Beginn ihrer Amtszeit im April 1930 machte Stirnemann ein neues, eigenes Programm sichtbar, das deutlich den Stellenwert der Kunst von Frauen in den Fokus nahm: Die erste Ausstellung unter ihrer Leitung war, vom 27. April bis 25. Mai, den Gemälden und Zeichnungen Paula Modersohn-Beckers gewidmet, deren Werk sie aus ihrer Zeit in Oldenburg und von Besuchen in Worpswede und Bremen her kannte.

Im Wesentlichen war die Ausstellung von der Düsseldorfer Galerie Flechtheim zusammengestellt worden und vermutlich weitgehend mit der Ausstellung identisch, die im September 1929 in der Berliner Galerie Ferdinand

KUNSTVEREIN JENA

PRINZESSINNENSCHLÖSSCHEN

AUSSTELLUNG

VOM 27. APRIL BIS 25. MAI

PAULA MODERSOHN-BECKER

ÖLGEMÄLDE und HANDZEICHNUNGEN

SONNTAG, DEN 4. MAI 11.30 UHR

FÜHRUNG DURCH

DR HANNA STIRNEMANN

LEITERIN DES STADTMUSEUMS

GEÖFFNET: SONNTAGS 11-1 • MITTWOCHS u. SONNABENDS 15-17

AUSSER DER ZEIT FÜHRUNGEN DURCH DEN HAUSMEISTER

Einladungskarte zur Ausstellung »Paula Modersohn-Becker. Ölgemälde und Handzeichnungen« mit Ankündigung der Führung von Hanna Stirnemann, Kunstverein Jena 1930, Landesmuseum Kunst & Kultur Oldenburg

Paula Modersohn-Becker, Stillleben mit Orangen und Fayencehund, 1906/07, Öl auf Leinwand, 65 × 90 cm, Landesmuseum Kunst & Kultur Oldenburg

Möller gezeigt worden war. »Manche vermissen wohl die guten Werke, die in Berlin, in Bremen, in anderen großen Galerien zu finden sind, und gehen ein wenig enttäuscht, wohl auch verärgert hinweg – und merken nicht, daß ihnen nur richtige Liebe und wahres Verständnis fehlt, das auch in kleinen, weniger bedeutenden Bildern die Seele der Künstlerin erkennt und schätzt«, urteilte die Presse. Der Kritiker des *Jenaer Volksblatts* zeigte sich gleichwohl beeindruckt von der Farbigkeit der Bilder: »Nur wo die Farbe Symbol wird, wird sie leuchtender, gibt sie Unterschiede in jung und alt, Leben und Tod (Mutter mit Kind). Denn die Farbe bleibt doch tragendes Element in den Bildern, ihr ordnen sich Komposition und Linienführung unter.«[101]

Walter Müller-Wulckow hatte die Ausstellung mit zwei bedeutenden Leihgaben unterstützt: Aus seiner Privatsammlung stellte er das Gemälde »Blondes Mädchen und Junge mit rotweißgestreiften Kleidern« (um 1903) zur Verfügung und aus der Sammlung des Landesmuseums sandte er das 1906/07 in Paris entstandene »Stillleben mit Orangen und Fayencehund« nach Jena, »ein Bild, das durch glückliche Umstände aus dem Oldenburger Landesmuseum für die Zeit zu uns kommen konnte.«[102]

Aenne Biermann 1930

Vom 1. bis 29. Juni 1930 präsentierte Stirnemann eine Einzelausstellung Aenne Biermanns mit rund 200 Aufnahmen der Fotografin, die 1929 in Oldenburg, kurz nach Stirnemanns Wechsel nach Greiz – ihre erste museale Einzelausstellung erhalten hatte. Gleichzeitig ist die Schau in Jena eine kraftvolle Demonstration von Stirnemanns Engagement für die Kunst von Frauen, das sie in den folgenden Jahren konsequent fortführte.

In der offenbar von ihr selbst verfassten Pressemeldung zu der umfangreichen Ausstellung, die sowohl im *Jenaer Volksblatt* als auch in der *Jenaischen Zeitung* erschien, heißt es:

> »Der Kunstverein zeigt im Prinzessinnenschlößchen vom 1. bis 29. Juni eine Ausstellung von etwa 200 Photos von Aenne Biermann-Gera. Wer aufmerksam den Weg der heutigen Lichtbildkunst verfolgte, wird erkennen, daß dieser selbständig und unabhängig von den anderen kunstschaffenden Gebieten gegangen wird. Da ist kein Liebäugeln mehr mit der Malerei um der gleichen Wirkung willen, sondern bewußte Ablösung davon. Es handelt sich auch nicht mehr um das malerisch-schöne Motiv, sondern um die Erkenntnis, daß die Schönheit der Formen, das sinnbezogene Zueinander der Dinge und ihre geheimnisvolle Spannkraft und Steigerung auch den alltäglichen und oft übersehenen Objekten innewohnt. Die Photographie stellt sie heraus in wesentlichem Ausschnitt, in überraschender Vergrößerung. Das neue Sehen, das Aenne Biermanns Blumen und Blüten, Köpfe, Kinder, Früchte, ›Tüte mit Nüssen‹, ›Kartoffeln auf Holztisch‹, ›Geöffnete Geldbörse‹, ›Zerlegte Orange‹ und andere offenbaren, ist kompromißlose Verwirklichung absolut photographischer Anschauung.«[103]

Aenne Biermann, Blutorange, 1929, Bromsilbergelatine, 12,8 × 17,2 cm, Landesmuseum Kunst & Kultur Oldenburg

Heinrich Ehmsen, Quint im Irrenhaus, Blatt 9 aus der Illustrationsfolge zu Gerhart Hauptmanns »Der Narr in Christo Emanuel Quint«, 1927, Kaltnadelradierung, 24,3 × 19,7 cm, Landesmuseum Kunst & Kultur Oldenburg

Der Ankündigung der Ausstellung ließen beide Zeitungen ausführliche Besprechungen folgen: Der Rezensent des *Jenaer Volksblatts* sah in der Tatsache, dass im Jenaer Kunstverein nun »eine reine Photo-Ausstellung« gezeigt werde, den Beleg dafür, dass die »moderne Photographie als neue Form einer möglichen Kunstgestaltung« galt. Aenne Biermann werde durch die repräsentative Ausstellung ihres Gesamtschaffens als ebenbürtige Fotografin »neben Renger-Patzsch, Bloßfeldt, Hans Windisch« vorgestellt und die Ausstellung sei »eine der besten der letzten Jahre«.[104] Auch einige Einzelblätter werden in den Ausstellungsbesprechungen erwähnt: So etwa die ikonische Aufnahme »Kinderhände«, die Franz Roh als Umschlagabbildung für die im selben Jahr erscheinende erste Monografie über das Werk Aenne Biermanns gewählt und Stirnemann in einem Abzug bereits für das Museum in Greiz erworben hatte. Von Jena aus reiste die Kollektion in Biermanns Heimatstadt Gera, wo ihre Fotografien vom 8. November bis zum 7. Dezember 1930 im Geraer Kunstverein präsentiert wurden.

Dass die Presse nicht jede Ausstellung wohlwollend aufnahm, verdeutlicht die Ausstellung der sogenannten »Thüringer Gruppe«. Der 1929 gegründeten Künstlergruppe gehörten u. a. Alfred Ahner, Oswald Baer, Walter Determann, Otto Herbig, Karl Pietschmann und Alexander von Szpinger an. Laut Auffassung des Kritikers des *Jenaer Volksblatts* konnte diese Schau das hohe Niveau der vergangenen Ausstellungen jedoch nicht halten: »Die Anordnung der Bilder in den Räumen geschah durch die Künstler und Vertreter ihrer Gruppe, aber selbst Überfülle der vorhandenen Bilder kann die Ungeschicklichkeit und Wahllosigkeit in der Hängung nicht entschuldigen.«[105]

Vom 14. September bis 5. Oktober 1930 präsentierte Hanna Stirnemann den Zyklus von 30 Radierungen Heinrich Ehmsens zu Gerhart Hauptmanns »Narr in Christo Emanuel Quint«, den Walter Müller-Wulckow im Frühjahr des Jahres für Oldenburg erworben hatte, gemeinsam mit dem Gemäldezyklus »Der Krieg« des Malers Bernhard Feistel aus Greiz.[106]

gruppe junger maler vom bauhaus dessau 1930

Kurz nachdem in Weimar unter Wilhelm Frick die Malereien und Reliefs von Oskar Schlemmer entfernt wurden, präsentierte Hanna Stirnemann vom 12. bis 26. Oktober 1930 eine Ausstellung der »gruppe junger maler vom bauhaus dessau« mit Arbeiten von Schülern Paul Klees und Wassily Kandinskys, u. a. von Otto Hofmann, Hermann Clemens Röseler, Margaret Leiteritz, Gerhard Kadow und Roman Clemens.[107]

Zur Eröffnung am 12. Oktober 1930 hielt der Bauhäusler – und spätere Ehemann Stirnemanns – Otto Hofmann (1907–1996) eine Rede über die »Malerei in unserer Zeit«.[108] Geboren in Essen a. d. Ruhr, hatte Hofmann bereits seine Kindheit und Jugend in Jena verbracht, wo sein Vater eine Anstellung bei den Zeiss-Werken gefunden hatte. Nachdem Otto Hofmann zunächst an der Technischen Hochschule in Stuttgart Architektur studiert hatte, schrieb er sich zum Wintersemester 1928/29 als Student am Bauhaus Dessau ein, wo er vor allem die »freie Malklasse« bei Wassily Kandinsky besuchte. Im Juli 1931 schloss er sein zweites Studium mit dem »bauhaus-diplom« ab.[109]

Kunstverein Jena
Prinzessinnenschlößchen

Vom 12. bis 26. Oktober 1930
ausstellung
gruppe junger maler vom bauhaus dessau

Zur Eröffnung am Sonntag, dem 12. Oktober, 11.30 Uhr, spricht Otto Hofmann aus der Gruppe über: **Malerei in unserer Zeit**

Geöffnet: Sonntags von 11 bis 1 Uhr
Mittwochs und Sonnabends von 15 bis 17 Uhr
Außer der Zeit Führungen durch den Hausmeister

Anzeige für die Ausstellung »gruppe junger maler vom bauhaus dessau«, in: *Jenaer Volksblatt* v. 11. Oktober 1930

Nach einer ersten Ausstellung seiner Bilder im Bauhaus Dessau im Mai 1930 war die Beteiligung an der Ausstellung der »gruppe junger maler vom bauhaus dessau« im Jenaer Kunstverein die erste Präsentation seiner Werke in der Öffentlichkeit und seiner Heimat.

Die Ausstellung wird kontrovers diskutiert: »Es war interessant, das Publikum zu betrachten. Manche Ablehnung. Gut, ich kanns verstehen. Mancher will eben das ›Sofabild‹. Aber ist die Kunst denn um des Publikums willen da? […] Was uns nottut, ist zweierlei. Einmal Einführung in Art und Weise dieser abstrakten Kunst durch Vorträge und Führungen. Dann aber etwas Zweites: Ehrfurcht auch vor dem Neuartigen, Nichtgleichbegriffenen.«[110] An Hofmanns Eröffnungsrede monierten die Kritiker, er habe das eigentliche Thema – die zeitgenössische Malerei – nur gestreift und sich auf eine Rede über die ungegenständliche Kunst kapriziert, wobei deutlich geworden sei, dass der Vortragende »eher malen als reden« könne.[111]

Das Werk Otto Hofmanns präsentierte Stirnemann erneut im Rahmen der turnusmäßigen Ausstellungen »Jenaer Künstler« im November/Dezember 1931 und 1932. Dass ihr das Werk Hofmanns unter den Arbeiten der jungen Maler vom Bauhaus besonders am Herzen lag, machte sie auch durch die hymnische Besprechung seiner Werke in der *Weltkunst* vom Dezember 1932 deutlich: »Seine Ölgemälde, Aquarelle und Zeichnungen haben eine eigene Geistigkeit und Notwendigkeit«, schreibt sie hier. »Die abstrakte Kunst ist kein Dogma, sondern Bekenntnis. Sie erkennt die Gesetze der Formen und Farben als primär und befreit sie vom Gegenstand, der allzulange glauben machte, alleiniger Bildträger sein zu können.«[112]

Stirnemanns Programm und ihr kompromissloses Bekenntnis zur Moderne stießen bei Vielen auf Anerkennung und Wohlwollen: »[D]ie Personalunion, die zwischen dem Stadtmuseum und dem Kunstverein geschlossen worden ist, [bietet] für das gesamte künstlerische Leben in Jena manche neue Möglichkeiten«,[113] urteilte das *Jenaer Volksblatt* etwa.

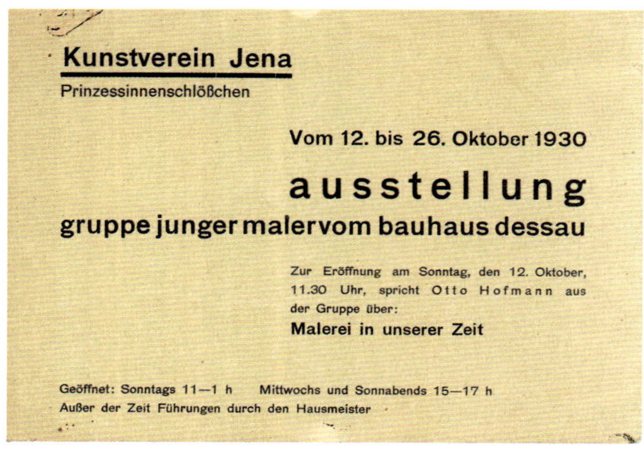

Kunstverein Jena
Prinzessinnenschlößchen

Vom 12. bis 26. Oktober 1930

ausstellung
gruppe junger malervom bauhaus dessau

Zur Eröffnung am Sonntag, den 12. Oktober, 11.30 Uhr, spricht Otto Hofmann aus der Gruppe über:
Malerei in unserer Zeit

Geöffnet: Sonntags 11—1 h Mittwochs und Sonnabends 15—17 h
Außer der Zeit Führungen durch den Hausmeister

Einladungskarte zur Ausstellung »gruppe junger maler vom bauhaus dessau« mit der Ankündigung eines Vortrags von Otto Hofmann, Kunstverein Jena 1930, courtesy Martini & Ronchetti

Otto Hofmann (links) und Hans Thiemann, Bauhaus Dessau 1929, Fotografie, courtesy Martini & Ronchetti

Indes setzt anlässlich der Bauhaus-Ausstellung auch der Disput zwischen dem Zeichenlehrer Hans Jansen und Hanna Stirnemann ein, der schließlich anlässlich der Münter-Ausstellung 1934 seinen Höhepunkt erreichen wird. Jansen echauffiert sich in einem Leserbrief – geschrieben in populistischem Duktus – über die Bauhaus-Ausstellung und die abstrakte Kunst und fordert vom Künstler, sich am Geschmack des Publikums zu orientieren.[114]

Drei Jahre später greift Jansen die Bauhaus-Ausstellung erneut auf, um beim Oberbürgermeister gegen Stirnemann zu intervenieren, die sich – als städtische Angestellte – daraufhin zu einem Rechtfertigungsschreiben genötigt sieht:

> »Herr Jansen behauptet ferner, ich sei der Kunstrichtung des Bauhauses zugetan. Diese Annahme geht fehl, wenn Herr J. mir damit eine undeutsche Gesinnung unterstellen will oder den Geist der Ausstellung im Museum verdächtigt. Ein einziges Mal stellte der Kunstverein [...] abstrakte ungegenständliche Bilder junger Bauhausmaler aus. Politische Gesichtspunkte waren damit überhaupt nicht gegeben. Weil diese Kunstrichtung problematisch und in ihrem Wollen schwer zugänglich war, fand ein öffentlicher Ausspracheabend statt, an dem auch Herr J. ausgiebig zu Wort kam und sich alsdann mit den anwesenden Malern in freundschaftlichster Weise verständigte. Es wäre liberalistisch, wenn der Künstler so schaffen wollte, wie es schnell und mühelos der breiten Menge gefällt. Es gibt für ihn viel Einsamkeit, Unverstandensein, Um- und Irrwege. Dafür hat die Geschichte der Kunst zahlreiche Beispiele. Ich habe mich deshalb immer ehrlich bemüht, nicht schnell zu urteilen oder zu verurteilen, wenn ein Kunstwerk mir in seinem Sinn verschlossen blieb [...]. Die Aufgabe der Museen ist nicht mehr die eines musaions, wo erst, was tot und hinreichend gealtert ist, Aufnahme findet, sondern gerade, wenn alle Gruppen bis zur Gegenwart heraufgeführt werden können, schlagen sie die Brücke zum Verständnis des Beschauers, zu fruchtbarer Vergleichsmöglichkeit, für das Bewusstsein, auf wessen Schultern wir stehen [...]. Das Museum hat vor allem lebendig zu sein und seine Aufgabe ist es, auf seinem Gebiet auch hilfreich zu sein.«[115]

Neues Wohnen 1931

Noch vor der Ausstellung »Die billige Wohnung«, die die Oldenburger Vereinigung für junge Kunst im März 1931 realisierte,[116] präsentierte Stirnemann in Jena vom 11. Januar bis 8. Februar 1931 die Ausstellung »Neues Wohnen. Maschine und Handwerk« mit Arbeiten der Lehrer der Staatlichen Bauhochschule in Weimar aus der Ära Otto Bartnings, die mit einem Vortrag Wilhelm Wagenfelds über »Maschine und Handwerk«[117] eröffnet und durch einen Vortrag des Architekten Ernst Neufert über »Das Studentenhaus als Bauaufgabe unserer Zeit« begleitet wurde.[118] Die Ausstellung bildete einen Rückblick auf eine kurze, heroische Epoche der Hochschule, die nach dem Fortgang des

Bauhauses aus Weimar von 1926 bis 1930 mit Otto Bartning, Ernst Neufert, Wilhelm Wagenfeld, Otto Lindig und Erich Dieckmann als Lehrkräfte, an die Bauhaus-Tradition anknüpfte und neben dem Bauhaus in Dessau und der Burg Giebichenstein in Halle zu den wichtigsten Avantgarde-Hochschulen in Deutschland zählte. Nach dem Wahlsieg der Nationalsozialisten in Thüringen fiel die Staatliche Hochschule für Handwerk und Baukunst in Weimar dem politischen Wechsel zum Opfer, und Bartning wurde durch den NS-Propagandisten Paul Schultze-Naumburg abgelöst. Die Ausstellung im nahen Jena wurde dadurch zu einer Retrospektive auf eine fünfjährige Avantgardegeschichte:

> »In den Sälen, zum Teil in schöngegliederten Vitrinen, die bekannten Arbeiten im Geiste des alten Weimarer Bauhauses. Korbmöbel von Hirschfeld, ein ideales Kinderzimmer von Dieckmann, von demselben ein Wohnzimmer mit Schreibtisch und Schrank; Leuchten, Ringe, Metallgerät von Wagenfeld, zwei Leuchten mit Pergamentschirm von Winkelmayer, Keramik von Lindig, Tapeten aus der Werkstätte der ehemaligen Bauhochschule, an den Wänden Baupläne und Photos von Arbeiten von Prof. Otto Bartning, Berlin, und Prof. E. Neufert, Berlin-Weimar [...]; alle Arbeiten aus dem Dreiklang geboren: achten auf das Bedürfnis des heutigen Menschen, aufgeschlossen der Gegenwart ohne Romantisierung und Atavismen, Achtung vor dem Material, Achthaben auf völlige Beherrschung der Technik. Alles ohne Pathos, ohne Zwang, ohne den schrillen Schrei der Enthusiasten. Alles lebend in sich und dem Dienst des gegenwärtigen Menschen.«[119]

In einem Brief an Walter Müller-Wulckow, mit dem Wagenfeld, der 1928 die Leitung der Metallwerkstatt an der Staatlichen Bauhochschule übernommen hatte, seit 1929 in lebhaftem Kontakt stand, schwärmt der Designer: »die ausstellung im prinzessinenschlösschen ist wirklich sehr schön geworden. so repräsentativ und umfassend wie bei dieser gelegenheit, wurden die arbeiten der ehemaligen bauhochschule früher nie gezeigt, weder vor noch nach der auflösung der schule.«[120] Wagenfeld erinnerte diese Ausstellung und seinen in Jena gehaltenen Vortrag später als »Ausgangspunkt seiner gesamten Laufbahn als künstlerischer Mitarbeiter in der Industrie«, da sich unter den Zuhörern auch Erich Schott, der Leiter der Jenaer Glaswerke, befand.[121] »Meine Verbindung mit den Jenaer Glaswerken ist leider immer noch nicht weiter gediehen, als Sie von Hanna wissen. Ich hoffe sehr drauf, dass es zu einem für beide Teile günstigen Resultat kommt«, teilte Wagenfeld im Frühjahr 1931 über den zögerlichen Beginn der später sehr fruchtbaren Zusammenarbeit mit.[122] Stirnemann rekapituliert diese Zeit noch nach dem Zweiten Weltkrieg voller Wertschätzung: »Mit zunehmenden Alter will es mir scheinen, dass es doch recht entscheidende Jahre waren, in denen wir damals raumnäher uns begegneten.«[123]

Ernst Neufert und Otto Bartning, Mensa am Philosophenweg, Jena, 1928–1930, Foto: Curt Hans Knauf, Landesmuseum Kunst & Kultur Oldenburg, Nachlass Walter Müller-Wulckow

KUNSTVEREIN JENA

PRINZESSINNENSCHLÖSSCHEN
MITTWOCHS UND SONNABENDS 15—17, SONNTAGS 11—1
AUSSER DER ZEIT FÜHRUNG DURCH DEN HAUSMEISTER

AUSSTELLUNG VOM 3.5. BIS 31.5.1931

Weimarer Zeichenkunst von 1800 - 1930

Am Eröffnungssonntag um 11.15 Uhr Einführung
durch Dr. Hanna Stirnemann

EINTRITTSPREIS: MITGLIEDER FREI / NICHTMITGLIEDER 50 PFENNIGE

Einladungskarte zur Ausstellung »Weimarer Zeichenkunst« mit Ankündigung der Einführung durch Hanna Stirnemann, Kunstverein Jena 1931, Landesmuseum Kunst & Kultur Oldenburg

Walter Timmling, Bildnis Hanna Stirnemann, ca. 1930, Fotografie eines nicht erhaltenen Pastells, Landesmuseum Kunst & Kultur Oldenburg

Walter Timmling, Bildnis Hanna Stirnemann, ca. 1930, Fotografie einer nicht erhaltenen Kreidezeichnung, Landesmuseum Kunst & Kultur Oldenburg

Karl Schmidt-Rottluff, Titelholzschnitt des Ausstellungskatalogs »Acht Maler stellen aus« (Walter Gramatté, Erich Heckel, Otto Herbig, Max Kaus, Anton Kerschbaumer, Otto Mueller, Christian Rohlfs und Karl Schmidt-Rottluff), 25 × 21,5 cm, Berlin 1930, Kunsthandel

Walter Timmling und »Acht Maler« 1931

Vom 15. Februar bis 8. März 1931 zeigt Stirnemann im Kunstverein eine Ausstellung mit Ölbildern, Aquarellen, Pastellen und Zeichnungen des in Dresden beheimateten Walter Timmling[124] und setzt damit erneut eine Oldenburger Verbindung fort: »Fräulein Stirnemann sorgt wirklich rührend für meine Interessen als Aussteller«, berichtet Timmling an Müller-Wulckow: »Die Jenaer Tage werden mir jedenfalls in sehr angenehmer Erinnerung bleiben, so wie es auch die Oldenburger Wochen geblieben sind!«[125] Timmling hatte wie Stirnemann bei Frankl studiert, sich dann aber der Malerei zugewandt. Nach einem – vermutlich durch Werner Meinhof veranlassten Aufenthalt Timmlings in Oldenburg 1929 – erwarb Müller-Wulckow drei Aquarelle des Künstlers mit Oldenburger Motiven für das Landesmuseum, und Meinhof kaufte als Stirnemanns Nachfolger am Stadtmuseum für die Sammlung des Kunstvereins Jena noch 1936 das Aquarell »Der Deich« aus der Ausstellung »Marsch und Geest« an, die auf Meinhofs Zeit in Oldenburg zurückzuführen war.

Dass Timmling auch Stirnemanns persönlichen Freunden zuzurechnen ist, belegen Fotografien zweier heute leider im Original verschollener Portraitzeichnungen Timmlings, die die Kunsthistorikerin als jugendliche Frau zeigen. Über den Vortrag Timmlings, den dieser im Rahmen der Ausstellung »Das Motiv in der Malerei« im Stadtmuseum hielt, berichtet die *Jenaische Zeitung:* »Sicher ist, daß viele der Zuhörer manchen Satz des Vortrags nicht verstanden haben [...]; aber alles klatschte am Schlusse sehr lebhaft.«[126]

Im Anschluss an die Ausstellung der Werke Timmlings zeigte der Kunstverein die von Karl Schmidt-Rottluff zusammengestellte Ausstellung »Acht Maler stellen aus« mit Werken von Walter Gramatté, Erich Heckel, Otto Herbig, Max Kaus, Anton Kerschbaumer, Christian Rohlfs und Schmidt-Rottluff, zu der ein bibliophiler Katalog mit einem Titelholzschnitt Schmidt-Rottluffs in einer Auflage von 150 Exemplaren erschien.

Johannes Driesch 1931

Im Juni folgte die Gedächtnisausstellung für den 1930 früh verstorbenen ehemaligen Bauhäusler Johannes Driesch (1901–1930), die im Jahr zuvor von Herbert Kunze für den Erfurter Kunstverein konzipiert worden und von hier über Weimar, Chemnitz, Wiesbaden, Krefeld, Halle (Saale) und Frankfurt am Main nach Jena gereist war. Den Eröffnungsvortrag übernahm der Jenaer Maler und Kunstpädagoge Christoph Natter (1880–1941), der im Juli 1930 zum stellvertretenden Geschäftsführer des Jenaer Kunstvereins berufen worden war. Aus der Ausstellung ließ Hanna Stirnemann für 45 Mark die Federzeichnung »Der Töpfer« erwerben und dem Stadtmuseum zur Aufnahme in die Sammlung schenken, wie sie Drieschs ehemaligem Kommilitonen Wolfgang Tümpel stolz mitteilte, der sich um dessen Nachlass kümmerte.[127]

Gestaltende Arbeit der Frau 1932

Zu den Höhepunkten der Tätigkeit Stirnemanns für den Kunstverein Jena gehört die vom 29. Mai bis 26. Juni 1932 gezeigte Ausstellung »Gestaltende Arbeit der Frau«. In anderer Form war diese bereits im April/Mai 1932 in Erfurt zu sehen gewesen,[128] doch Stirnemann erweiterte das Konzept und die

Auswahl der Künstlerinnen für Jena beträchtlich, wodurch die Ausstellung erst ihre Bedeutung als Überblicksschau über zeitgenössische Kunst, Fotografie, Kunsthandwerk und Design von Frauen erhielt. An Hannah Höch, die sie noch kurz vor der Eröffnung der Jenaer Station zur Teilnahme zu bewegen suchte, schreibt sie: »Die Ausstellung umfasst alle Gebiete künstlerischen Frauenschaffens. Es sollen grundsätzlich nur künstlerische Spitzenleistungen ausgestellt werden.«[129] Und an Gabriele Münter berichtet sie nach der Eröffnung der Schau: »Die Ausstellung hier im Prinzessinnenschlösschen ist sehr schön u. gegen Erfurt noch verdoppelt worden im Ausmass. Gezeigt wird die Frau auf fast allen künstlerischen Schaffensgebieten: Malerei (ausser Ihren Bildern, Charlotte Berend-Corinth, Paula Modersohn, Käthe Kollwitz, Maria Uhden, Lu Scheper), Plastik: (Elsa Frankl-Halle, Gudrun Huller, Ruth Schaumann, Clara Westhoff-Rilke, Renée Sintenis), dann die Frau als Architektin, Photographin, u. in allen Zweigen des Kunsthandwerks.«[130]

Wie umstritten das Konzept der Ausstellung war, verdeutlicht der Abdruck des Textes »Die Frau und die Kunst« des renommierten Kunstkritikers Karl Scheffler, der parallel zur Ausstellung in der *Jenaer Volkszeitung* erschien:

> »Als Broterwerb wird jeder andere Beruf sicherer sein. Für alle, die sich dauernd der Kunst zuwenden, ist die Lust entscheidend, der Trieb, das Talent – es ist alles dasselbe. Kann die Frau nachweisen, daß sie natürlichen Trieb zur Kunst hat, daß ihr die Kunst etwas wie eine übersinnliche Notdurft ist, daß eingeborene Anlagen sie nötigen, zu malen, zu bauen, zu komponieren oder zu dichten, so ist die Frage zu ihren Gunsten ein für allemal entschieden. Diesen Beweis wird die Frau aber nicht erbringen können. [...] Es gibt nicht ein einziges von einer Frau geschaffenes Kunstwerk, das wegweisend geworden oder das auch nur wahrhaft originell wäre. [...] Die Frau [...] betrachtet das Kunstwerk mehr wie ein Naturgebilde, sie ahnt kaum, wieviel die Kunst dem Mann bedeuten kann. Sie unterschätzt darum dessen Anstrengungen, verkennt die Qual des Künstlers und weiß nicht, wie lang der Weg von der Empfindung bis zur Formung ist.«[131]

Die Ausstellung »Gestaltende Arbeit der Frau« vertrat die gegenteilige Position und sollte – so Stirnemann anlässlich der Eröffnung – »nicht die Frage der Gleichberechtigung von Mann und Frau aufrollen«, sondern »dazu dienen, den Weg der Frau und ihre eigene Arbeit zu zeigen. Es handelt sich hier nicht um verschiedene Schaffensbereiche, sondern nur um die verschiedene Lösung gleicher Aufgaben.«[132] Auf die Einbindung der Werke lokaler Künstlerinnen hatte Stirnemann dabei bewusst verzichtet: »Die Fülle des Materials bedingte eine Beschränkung, die Jenaer Künstlerinnen sind diesmal nicht vertreten, sie sollen bei anderer Gelegenheit besonders zur Geltung kommen.«

KUNSTVEREIN JENA

BRIEFPOSTADRESSE: KUNSTVEREIN JENA

AUSSTELLUNG UND SAMMLUNG
PRINZESSINNENSCHLÖSSCHEN

ADRESSE FÜR
FRACHT- UND PAKETSENDUNGEN
PRINZESSINNENSCHLÖSSCHEN

BANKKONTO
GIROKONTO 2814 STADTBANK JENA

Frau
Hanna Höch,
Berlin - Steglitz
Büsingstr.16 2.Portal
(Atelier).

IHRE ZEICHEN IHRE NACHRICHT VOM UNSER ZEICHEN TAG

Jena, den 10. Mai 1932.

BETREFF Ausstellung:
»Gestaltende Arbeit der Frau«.

Der Kunstverein und die Jenaer Frauenvereine veranstalten vom 29.5. - 26.6. im Prinzessinnenschlösschen eine Ausstellung » Gestaltende Arbeit der Frau «. Die Ausstellung umfasst alle Gebiete künstlerischen Frauenschaffens. Es sollen grundsätzlich nur künstlerische Spitzenleistungen ausgestellt werden.

Wir möchten Sie bitten, uns bis spätestens 21.5. an die Adresse des Stadtmuseums, Jena, Weigelstrasse 2, eine Auswahl Jhrer Arbeiten einzusenden.

Da die Ausstellung als Wanderausstellung im Anschluss an Jena von den Kunstvereinen Halle, Nordhausen und Eisenach übernommen wird, bitten wir Sie, uns mitzuteilen, ob Sie bereit wären, Jhre hier gezeigten Arbeiten auch in diesen Städten auszustellen. Sie würden alsdann nach Beendigung der Jenaer Ausstellung als Sammelstransport weitergehen. Die Transportkosten übernimmt die Ausstellungsleitung.

Jn vorzüglicher Hochachtung!

Dr. Hanna Stirnemann

Direktorin des Stadtmuseums.

Adresse erhalten durch Bauhaus Dessau

BG HHC K4251/17

Hanna Stirnemann an Hannah Höch, Brief v 10. Mai 1932, Berlinische Galerie, Nachlass Hannah Höch

Else Mögelin, Pferde, um 1922, Handwebarbeit aus Seide und Leinen, 157 × 72,5 cm, Landesmuseum Kunst & Kultur Oldenburg

Grete Reichardt, Wirkerei, 1931, 27,8 × 21,8 cm, Landesmuseum Kunst & Kultur Oldenburg

Lydia Driesch-Foucar, Pferd, um 1931, Leder, 38 × 38 × 15 cm, Landesmuseum Kunst & Kultur Oldenburg

Gezeigt wurden Gemälde, Grafiken, Plastiken und Fotografien von Innenräumen, Kunsthandwerk, darunter Webereien, Stickereien und Spitzen, Keramiken und Porzellan, Emailarbeiten, Bucheinbände und Lederarbeiten, Glas- und Metallobjekte sowie Kinderspielzeug.[133] Außerdem stellte der Diederichs-Verlag die in seinem Verlag erschienenen Buchreihen *Bücher der Frau* und *Lebensbildnisse deutscher Frauen* vor. Zu den in der Ausstellung vertretenen Künstlerinnen zählten u. a. Käthe Kollwitz, Paula Modersohn-Becker, Clara Rilke-Westhoff, Charlotte Berend-Corinth, Gabriele Münter, Renée Sintenis, Milly Steger, Emmy Roeder, die Bauhäuslerinnen Otti Berger, Lydia Driesch-Foucar, Else Mögelin, Grete Reichardt und Lou Scheper – sowie die Fotografinnen Grete Stern und Ellen Auerbach (alias ringl + pit), Annelise Kretschmer, Felicitas von Baczko und Aenne Biermann.

Das Presseecho auf diese Ausstellung liest sich – nicht zuletzt in Hinblick auf die Werke der genannten Fotografinnen – wie ein Triumph der Avantgarde, des Neuen Sehens und der unumkehrbaren Anerkennung des Anteils von Künstlerinnen daran. In der mehrteiligen Rezension im *Jenaer Volksblatt* hebt der Rezensent mehrere Künstlerinnen und Werke hervor: die »Gobelins der Werkstatt Habli[k]-Lindemann mit ihren Fabeltieren und Mondbergen«, das »neue, variationsfähige Spielzeug des Bauhauses«, die »grotesken Leder- und Basttiere« von Lydia Driesch-Foucar. Die »leichten beweglichen Formen der Entwürfe von M[arguerite] Friedländer-Halle« vermitteln »den echten Charakter des Porzellans«, »die Holzgegenstände aus den Werkstätten in Loheland [fallen] durch ihre Werkgerechtigkeit und Materialechtheit« auf, aus »den Zeitbedürfnissen heraus« erwachse »die Aufteilung der Wohnung für die berufstätige Frau von [Ella] Briggs-Wien und die modern eingerichtete Kleinküche von [Margarete] Schütte-Lihotzky«, und schließlich beeindruckt »eine in zarten, sehr hellen Farbtönen gehaltene Flügeldecke von O. Berger«.[134]

In einer zweiten Besprechung heißt es: »Man könnte in der Photographie einen Übergang zur reinen Kunst sehen. […] Die besten Vertreterinnen sind Ae. Biermann und A. Kretschm[e]r mit vor allem ausgezeichneten Menschendarstellungen und Dingen des täglichen Lebens.« Ferner beeindrucken die Arbeiten von Lou Scheper, einer Künstlerin, der Stirnemann 1948 in Rudolstadt eine Einzelausstellung widmen wird: »Strenge Sachlichkeit und Exaktheit in der Ausführung mit einer guten Milieuschilderung kennzeichnen die Aquarelle: Moskaubilder von Lou Scheper. Sie ist in ihrer Malerei beim Gegenständlichen geblieben und ihrem früheren Lehrer Kandinsky nicht in die restlose Abstraktion gefolgt.« Schließlich lässt die Fülle der Künstlerinnen und Exponate den Rezensenten in seinen sprachlichen Möglichkeiten nahezu kapitulieren: »Eine Besprechung kann bei der Reichhaltigkeit der Ausstellung nur ein Hinweis bleiben, letztlich eine Anregung, die alles Weitere dem Einzelstudium überlassen muß. Die Qualität der ausgestellten Arbeiten und ihre sinngerechte Auswahl sorgt dafür, daß das Studium sehr lohnend und befriedigend ist und viel Gutes im Gedächtnis haften bleibt.«[135]

Zum Begleitprogramm der Schau gehörten neben Führungen, Teenachmittagen und Vorträgen[136] Lesungen von Lulu von Strauß und Torney und Ilse Faber.[137]

Faszinierend sind erneut die (Rück-)Bezüge nach Oldenburg: Einige Künstlerinnen wie die – über Nordwestdeutschland hinaus kaum bekannt gewordene – Bremer Fotografin Felicitas von Baczko oder die Keramikerin Auguste Papendieck hätten Kunze und Stirnemann ohne ihre Berufserfahrung in Oldenburg kaum kennen können. Andererseits vermittelte Stirnemann den Bauhäuslerinnen Lydia Driesch-Foucar, Else Mögelin und Grete Reichardt Verkäufe an das Oldenburger Landesmuseum. »Aus der Jenaer Ausstellung über Frauen-Schaffen erhielt ich zur Ansicht den Wandteppich ›Pferde‹, der mir bei der Durchreise aufgefallen war. [...] Ich möchte daher mir erlauben, bei Ihnen anzufragen, ob Sie dem Museum, das gerne schon bei Ihren früheren hiesigen Ausstellungen (der Vereinigung für junge Kunst) etwas von Ihnen erworben hätte, im Preise noch entgegenkommen können«, erkundigt sich Müller-Wulckow nach dem Ende der Ausstellung bei Else Mögelin.[138] Die Weberin, der an der Aufnahme ihres Werks in museale Sammlungen durchaus gelegen ist, kommt dem Museum preislich entgegen und der großformatige Teppich, der »seinerzeit ungefähr 2 Wochen Webarbeit beansprucht hat«[139] wird für 200 RM für das Museum erworben. Mit der Weberin tauscht sich der Museumsdirektor auch über die Lichtechtheit des Materials aus: »Es würde mich interessieren, ob Sie diesen Veränderungen [gemeint ist das Verblassen der Farben] durch lichtbeständige Farben entgegen zu wirken suchen oder ob Sie mit ihnen als etwas Unabänderlichem von vornherein rechnen.«[140] Die Antwort erfolgt wenige Wochen später: »Der Wandbehang ›Pferde‹ ist schon 10 Jahre alt und hat dauernd in meinem Wohnzimmer, sogar der Sonne ausgesetzt, gehangen. Es ist also nicht anzunehmen, dass die Farben noch sehr nachlassen. Ich nehme für die Webereien soweit das möglich ist, lichtechtes Material, aber da sich nur Pflanzenfasern indanthren färben lassen, ist die Gefahr bei gefärbter Wolle nicht ganz auszuschalten, vor allem, da wir ja heute das Material vom Färber beziehen, auf dessen Angaben wir uns verlassen müssen.«[141]

Auch die Weberin Grete Reichardt meldet sich beim Museum: »von Fräulein Stirnemann habe ich erfahren, daß Sie beabsichtigen einen kleinen Gobelin von mir anzukaufen.«[142] »Ich würde Ihre Arbeit als Phantasie-Anregung gerne erwerben«, antwortet ihr Müller-Wulckow daraufhin und erwirbt eine kleine Webarbeit.[143]

Ausstellungen 1932/33

Von Oktober bis November 1932 zeigt Stirnemann im Kunstverein die Ausstellung »Das Bühnenbild von gestern und heute«, die ebenfalls als Reverenz an Oldenburg gelesen werden kann, wo die Vereinigung für junge Kunst im Frühjahr 1930 eine »Bühnenbild-Ausstellung« realisiert hatte.[144] Doch auch Roses Kontakte nach München werden bei der Übernahme der Ausstellung eine Rolle gespielt haben: »Die Ausstellung ist zusammengestellt als fertige Kollektion vom Theatermuseum in München, vorbereitet und gehängt von Dr. H. Stirnemann«, heißt es im Bericht des *Jenaer Volksblatts*.[145] Gezeigt werden Bühnenbilder u. a. von Adolphe Appia, Julius Dietz, Adolf Hengeler, Leo Pasetti, Emil Preetorius, Hans Wildermann, Otto Reigbert, Caspar Neher und Teo Otto. Den Kritiker beeindrucken besonders die Arbeiten von Ludwig Zuckermann-Bassermann: »Sie erhalten ihre starke Ausdruckskraft durch eine klare Komposition von Farben, Gegenstän-

Alexej von Jawlensky, Variation: Schwarzer Baum, 1918, Öl auf Papier, 36 × 27 cm, Kunsthandel

Margarethe Geibel, Junozimmer I, aus: Goethehaus-Zyklus, Blatt 6, 1909, Farbholzschnitt, 20 × 27,9 cm, Landesmuseum Kunst & Kultur Oldenburg

den und Personen, so daß sie neben C. Neher mit zu den schönsten Blättern der Ausstellung gehören dürften.«[146] Die Spuren von Stirnemanns Netzwerk weisen in diesem Zusammenhang auch nach Greiz: Am 23. Oktober 1932 trägt der in Gera lebende, theatersinnige Heinrich XLV. Erbprinz Reuß jüngere Linie auf Einladung des Jenaer Kunstvereins zum Thema »Richard Strauss und die Entwicklung der deutschen Oper« im Studentenhaus vor.[147]

Auf die Bühnenbild-Ausstellung folgt eine Präsentation von Jenaer Künstlern, die vom Zeichenlehrer Hans Jansen eröffnet wird. Ausgestellt werden Werke von Kurt Ketscher, Kurt Hübner, Otto Hofmann, Rudolf Lemke, Helmut Krause und Jansen selbst.[148] Interessant an dieser Ausstellung ist, dass Jansen – der spätestens mit der Machtergreifung offen nationalsozialistisch agiert und immer wieder Wege sucht, Stirnemann anzuschwärzen – später behaupten wird, sie habe die lokalen Künstler vernachlässigt und ihnen kaum Ausstellungsmöglichkeiten im Kunstverein geboten. Betrachtet man das Programm dieser Jahre, so sind Ausstellungen lokaler Künstler fester Bestandteil und der Vorwurf Jansens spiegelt eher die persönliche Fehde mit der umtriebigen Museumsleiterin, als dass er faktisch nachvollziehbar wäre.

Bei der Ausstellung »Die Zeichner des Simplicissimus«, die im Januar 1933 im Kunstverein Jena gezeigt wird, handelte es sich mit größter Wahrscheinlichkeit um eine Übernahme der Ausstellung, die bis zum Oktober des Vorjahres in der Kestner-Gesellschaft Hannover zu sehen war. Vermutlich ist sie auch identisch mit der ab Februar 1933 in München gezeigten Schau desselben Titels. In Jena wurde die Ausstellung von Aquarellen, Handzeichnungen und Drucken aus mehr als zwei Jahrzehnten erneut gemeinsam von Rose und Stirnemann vorbereitet: »Neben der reinen, unbeschwerten Fröhlichkeit, die ein guter Witz auszulösen vermag, gibt der tiefe Ernst, die Wahrheit, die letztlich immer der Satire innewohnt, der Ausstellung einen Wert, der ganz gegenwartsbetont und menschlich ist.«[149] Zu den ausgestellten Arbeiten, die als Leihgaben der Redaktion des satirischen Wochenblatts nach Jena kamen, zählten Werke von Reinhold Max Eichler, Adolf Münzer, Karl Arnold, Olaf Gulbransson, Eduard Thöny, Erich Schilling, Wilhelm Schulz, Thomas Theodor Heine und Max Frischmann.[150]

Die Schau »Kunst der letzten 30 Jahre aus Jenaer Privatbesitz«, die am 12. Februar 1933 von Hans Rose eröffnet wird und einen Rückblick auf 30 Jahre Kunstvereinsarbeit bietet, versammelt bis Mitte März 1933 Meisterwerke von Marc, Macke, Klee, Kandinsky, Jawlensky, Hodler, Nolde, Crodel, Campendonk, Kanoldt und Dexel aus Jenaer Privatsammlungen und bildete somit – auf Jahrzehnte hinaus – einen Abgesang auf die Avantgardegeschichte der Kunststadt Jena: Ein letztes Mal vor der reichsweiten Verdammung der Moderne durch die Nationalsozialismus waren hier die ikonischen Werke des Expressionismus und der ungegenständlichen Kunst der 1920er Jahre vereint.[151] Von den Jenaer Künstlern waren Helmut Krause und Otto Hofmann vertreten. Hofmann, der nur kurze Zeit später den Weg in die Emigration erproben sollte, zeigte die Bilder »Segel V« und »Die fröhliche Stadt«.[152]

Margarethe Geibel, Treppenhaus II, aus: Goethehaus-Zyklus, Blatt 13, Weimar, 1909, Farbholzschnitt, 33 × 23,1 cm, Landesmuseum Kunst & Kultur Oldenburg

Das Ausstellungsjahr wurde u. a. mit einer Doppelausstellung der Weimarer Künstler Margarethe Geibel und Karl Pietschmann sowie einer Schau Jenaer Künstler fortgesetzt. Den Jahresabschluss bildete im Dezember 1933 eine Ausstellung der Staatlichen Hochschule für Baukunst Weimar, die inzwischen unter der Leitung des Heimatschutzstil-Architekten und nationalsozialistischen Demagogen Paul Schultze-Naumburg stand.

Entgegen den politischen Umständen und den Entwicklungen in den benachbarten Städten gelang es Stirnemann in Jena noch bis 1935, ein moderat modernes Programm umzusetzen. Sie kämpfte gegen finanzielle Schwierigkeiten,[153] Mitgliederschwund und politische Vereinnahmung und war mit ihrer Arbeit für den – auf die Kunst der Gegenwart ausgerichteten – Kunstverein in einer weitaus exponierteren Situation als im Stadtmuseum.

Die Beurteilung ihrer Arbeit in der Zeit zwischen 1933 und ihrem erzwungenen Rücktritt 1935 ist verbunden mit der Frage, ob und inwieweit Hanna Stirnemann ein »politischer« Mensch war. Die Einschätzung Maria Schmids, der Leiterin des Stadtmuseums von 1981 bis 1998, Stirnemann sei eine gute

Sachwalterin der zeitgenössischen Kunst, aber »politisch ein völlig uninteressierter Mensch«[154] gewesen, fußt auf den späten Erinnerungen von Stirnemanns Ehemann Otto Hofmann. Sicherlich war dieser in seinen politischen Ansichten radikaler: Er hatte in einer Zeit am Bauhaus studiert, als es unter der Leitung des offen linksorientierten Hannes Meyer stand, und Otto Hofmanns kurzzeitiger Aufenthalt in der anarchistisch-kommunistischen Siedlung von Fontana Martina am Lago Maggiore 1933 unterstreicht seine Zugehörigkeit zu linksorientierten Kreisen. Als bildender Künstler vertrat er kein öffentliches Amt und hatte keine unmittelbaren beruflichen Konsequenzen zu fürchten. Noch bis Mitte der 1930er gelangen ihm Ausstellungsbeteiligungen, obwohl er der Reichskammer der Bildenden Künste nicht beitreten wollte, und auch in den späten 1930er Jahren fand er Wege der künstlerischen Betätigung.

Hanna Stirnemann indes musste in ihrer gesellschaftlich exponierten Stellung abwägen, was sie sagen und tun konnte. Vor dem Hintergrund dieser Situation bewarb sie sich 1933 – erfolglos – um eine Mitgliedschaft in der NSDAP.[155] Jeskow und Stutz schreiben, Stirnemann habe die nationalsozialistische Machtübernahme unterstützt und mit der erwähnten Ausstellung zur nationalsozialistischen Aufbauarbeit (ab April 1934) entsprechend gehandelt.[156] Sicherlich hat sie die menschenverachtende Kraft der nationalsozialistischen Bewegung zunächst unterschätzt, doch spätestens 1933 war sie sich der »Gefahr politischer Gesinnungsriecherei«[157] bewusst und sicherlich kein »politisch völlig uninteressiert[er] Mensch«. Die Mitgliedschaft im Museumsbund, der intensive Austausch mit zahllosen avantgardistischen Künstlerinnen und Künstlern, Berufskolleginnen und -kollegen und das Miterleben der Tatsache, dass viele ihrer Kolleginnen und Kollegen aus politischen oder rassistischen Gründen aus ihren Ämtern verdrängt wurden, wird sie nicht unberührt gelassen, sondern in ihrer exponierten Stellung vorsichtig gemacht haben. Anhaltspunkte dafür, dass Stirnemann die Machtübernahme begrüßt habe, wie Jeskow und Stutz schreiben, gibt es abgesehen von dem Versuch, in die Partei aufgenommen zu werden und der Ausstellung, die sie auf Drängen des Oberbürgermeisters als ihrem Vorgesetzten hat umsetzen müssen, nicht. Im Gegenteil: Die Art, wie sie den nationalsozialistisch gesinnten Zeichenlehrer Hans Jansen, der in Briefen an den Oberbürgermeister nicht scheute, Hitler und Rosenberg zu zitieren, öffentlich zur Rede stellte (vgl. S. 89), der Briefwechsel mit Franz Radziwill über dessen Gesinnungswandel (vgl. S. 96) oder auch ihr Umgang mit den Vorwürfen ihrer vermeintlich jüdischen Abstammung (vgl. S. 103), sind Beispiele, die ihre aufrechte politische Haltung während der Zeit des Nationalsozialismus belegen. Ihr erzwungener Rücktritt 1935 ist nicht zuletzt Konsequenz ihrer politischen Geradlinigkeit.

Gabriele Münter-Ausstellung 1934

1933 hatte Gabriele Münters Lebensgefährte Johannes Eichner eine Wanderausstellung mit »50 Gemälden aus 25 Jahren – von 1908 bis 1933« konzipiert, die 1933 im Bremer »Paula-Becker-Modersohn-Haus« startete, bevor sie im Januar 1934 in Jena gezeigt wurde.[158] Präsentiert wurden Gemälde Münters aus allen Schaffensphasen, darunter »Hausboot in Paris«, »Dorfkind mit Katzen«,

Gabriele Münter, Musik, 1916, Öl auf Leinwand, 90 × 114 cm, Privatbesitz

»Nach dem Gewitter«, »Mai in Murnau«, »Musik«, »Kleines Blumenbild 1932« und »Drei Häuser im Schnee«.[159]

Spätestens seit 1932 waren Stirnemann und Münter in freundschaftlicher Korrespondenz verbunden und hatten sich vermutlich im selben Jahr auch persönlich kennengerlernt: »Sie machten mir Mut, Ihnen meinen Wunsch zu äussern, ob ich Sie, wenn ich im Juli für 4 Wochen in München sein werde, einmal in Murnau aufsuchen darf?«, hatte sich Stirnemann im Juni 1932 an die Malerin gewandt,[160] die sie – anlässlich eines Aufenthalts bei Hannah Labus in München – im Juli 1932 in Murnau besuchte.

Anlässlich der Ausstellung, die Stirnemann der befreundeten Künstlerin im Januar 1934 in Jena ausrichten konnte, zeigte sich die lokale Presse zunächst ausgesprochen wohlwollend: »Die Farbe ist hier ein Ereignis, ist Lebensausdruck«, heißt es da.[161] Oder: »Vorweg muß an dieser Stelle gesagt werden, daß es beglückend und dankbar empfunden wurde, daß im Kunstverein endlich einmal wieder eine Ausstellung gezeigt wird, die Arbeiten einer starken, schöpferischen, zeitnahen Künstlerpersönlichkeit bringt, und daß damit der Kunstverein sich zu seiner eigentlichen Bestimmung zurückfindet.«[162]

Anlässlich einer öffentlichen Aussprache kommt es jedoch zum Eklat mit konservativ-nationalistischen Besucherkreisen,[163] die ihre »Empörung über die Darbietung solch primitiver Kunst« äußerten, »die Hitler [...] in seiner Nürnberger Reichsparteitagsrede von 1933 als art- und wesensfremd verurteilt habe.«[164] Leidenschaftlich wird nun darüber gestritten, ob Münters farbstarkes Werk im ›Dritten Reich‹ noch zeitgemäß sei: »Am Sonntag fand eine öffentliche

Gabriele Münter, Drei Häuser im Schnee, 1933,
Öl auf Leinwand, 47 × 55,5 cm, Kunsthalle Bielefeld

Aussprache in der Ausstellung statt, die mehr als unerfreulich und bedenklich war, weil die Gegenseite mit den Begriffen ›undeutsch‹ und ›nicht im Sinne Adolf Hitlers‹ feuerwerkte, und Herr Jansen (Zeichenlehrer [...]) eine Ansprache hielt über nationalsozialistische Kunst (er selbst ist nicht in der Partei)«, berichtet Stirnemann der Zeitschrift *Kunst der Nation.*[165] Jansen hatte auch deren Redaktion sowie die Galerie Ferdinand Möller verunglimpft,[166] die sich noch immer für die Kunst des Expressionismus engagierten.

Stirnemann schreibt der Schriftleitung der Zeitschrift warnend: »Sie werden selbst wissen, wie gefährlich solche Gesinnungsriecherei ist und wie sie ein ungeschultes Publikum (darunter viele Nationalsozialisten, die anwesend waren) voreinnehmen [...] muss und wie auf solche Weise jede Arbeit unterminiert werden kann«.[167]

Stirnemann stellte Jansen schließlich vor aller Öffentlichkeit zur Rede. Infolge dessen ließ dieser die Auseinandersetzung bis zum Oberbürgermeister eskalieren: eine für Stirnemann höchst unangenehme, in ihrer Jenaer Personalakte dokumentierte Situation, musste sie sich doch vor ihrem Vorgesetzten gegen die Vorwürfe Jansens zur Wehr setzen.

Der Eklat der Ausstellung setzt sich in Leserbriefen an die *Jenaische Zeitung* über mehrere Ausgaben fort: »Wenn Dr. Goebbels den norwegischen Maler Edward Munch zum 70. Geburtstag feiert, so bestätigt er noch lange nicht G. Muenter«, ereifert sich ein Leser, der Münters Stil als kindlich, unfertig und primitiv brandmarkt.[168] Öffentlich Position für Gabriele Münter ergreift die Künstlerin Katharina Rosenfeld-Janitzky, die eine leidenschaftliche Replik verfasst.[169]

Sanatorium von St. Uli in Murnau am Staffelsee, Postkarte, ca. 1935, Landesmuseum Kunst & Kultur Oldenburg

Der freundschaftliche Kontakt zwischen Hanna Stirnemann und Gabriele Münter riss auch nach der Ausstellung nicht ab: Im April 1935 schickt sie der Malerin ihre Vermählungsanzeige. Und im Laufe des Jahres berichtet sie ihr in offenen Worten aus dem Auf und Ab ihres Lebens und »mancher Bedrängnis«: »Nun bin ich schon 8 Wochen verheiratet, eine lange kurze Zeit voll wunderbarer Bestätigung dieses schönen gemeinsamen Seins«, schreibt Hanna Hofmann-Stirnemann im Juni des Jahres und fährt fort: »Ich habe meine Stelle verloren, nicht wegen meiner Heirat sondern weil sich eine unserer Familie seither unbekannte Feststellung ergeben hat, dass ein *Ur*grossvater mütterlicherseits in Dänemark Jude war. An und für sich ist diese Kündigung ungesetzlich aber mein Vertrag als Angestellte beraubt mich aller Einspruchsmittel. Nun haben wir 1000 Arbeitspläne u. hoffen auf Steigerung der freien produktiven Arbeit.«[170]

Vermutlich schon im Vorjahr, anlässlich eines Aufenthalts in dem Erholungsheim und Lungensanatorium St. Uli in Murnau im September 1934,[171] hatte Gabriele Münter die eindrucksvolle Kunsthistorikerin mehrfach portraitiert:

Gabriele Münter, Portrait Hanna Stirnemann, 1934, Öl auf Karton, 35 × 27 cm, Privatbesitz

Gabriele Münter, Hanna Stirnemann, 1934, Öl auf Pappe, 41 × 32,9 cm (Rückseite von »Blumen und Schatten«, 1935), Standort unbekannt

Die bestechenden Portraits zeigen Hanna Stirnemann mit den Attributen der ›Neuen Frau‹: dem kurzgeschnittenen Haar und – trotz des Anlasses ihres Aufenthalts in Murnau – mit Zigarette zwischen den Fingern.

Die Gleichschaltung des Kunstvereins

Als erste Stadt in Thüringen fasste Jena 1934 kulturelle Aufgaben und Institutionen in einem städtischen Kulturamt zusammen.[172] Dazu zählte auch die Gleichschaltung des Kunstvereins. Im Juni 1934 fordert der Oberbürgermeister: »Wir müssen alle Vereine, die sich irgendwie auf kulturellem Gebiete betätigen, zusammenfassen und, wenn es nicht anders geht, sie zwingen, sich in den Rahmen der Volkskultur einzufügen.«[173]

Dieser Vorgang wird in den folgenden Monaten umgesetzt. Das *Jenaer Volksblatt* berichtet: »In den Vorstand [des Kunstvereins] treten die Leiter des Stadtmuseums und des Stadtbauamtes ein, die Geschäftsführung soll in die Hand von Künstlern gelegt werden. Als Kurator wird Professor Rose tätig sein, ihm fallen die kulturpolitischen, pädagogisch-didaktischen Aufgaben zu, die Eröffnungen der Ausstellungen und Führungen, zugleich als Begründung des gewählten Programms. Er hoffe, so sagte Professor Rose, die Übergabe des Vorsitzes an Frau Dr. Stirnemann werde kein Bruch sein, sondern einen neuen Aufstieg unter städtischer Führung bei erweiterten Möglichkeiten bringen.«[174]

Die vereinsrechtliche Umsetzung und rechtliche Legitimierung erfolgt einige Monate später auf einer außerordentlichen Mitgliederversammlung, in deren Rahmen die Satzung angepasst wird. Durch die Vereinbarung zwischen dem Kunstverein und dem Stadtvorstand vom 10. November 1934 wird dieser »in seiner gesamten künstlerischen und wirtschaftlichen Leitung und seinem gesamten Besitzstand in die Verwaltung des Stadtmuseums überführt.«[175]

Das *Jenaer Volksblatt* meldet dazu:

»Die Verwaltungsgeschäfte und die Vermögensverwaltung gehen an die Stadtverwaltung über, ebenso das Vereinsvermögen. Der Kunstbesitz soll unveräußerlich bleiben und der Öffentlichkeit weiterhin zugänglich sein. Die Kassenführung soll gesondert durchgeführt werden. Weiter soll die Stadtverwaltung verpflichtet sein, die Ausstellungstätigkeit so durchzuführen, wie der Vorstand des Kunstvereins und der künstlerische Beirat es beschließen. Die Jenaer Künstler, soweit sie der Reichskammer für bildende Künste angehören, haben den Anspruch, einmal im Jahre einen Monat lang in den Ausstellungsräumen des Prinzessinnenschlößchens unentgeltlich ihre Werke ausstellen zu können. […] Zur Erfüllung der Aufgaben des Kunstvereins wird die Stadtverwaltung einen Zuschuß in einer Höhe auswerfen, der es ermöglichen wird, in bisherigem Umfange weiterzuarbeiten. Als Kurator für das Ausstellungswesen ist Professor Rose vorgesehen worden.«[176]

Gabriele Münter, Hanna Stirnemann, 1934, Öl auf Pappe, 44,7 × 34,7 cm, Gabriele Münter- und Johannes Eichner-Stiftung, München, Dauerleihgabe im Landesmuseum Kunst & Kultur Oldenburg

Für die nationalsozialistische Stadtregierung Jenas bedeutet dieser Umstand auch, nun unkompliziert an die Mitgliederlisten des Vereins zu gelangen und etwaige Kritiker ausfindig zu machen. Bereits im Frühjahr 1933 hatten sich die Vereinigung für junge Kunst in Oldenburg und die Gesellschaft der Freunde junger Kunst in Braunschweig – aufgrund von Vorsichtsmaßnahmen – für die Selbstauflösung entschieden. Indes zeigte der im 19. Jahrhundert gegründete Oldenburger Kunstverein bereits im Herbst 1933 eine Gau-Ausstellung unter der Schirmherrschaft des Gauleiters und leitete damit seine Gleichschaltung ein, die mit der Verabschiedung einer neuen Satzung 1937 – nach der der Vorstand des Vereins nicht mehr gewählt, sondern von der Reichskammer der bildenden Künste eingesetzt würde – ihre Vollendung erreichte.[177]

Franz Radziwill-Ausstellung 1935

Noch im Februar 1935 eröffnet Stirnemann im Prinzessinnenschlösschen die Ausstellung »Nordisches Land«,[178] die in wesentlichen Teilen von der Berliner Galerie Ferdinand Möller übernommen wurde.[179] In Berlin waren Werke von Karl Kluth und Gustav Hagemann gezeigt worden; in Jena ergänzt Stirnemann die Schau um Arbeiten von Karl Pietschmann, der die Eröffnungsrede hält. Alle drei Künstler hatten in den Lofoten und Lappland gemalt und damit ein Sujet aufgegriffen, dass sich – durch die zeitgenössische Begeisterung für alles Nordische – zunehmender Beliebtheit erfreute.

Wenig später widmet der Kunstverein dem Dangaster Maler Franz Radziwill eine Einzelausstellung. Dieser hatte sich der nationalsozialistischen Kunstpolitik angedient und den Systemwechsel für seine Karriere zu nutzen gewusst: Im Juli 1933, nach der Entlassung Paul Klees und Heinrich Campendonks aus ihren Ämtern, hatte Franz Radziwill den Lehrstuhl für Freie Malerei an der Kunstakademie in Düsseldorf übernommen.

Bereits im März 1933 hatte Hans Rose versucht, Kontakt zu dem Maler aufzunehmen.[180] Im Januar 1934 fasste die Jenaer Künstlerin Katharina Rosenfeld-Janitzky »im Auftrag des Vorsitzenden des Kunstvereins« nach[181] und initiierte damit die Planung der Ausstellung in Jena, die Stirnemann umsetzte. »Der Kunstverein ist jetzt in städtische Regie übernommen worden, sodass ich den Vorsitz und die Geschäftsführung habe«, schreibt sie dem Künstler im November 1934: »Hoffentlich gefällt es Ihnen in Düsseldorf in Ihrem neuen Arbeitskreis nach jener stillen Dangaster Zeit, an die ich hier oft und sehnsüchtig zurückdenke.«[182]

Die Ausstellung mit rund 60 Arbeiten des Künstlers wird – nach einigem Hin und Her – schließlich am 24. März 1935 eröffnet. Die Eröffnungsansprache hält Christoph Natter. Angesichts manch »kritischer Einstellung« regt Stirnemann im Rahmen der Eröffnung an, »im Anschluß an jede Ausstellung einen gemeinsamen Ausspracheabend einzuführen, der zur Klärung und Vertiefung führen möge.«[183] Herbert Kunze vom Städtischen Museum Erfurt sagt zunächst die Übernahme der Ausstellung zu. Interesse bekundet auch die Overbeck-Gesellschaft in Lübeck.[184]

Die kühle Sachlichkeit des Magischen Realismus Radziwills stößt auf ein zwiegespaltenes Echo: »Die Bilder üben auf den ersten Blick eine seltsame Doppelwirkung aus, abstoßend und stark anziehend zugleich. […] Sorgfältig sind die Nuten an der Eisenbrücke gezählt und die Fugen des Mauerwerkes sind so penibel behandelt, daß selbst ein Maurermeister keinen technischen Fehler entdecken würde«,[185] urteilt der Rezensent des *Jenaer Volksblatts*, und die *Jenaische Zeitung* kommentiert: »Wolken ballen sich, Sonnen kreisen, Flugzeuge brausen heran. Aber mit so sicherem und staunenswertem Können dieses auch dargestellt ist, wird der Beschauer nicht warm. Diese erhärtete Wirklichkeit läßt den Eishauch einer gefrorenen Welt schmerzhaft spüren.«[186]

Bereits kurz nach der Ankündigung der Ausstellung hatte sich der völkische Kulturideologe Walter Hansen über die Präsentation der Werke Radziwills in Jena ereifert. Dem thüringischen Reichsstatthalter Fritz Sauckel klagte er: »Der Kunstverein Jena stellt z. Zt. Bilder von [F.] Radziwill, Düsseldorf, aus. Es ist für einen Nationalsozialisten unverständlich und für unsere Bewegung

Franz Radziwill, Auf Schillig Reede, 1927,
Öl auf Leinwand, 80 × 99,5 cm, Privatbesitz

gewiß nicht tragbar, wenn man einen solchen Kulturbolschewisten [...] heute wieder als Kunsterzieher und Professor an der Düsseldorfer Akademie im Dritten Reich beschäftigt. [...] Für die Sauberkeit in unserer Bewegung wäre es wünschenswert, wenn ähnliche Ausstellungen von Radziwill, wie die augenblicklich in Jena gezeigte, verboten bleiben«.[187]

Auf Druck der Nationalsozialisten muss Stirnemann die Ausstellung tatsächlich alsbald schließen. Am 5. April schreibt sie dem Maler:

»Sehr geehrter Herr Radziwill,
Beiliegend erhalten Sie die Zeitungsnotizen anlässlich Ihrer hiesigen Ausstellung. Ich persönlich muss bekennen, dass ich nach wie vor Ihr malerisches Können bewundere, aber mir innerlich und gesinnungsmäßig bei vielen Ihrer Bilder der Mangel eines seelischen Erlebenkönnens schmerzhaft fühlbar wurde, im Gegensatz zu jenen Arbeiten, die ich aus meiner Oldenburger Zeit in so guter Erinnerung hatte. Heute abend sollte ein gemeinsamer Bildbetrachtungsabend mit den Mitgliedern des Kunstvereins und der Deutschen Heimatschule in der Ausstellung stattfinden. Da kam unvermutet über Weimar der Rat, die Ausstellung zu schliessen, da dorthin Beschwerden gegangen waren. Soviel ich erfahren habe, hat man Fotos früherer Arbeiten von Ihnen an die Regierung geschickt, die daraufhin ihrerseits durch ihren Vertreter die Ausstellung abbrechen wollte. Ich übersehe noch nicht im Einzelnen

> die Zusammenhänge und muss dem höheren Befehl stattgeben und die Ausstellung von heute ab schliessen, sowie den angesetzten Ausspracheabend ausfallen lassen. Die vorzeitige Schliessung der Ausstellung verhinderte vor allem eine öffentliche Aktion von Weimar aus, da auf diese Weise dem zuständigen Referenten mitgeteilt werden konnte, dass sich eine Stellungnahme erübrigt, da die Ausstellung bereits geschlossen sei, was ich auch in Ihrem Interesse für klüger halte.«[188]

Auch Erfurt entscheidet sich daraufhin zur Absage der Schau. Mit Lübeck bleibt Stirnemann in Verhandlung, vor allem, um die hohen Ausgaben der Ausstellung, die nur durch die Teilung der Frachtkosten gesenkt werden können, tragen zu können. Schließlich gehen die meisten Werke zurück an den Künstler.[189]

In einem privaten Brief an Franz Radziwill rekapituliert Hanna Hofmann-Stirnemann die Schließung der Ausstellung seiner Werke im Jenaer Kunstverein und deren Folgen – offener als in ihrem offiziellen Schreiben vom 5. April. Der Brief gerät zu einer Abrechnung mit Radziwills eigenem Verhalten, das seit 1933 mehr und mehr von seiner deutlich zutage tretenden nationalsozialistischen Gesinnung geprägt war: »Betrübt hat mich eine weitere Zutragung falls sie wahr ist, dass Sie selbst in Düsseldorf gegen Ausstellungen von Kollegen polemisiert haben, dass Sie einen grösseren Teil Ihrer früheren Freunde verloren haben.« Offen erinnert sie ihn nicht zuletzt daran, wie der Beginn seiner künstlerischen Anerkennung in Oldenburg von ›jüdischen‹ Sammlern gefördert wurde: »Und wenn ich an Ihren Weg denke, wie Vecht in Amsterdam, Rosenthal u. Reiersbach in Old. Ihre ersten Freunde u. Förderer mit waren,[190] so dürfte es doch menschlich schwierig sein, Ihre heutige Haltung in allem zu verstehen. Ich schreibe Ihnen dies ganz offen, obwohl es vielleicht zu privat ist, aber es ist mir in dieser Sache so bewusst geworden, wie fragwürdig u. schwankend Erfolg und Gelingen sind u. wie sehr man doch stets auf sich selbst zurückgeworfen wird u. wie man nichts anderes tun kann, als in sich klar u. gerade zu stehen.« Sie bittet Radziwill um Stellungnahme: »Wenn Sie mir nochmals zu allem schreiben würden, würde ich mich freuen. Sie sehen in meinem Brief, wie vieles für mich in der Möglichkeit der Beurteilung schwankend ist, andererseits bleibt mir sehr unvergessen die freundschaftliche Bindung s. Z. in Oldenburg-Dangast u. der Wunsch, was mir wertvoll war, in diesem Sinne zu bewahren.«[191] Ein Antwortschreiben des Künstlers ist nicht bekannt.

Letzte Ausstellungen

Zu Stirnemanns letzten Projekten für den Kunstverein Jena zählt die Ausstellung der ehemaligen Bauhaus-Weberin Grete Reichardt. Vom 19. April bis 12. Mai 1935 werden ihre Arbeiten zusammen mit Bildern des Münchner Malers Walter Geffken gezeigt. Rose übernahm den Dank an Stirnemann und die Einführung in das Werk Geffkens, während Reichardt über ihre eigenen Arbeiten sprach.[192] Die Kritik der Ausstellung fällt wohlwollend aus. So heißt es, Reichardt sei »wohl die beste Handweberin Thüringens«.[193] Mehr als zehn Jahre später wird sich Stirnemann erneut für das Werk der Weberin einsetzen und ihr eine Einzelausstellung im Schlossmuseum Rudolstadt widmen.

Auch an der Ausrichtung der Ausstellung »Meer und Gebirge«, die ab 26. Mai gezeigt wird, ist Hofmann-Stirnemann noch beteiligt und übernimmt Zusammenstellung und Aufbau der Schau.[194] Die Ausstellung ist eine Übernahme von Werken aus der Berliner Galerie Nierendorf, mit der Stirnemann im Frühjahr 1935 noch einen Tausch von mehr als 30 druckgrafischen Blättern Ernst Ludwig Kirchners aus der Botho-Graef-Stiftung vorbereitet, der schließlich von ihrem Nachfolger Werner Meinhof umgesetzt wird.

Die Ausstellung wird in Zusammenarbeit mit der NS-Gemeinschaft »Kraft durch Freude« und der Deutschen Heimatschule veranstaltet.[195] Es werden Arbeiten von Erich Heckel, Hans Meyboden, Max Kaus, Otto Niemeyer-Holstein, Maria (Möller-)Garny, Walter Albert Lindgens, Josef Steib, Franz Lenk, Wolf Röhricht, Otto Hofmann sowie von Lyonel Feininger präsentiert.

Die Zerrissenheit der Zeit ist kaum mehr zu übersehen: Parallel zur Ausstellungsbesprechung vom 27. Mai erscheint im *Jenaer Volksblatt* die Zusammenfassung eines Vortrags des Oberbürgermeisters Armin Schmidt, der den Nationalsozialismus als »Volksaufgabe« definiert. Der Zeitungstext schließt: »Wir danken unserem Führer, daß er jedem wehrfähigen deutschen Mann die Waffe und damit die Ehre wiedergegeben hat. Wir Deutschen hegen bestimmt keine Angriffs- und Eroberungsabsichten. Wir haben keinen anderen Wunsch als in friedlicher Entwicklung unser Ziel zu erreichen: Ein freies, arbeitsames, blut- und rasseverbundenes Volk nationalsozialistischer Gesinnung.«[196]

Der Lebensmensch und Ehemann Otto Hofmann

Bereits in ihrem ersten Jahr als Direktorin in Jena hatte Hanna Stirnemann Otto Hofmann kennengelernt. Über die beruflichen Begegnungen der beiden hinaus – er hält die Eröffnungsrede der Ausstellung »gruppe junger maler vom bauhaus« 1930 und ist an zahlreichen Ausstellungen des Kunstvereins beteiligt – entsteht ab 1931 eine innige Beziehung zwischen der Museumsleiterin und dem Künstler. Er wird ihr ›Lebensmensch‹ und 1935 ihr Ehemann. Gemeinsam er- und überleben sie in den kommenden Jahren und Jahrzehnten Nationalsozialismus und Krieg, Wiederaufbau und Verfolgung in der DDR und bleiben sich auch nach dem Ende ihrer Ehe freundschaftlich verbunden.

Nachdem Hofmanns Atelier in der Jenaer Pianofabrik Glaser am Spitzweidenweg von den Nationalsozialisten durchsucht wird,[197] setzt er sich im Frühjahr 1933 ins Ausland ab. Sein Weg führt ihn zunächst in die anarchistisch-kommunistische Siedlung von Fontana Martina bei Ronco sopra Ascona am Lago Maggiore im Tessin. Von dort sowie anschließend aus Zürich und Paris schreibt er zahlreiche, liebevolle Briefe an Stirnemann, die derweil in seine Wohnung in der Jenaprießnitzerstraße 20 übersiedelt.[198]

Im Tessin trifft Otto Hofmann u. a. mit dem Schweizer Bauhäusler Otto Brühlmann (1883–1964) zusammen, den er noch aus der gemeinsamen Zeit in Dessau kennt, und lernt den Journalisten und Pazifisten Max Barth (1896–1970) kennen, der in Deutschland wegen ›literarischen Hochverrats‹ angeklagt worden war und dem politische Verfolgung durch das Regime drohte. »Ich lebte in Fontana Martina, einer halbzerfallenen Häusergruppe kurz vor Brissago, die einem ebenfalls anarchistischen Schweizer gehörte«, erinnert Barth die gemeinsame Zeit mit Otto Hofmann. »Möbel gab es so gut wie garnicht, aber

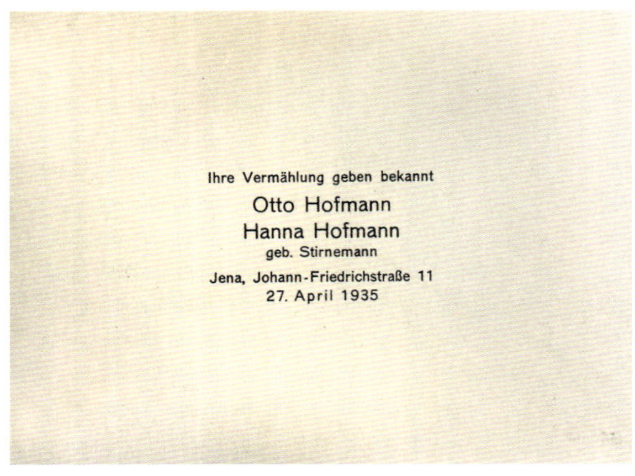

Ihre Vermählung geben bekannt
Otto Hofmann
Hanna Hofmann
geb. Stirnemann
Jena, Johann-Friedrichstraße 11
27. April 1935

Vermählungsanzeige von Otto und Hanna Hofmann, April 1935

Otto Hofmann an Hanna Stirnemann, Brief v. 29. März 1933 aus Fontana Martina, Privatbesitz

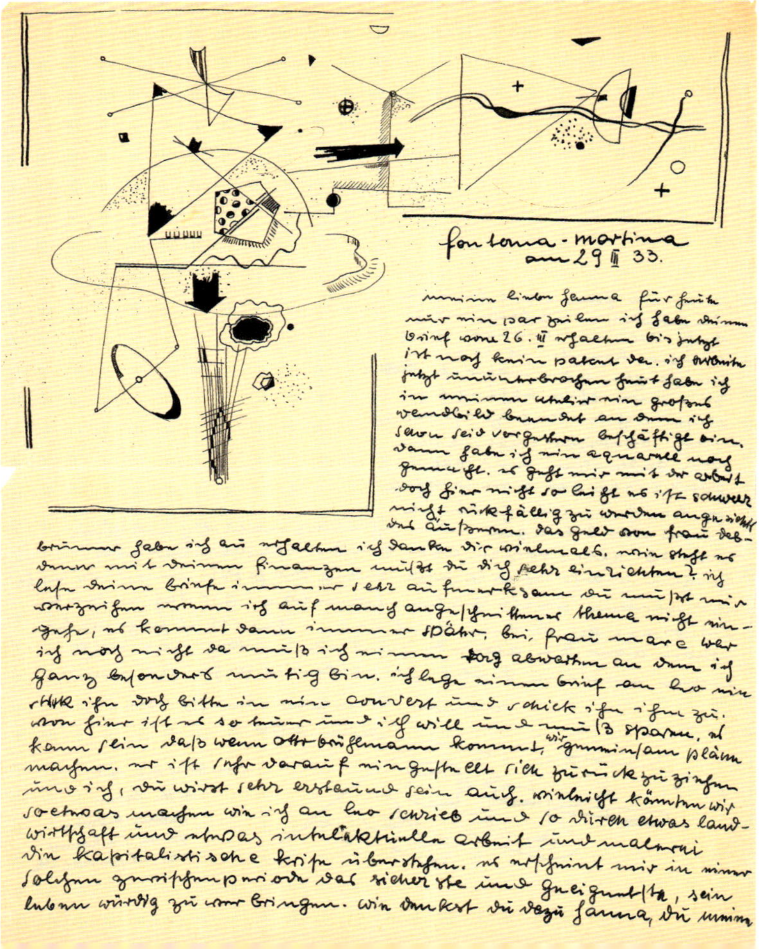

fontana-martina
am 29 III 33.

meine liebe hanna für heute nur ein par zeilen ich habe deinen brief vom 26. III erhalten bis jetzt ist noch kein paket da. ich arbeite jetzt ununterbrochen heute habe ich in meinem atelier ein grosses wandbild beendet an dem ich schon seit vorgestern beschäftigt bin. dann habe ich ein aquarell noch gemacht. es geht mir mit der arbeit doch hier nicht so leicht es ist schwer nicht rückfällig zu werden angesichts der [illegible]. das geld von frau debbrunner habe ich erhalten ich danke dir vielmals. wie steht es denn mit deinen finanzen musst du dich sehr einrichten? ich lese deine briefe immer sehr aufmerksam du musst mir verzeihen wenn ich auf manch angeschnittenes thema nicht eingehe, es kommt dann immer später. bei frau mare war ich noch nicht da muss ich einen tag abwarten an dem ich ganz besonders mutig bin. ich lege einen brief an leo ein stecke ihn doch bitte in ein couvert und schick ihn ihm zu. von hier ist es so teuer und ich will und muss sparen. es kann sein dass wenn otto brüglmann kommt, wir gemeinsam pläne machen. er ist sehr darauf eingestellt sich zurückzuziehen und ich, du wirst sehr erstaunt sein auch. vielleicht könnten wir so etwas machen wie ich an leo schrieb und so [illegible] etwas landwirtschaft und etwas intellektuelle arbeit und malerei die kapitalistische krise überstehen. es erscheint mir in einer solchen zwischenperiode das sicherste und geeignetste, sein leben würdig zu verbringen. wie denkst du dazu hanna, du meine

Otto Hofmann (rechts), Ascona 1933, Fotografie, courtesy Martini & Ronchetti

es war warmer und sonniger Frühling, und es tat einem nichts. Man wusch sich im Freien, an der Leitung oder am vorbeifließenden Bach. Dann ging man die dreiviertelstunden hinab nach Locarno und lebte im Café Verbano, auf dem Saleggi (wie das Delta der Maggiamündung heißt) und am Strand. [...] Im Haus neben mir wohnte ein junger Architekt und Maler [Otto Hofmann], ein Kandinskyschüler vom Bauhaus, mit dem ich rasch Freundschaft schloß.«[199]

Ende April 1933 entscheidet sich Otto Hofmann, nach Zürich zu gehen, weil er sich dort bessere Voraussetzungen für eine Lebensgrundlage erwartet und – aufgrund seines ersten Studiums – hofft, für Brühlmann als Architekt arbeiten zu können. Er ist überzeugt, dass auch Stirnemann bald ihre Stellung werde aufgeben müssen: »es geht mit dir auch nicht mehr lange [in Jena] und wir müssen selbständig werden«, prophezeit er ihr.[200]

Die Innigkeit der Beziehung belegt ein Brief vom 1. April 1933: »solche briefe wie du mir schickst sagen mir doch wie sehr wir zusammengehören.«[201] Während Stirnemann ihre Spielräume unter dem nationalsozialistischen Regime sondiert, schmiedet Hofmann Pläne für eine gemeinsame Zukunft, mal auf dem Land (wo sie schreiben könne, er malen und sie gemeinsam den Garten bestellen würden), mal in der Stadt. Ein in dieser Zeit von Otto Hofmann verfasstes Testament verdeutlicht das Bewusstsein einer ungewissen Zukunft. Hofmann verfügt, »daß im fall meines todes mein gesamter besitz an frau dr. hanna stirnemann aus weißenfels übergeht.«[202]

Ende April 1933 plant Otto Hofmann, nach Paris zu übersiedeln: »ich dachte schon daran in P[aris] so zu mieten daß es für 2 zu wohnen möglich ist, aber dein letzter brief nimmt mir dazu ein bisschen den mut.«[203] Schließlich setzt er seine Pläne um und zieht nach Paris, wo er sich gemeinsam mit Max Barth eine Atelierwohnung in der Rue Daguerre teilt.[204] Durch Vermittlung der Roten Hilfe war den beiden Emigranten zunächst eine Unterkunft in einem Hotel am Montmartre zugewiesen worden. Doch Barth erinnert sich: »da uns das Herumhocken in lichtlosen engen Zimmern eines dunklen Montmartre-Hotels nicht behagte, suchten wir uns ein Atelier mit Nebenraum und Küche im Süden, im Montparnasse. Wir hatten ausgerechnet, wie wir durchkommen würden, wenn wir für einige Wochen noch das Taschengeld des Komitees einsteckten und im übrigen verzichteten.«[205] In Paris traf Otto Hofmann u. a. mit Hans Arp, Fernand Léger und Wassily Kandinsky zusammen. Doch während Barth 1934 von Paris nach Spanien weiterzieht, kehrt Hofmann – mit einem Zwischenstopp bei dem in die Schweiz zurückgekehrten Paul Klee in Bern, wo er im Oktober an der Geburtstagsfeier von Klees Frau Lily teilnimmt – Ende 1934 nach Jena zurück.[206]

Unterstützt von einem privaten Freundeskreis steigt er in Jena sogleich wieder in das Ausstellungsgeschehen ein. In einem Brief an Lily Klee berichtet der in Jena lebende Musiker Leo Grebe im November 1934: »Otto Hofmann, der entschieden der Begabteste von allen etwa 25 Jenaer Malern ist, ist zugleich der einzige, der noch nicht in der Reichskammer der bildenden Künste aufgenommen wurde, und also nicht öffentlich ausstellen darf. Seine zugelassenen Kollegen stellen gerade jetzt gemeinsam im Prinzessinnenschlösschen aus. Trotzdem wirkt sich seine Zurücksetzung ganz von selber als Vorteil für ihn aus: seine Ausstellung (ca. 20 Bilder) bei Prof. Heide[207] ist so viel eindrucksvoller als das [öffentliche] Sammelsurium der andern, dass der Nachteil der beschränkten Zugänglichkeit meiner Meinung nach vollständig ausgeglichen ist«.[208]

Unterstützung erhält Hofmann auch durch Herbert Kunze, der seine Werke – auf Empfehlung Wassily Kandinskys – bereits im Herbst 1932 im Kunstverein Erfurt ausgestellt hatte. Offenbar ist er es auch, der, gemeinsam mit Hanna Stirnemann, die Zusammenarbeit Hofmanns mit Otto Lindig anregt, die im Frühjahr 1935 einsetzt: In jenem Jahr vertreibt die Vereinigung der Erfurter Museumsfreunde eine Keramikschale von Otto Lindig mit einem Dekor von Hofmann als Jahresgabe.[209] 1936 erwirbt Kunze für die Sammlung des Erfurter Kunstvereins Hofmanns Zeichnung »Abendflug ziehender Vögel« (1935), die im Jahr darauf als »entartet« beschlagnahmt wird, und noch im Mai 1937 die Zeichnung »Botanischer Garten in Jena« (1935).[210] 1941 wird der mit Otto Hofmann befreundete Herbert Kunze, gemeinsam mit Hanna Stirnemann und Hans Thiemann, zu den Empfängern von Hofmanns Malerbriefen von seinem Fronteinsatz in Russland gehören.

Während Stirnemanns berufliche Perspektive sich zunehmend verdüstert, findet das Paar Halt im Privaten: Im Januar 1935 schmieden Otto Hofmann und Hanna Stirnemann Hochzeitspläne,[211] am 27. April geben sie ihre Vermählung bekannt. In Otto Hofmann findet Stirnemann einen gleichgesinnten, aufrechten und tatkräftigen Gefährten. Wirtschaftlich ist sie als Museumsleiterin die Hauptverdienerin. So schreibt sie an das Personalamt der Stadt Jena, ihr Mann in Erfurt: 18. Dez. 1932

Otto Hofmann

Im Erfurter Kunstverein, im Prinzessinnenschlößchen, dem Ausstellungsgebäude des Jenaer Kunstvereins, und in dem neugegründeten modernen Kunstsalon Ziegler in Jena sind gleichzeitig Arbeiten von Otto Hofmann, Jena, ausgestellt, die einen umfassenden Überblick über sein künstlerisches Schaffen der letzten drei Jahre geben.

Otto Hofmann-Jena, Zwei Segel
Ausstellung — Exposition — Exhibition:
Erfurt, Kunstverein

Otto Hofmann-Jena ist Schüler Kandinskys, ist ihm innerlich verpflichtet. Aus dieser Verpflichtung erwuchs ihm die größere und schwerere, selbständig seinen Weg zu gehen und eigene gestaltende Kräfte und Möglichkeiten in sich zu finden. Das ist ihm gelungen. Seine Ölgemälde, Aquarelle und Zeichnungen haben eine eigene Geistigkeit und Notwendigkeit. Die abstrakte Kunst ist kein Dogma, sondern ein Bekenntnis. Sie erkennt die Gesetze der Formen und Farben als primär und befreit sie vom Gegenstand, der allzulange glauben machte, alleiniger Bildträger sein zu können. Sie erweist, daß das Geistige im Kunstwerk nicht identisch ist mit seinem literarischen Sinn, sondern wesenhaft liegt im reinen Zusammenstimmen von Formen und Farben. Die besten Werke der Kunst aller Zeiten können nur von diesem Gesichtspunkt aus rein erfaßt und gewürdigt werden und nicht vom Ikonographischen her, das wir häufig nicht einmal mehr zu deuten vermögen.

Otto Hofmann-Jena ging von der Architekturabteilung des Dessauer Bauhauses über in die freie Malklasse Prof. Kandinskys. Das Problem der Wandmalerei beschäftigte ihn damals wie heute. Wenn in seinen Bildern Gegenständliches und Abstraktes sich bindet, so liegt die künstlerische Absicht im Wie dieser Bindung: leicht und schwer, oben und unten, auf und nieder, bewegt und ruhend, dicht und leer, gebunden und frei. Aus diesem Zueinander steigen Wirklichkeiten herauf, die zu Offenbarungen werden, die das eigentliche Sein klarer erkennen lassen als die zufällige, augenblickliche Abbildung und Erscheinung.

Dr. Hanna Stirnemann

Hanna Stirnemann: Otto Hofmann, in: *Die Weltkunst* 1932, Landesmuseum Kunst & Kultur Oldenburg

habe »als freier Künstler keine Einnahmen«, sie sorge stattdessen für den »gemeinsamen Lebensunterhalt«.[212]

Glückwünsche erreichen das Paar u. a. aus Erfurt, von Herbert Kunze, und von Wassily und Nina Kandinsky aus Paris: »mit grosser Verspätung, aber wirklich nicht minder herzlich richten wir – m. Frau und ich – unsre Glückwünsche zu Ihrer Vermählung. Wir freuen uns sehr für Sie und Ihre liebe Frau. Da es kein Glück ohne ›Schatten‹ gibt, sollen Ihre Schatten nie grösser werden als diejenigen vom berühmten Sieglitzer Berg in Dessau. Und das ›Licht‹ nicht kleiner als der Mont Blanc. Wir wollen hoffen, dass es Ihnen beiden bald gelingt, nach hier zu kommen, was uns beide sehr freuen würde.«[213] Auch Lily und Paul Klee erkundigen sich nach dem Schicksal Hofmanns. Der befreundete Jenaer Musiker Leo Grebe berichtet ihnen nach Bern: »Sie fragen mich nach Otto Hofmann […]. Dass Otto Hofmann geheiratet hat, wissen Sie wohl? Eine Kunsthistorikerin, ehemalige Direktorin des Jenaer Stadtmuseums, eine sehr originelle, reizende, tapfere Frau.«[214]

Der erzwungene Rücktritt

Am 25. Mai 1934 hatte Stirnemann – vermutlich letztmalig – an einer Sitzung des Deutschen Museumsbundes teilgenommen, die dieses Mal in Berlin stattfand, jedoch nur von 18 Mitgliedern besucht worden war. Waren zur Sitzung im September 1930 in Essen zahlreiche namhafte Mitglieder erschienen, so waren seit der Machtübernahme der Nationalsozialisten und durch die Umsetzung des Gesetzes zur Wiederherstellung des Berufsbeamtentums zahlreiche, insbesondere für die Moderne engagierte Kolleginnen und Kollegen aus dem Amt gedrängt worden. Das Protokoll der Sitzung listet 19 »ausgeschiedene« Mitglieder aus, zu denen Walter Cohen aus Düsseldorf, Lilli Fischel aus Karlsruhe, Ludwig Grote aus Dessau, Elisabeth Moses und Karl With vom Kunstgewerbemuseum Köln, Friedrich Schreiber-Weigand aus Chemnitz, Agnes Waldstein vom Museum Folkwang in Essen und Erich Wiese aus Breslau zählen – ein erschütterndes Zeugnis der Gleichschaltung und ›Arisierung‹ der deutschen Kunstmuseen.[215]

Mit ihrer exponierten Stellung, ihrem rückhaltlosen Bekenntnis zur Gegenwartskunst und ihrem selbstbewussten Auftreten war auch Stirnemann den nationalsozialistischen Machthabern ein Dorn im Auge. Ihre bevorstehende Verbeamtung wurde mit der Machtübernahme der Nationalsozialisten ausgesetzt. Auch ihre Habilitationsschrift über »Morphologie und Gesinnung in der Spätgotik«,[216] ein Weiterdenken ihrer Promotionsschrift, die sie bei Hans Rose an der Universität Jena hatte einreichen wollen, kommt durch die geänderten politischen Rahmenbedingungen nicht mehr zum Abschluss.

Im Frühjahr 1933 hatte Stirnemann versucht, der NSDAP beizutreten und im Mai 1933 eine Ablehnung erhalten, gegen die sie mehrfach Widerspruch einlegte. Der Grund für die Ablehnung waren offenbar Zweifel an ihrer »arischen« Abstammung. Im Februar 1935 nimmt der Jenaer Personalamtsleiter Walter Wünsche ihren Fall erneut auf, vermutlich da nun konkret ein Grund gesucht wurde, sie als Direktorin des Stadtmuseums entlassen zu können.[217]

Mit Unterstützung eines Kopenhagener Genealogen wird schließlich der Nachweis erbracht, dass ein Urgroßvater Stirnemanns ›mosaischen‹ Glaubens war: der Uhrmacher Johann Elsas, der 1802 im dänischen Nakskov geboren wurde und 1877 in Hanau gestorben ist.[218]

Der Annahme, sie hätte die Informationen über ihren Urgroßvater wissentlich, zum Beispiel beim Ausfüllen des Fragebogens zur »Wiederherstellung des Berufsbeamtentums« oder ihrem Versuch, der NSDAP beizutreten, zurückgehalten, widerspricht sie in einem langen Rechtfertigungsschreiben an den Oberbürgermeister und Kreisleiter der NSDAP Armin Schmidt:

> »Mir liegt vor allem daran, Ihnen zu sagen, dass ich niemals wissentlich falsche Angaben gemacht habe, dass ich vielmehr für mein Wort einstehe und geradestehe, dass ich keine Angst kenne vor etwaigen Konsequenzen und, falls sich die Nachforschungen von Herrn Wünsche als richtig erweisen, keineswegs meine Ahnen verleugnen will und werde.«[219]

Zugleich ist sie besorgt, dass die Untersuchung Einfluss auf ihre Heiratspläne mit Otto Hofmann haben würde. Formal war der Hinweis auf den jüdischen Urgroßvater für Stirnemanns Stellung unbedenklich, denn selbst das »Gesetz zur Wiederherstellung des Berufsbeamtentums gibt bei der nichtarischen Abstammung nur eines Urgroßelternteils keine Handhabe zur Kündigung« – wie der Rassenhygieniker und Präsident des Thüringischen Landesamtes für Rassewesen Karl Astel gegenüber dem Oberbürgermeister einräumen musste. Handschriftlich setzt er hinzu: »Leider!«[220]

Gleichwohl war Stirnemann als Leiterin des Stadtmuseums ein Politikum: »Mit Recht weisen Sie darauf hin, daß ein Judenabkömmling nicht weiterhin Leiterin des Städtischen Museums bleiben kann. Es ist ratsam als Kreisleiter der N.S.D.A.P. unter Darlegung des Sachverhaltes sich beschwerdeführend an die Gauleitung zu wenden. Diese kann die Beibehaltung dieses Zustandes als mit der nationalsozialistischen Staatsauffassung unvereinbar erklären«, empfiehlt Astel dem Oberbürgermeister.[221] Auch Stirnemanns Einsatz für die »entartete« Kunst sowie die Zugehörigkeit zur sozialistischen Studentenschaft Asta 1925 in Halle machen sie verdächtig und lassen sie als »politisch unzuverlässig« erscheinen.

Der drohenden Entlassung zur Jahresmitte kommt Hanna Stirnemann mit ihrer Kündigung zum Jahresende zuvor. In ihrem Kündigungsschreiben an den Oberbürgermeister erklärt sie:

> »Durch Herrn Stadtrechtsrat [Heinz-Jobst] Thomas ist mir mitgeteilt worden, dass an meiner arischen Abstammung, die ich von mir aus nach den Vorschriften des Berufsbeamtengesetzes nachgewiesen habe, gleichwohl gezweifelt wird und deshalb meine Entlassung aus den Städtischen Diensten beabsichtigt sei. Ich kann diese Zweifel, die sich lediglich auf nicht-öffentliche Urkunden und blosse Identitäts-Kon-

Thüringisches Landesamt für Rassewesen Weimar Fernruf 1749 und 1753

Sprechzeit: Dienstag und Donnerstag von 15–17 Uhr – Vorherige Anmeldung wird empfohlen

42
89

An den

S t a d t v o r s t a n d
der Universitätsstadt

J e n a / T h ü r i n g e n

Univ.-Stadt Jena
Eing. 22. MRZ. 1935
Tgb.-Nr.

Bei Antworten und Rückfragen stets anzugeben:

Ihre Zeichen:	Ihr Schreiben vom:	Unsere Zeichen:	Unser Schreiben vom:
S.Th./F.	4.3.1935		18.3.1935

Betr.: Fräulein Dr. Johanna S t i r n e m a n n .

Das Gesetz zur Wiederherstellung des Berufsbeamtentums gibt bei der nichtarischen Abstammung nur eines Urgroßelternteiles keine Handhabe zur Kündigung. Leider!
Mit Recht weisen Sie darauf hin, daß ein Judenabkömmling nicht weiterhin Leiterin des Städtischen Museums bleiben kann.

Es ist ratsam als Kreisleiter der N.S.D.A.P. unter Darlegung des Sachverhaltes sich beschwerdeführend an die Gauleitung zu wenden.
Diese kann die Beibehaltung dieses Zustandes als mit der nationalsozialistischen Staatsauffassung unvereinbar erklären.

Dieser Weg belässt dem Thüringischen Landesamt für Rassewesen als sachverständige Behörde die gutachtliche Äußerung vor Gericht.
Die Stellungnahme als Gutachter ist ratsamer als die der Anklagevertretung.

Der Präsident
des Thür. Landesamts f. Rassewesen

I. A. Astel

1 Anlagen
Ahnentafel zurück

Karl Astel an Oberbürgermeister Armin Schmidt, Brief v. 18. März 1935, Stadtarchiv Jena

Oberbürgermeister Armin Schmidt, Bescheinigung über die Kündigung von Hanna Hofmann, Jena, 29. November 1935, Landesmuseum Kunst & Kultur Oldenburg

B e s c h e i n i g u n g .

Es wird hiermit bescheinigt, daß die Leiterin des Stadtmuseums Jena, Frau Dr. Hanna H o f m a n n geb. Stirnemann, ihre Dienststellung zum 31.12.35 zwar von sich aus gekündigt hat, daß die Kündigung ihres Dienstverhältnisses von mir jedoch bereits zum 30.6.d.J. erfolgt wäre, wenn Frau Dr. Hofmann ihre Stellung nicht selbst zum 31.12.d.J. gekündigt hätte.

J e n a , den 29.November 1935.

Schmidt
Oberbürgermeister.

struktionen stützen, nicht anerkennen. Ich bin mir aber bewusst, dass mir mein Dienstvertrag auch ohne jene Nachweise jeder Zeit gekündigt werden könnte, wenn man meine Dienste aus irgend einem beliebigen Grunde nicht mehr würde in Anspruch nehmen wollen. [...] Aus allen diesen Gründen halte ich es für angezeigt, heute von mir aus um eine befristete Entlassung aus meinem Dienstverhältnis zu bitten, und zwar zum 31. 12. 1935. [...] In meinem Dienstabschlusszeugnis bitte ich diese Gründe nicht aufzunehmen, sondern nur ein beiderseitiges Einverständnis über die Auflösung des Dienstverhältnisses zu bescheinigen, damit mir später, an anderer Stelle nicht unnötige Schwierigkeiten entstehen, deren Berechtigung ich – wie gesagt – bestreite.«[222]

Für Stirnemann geht es nicht zuletzt um den Anspruch auf Arbeitslosenunterstützung und ihre weiteren beruflichen Möglichkeiten. Oberbürgermeister Schmidt bestätigt ihr schließlich, dass die Kündigung durch ihn »bereits zum 30. 6. d. J. erfolgt wäre, wenn Frau Dr. Hofmann ihre Stellung nicht selbst zum 31. 12. d. J. gekündigt hätte.«[223] Ein Kündigungsgrund wird nicht angeführt.

Ende 1935 scheidet Hanna Hofmann-Stirnemann aus dem Dienst. Ihr knappes Abschlusszeugnis ist wertschätzend formuliert. Doch auch dies ändert nichts daran, dass sie erst in der Nachkriegszeit wieder beruflich Fuß fassen können und erhebliche finanzielle Einbußen und berufliche Nachteile erleiden wird.

Der nationalsozialistischen Rassenideologie unbewusst folgend wird Hofmann-Stirnemann bis heute in der (kunst-)historischen Literatur immer wieder als »Jüdin« bezeichnet.[224] In den meisten Fällen geschieht diese Zuordnung wohlmeinend, um an ihre Verfolgung durch das NS-Regime zu erinnern. Weder dem jüdischen Religionsgesetz zufolge, nach dem als Jude oder Jüdin gilt, wer eine jüdische Mutter hat, noch ihrer eigenen religiösen Zuordnung folgend, ist die evangelisch getaufte Kunsthistorikerin indes als Jüdin zu bezeichnen. Lediglich nach »der rassenantisemitischen Definition der Nazis war sie ›Achteljüdin‹, was zu ihrer Entlassung genügte. Aber nicht jeder antisemitisch Verfolgte muss Jude gewesen sein.«[225]

Werner Meinhof als Nachfolger

Nach Hofmann-Stirnemanns Ausscheiden aus dem städtischen Dienst in Jena übernimmt ihr einstiger Kommilitone Werner Meinhof, der ihr schon in Oldenburg als Assistent am Landesmuseum gefolgt war, am 17. Februar 1936 die Leitung des Jenaer Stadtmuseums und Kunstvereins. Meinhof war seit etwa 1930 Mitglied im Kampfbund für Deutsche Kultur und 1933 der NSDAP beigetreten.[226] Er wird in die deutsche Geschichte vor allem als Vater der späteren RAF-Terroristin Ulrike Meinhof eingehen. In Jena war er für die Neuordnung des städtischen Museums nach nationalsozialistischen Gesichtspunkten und ein entsprechendes Ausstellungsprogramm zuständig. »In Jena ist nun mein Nachfolger ernannt. Dr. Meinhof aus Oldenburg, auf

Werner Meinhof, ca. 1938

den ich sehr gehofft hatte. Das Museum kommt in gute Hände u. Meinhofs freundliche Gesinnung mir gegenüber macht mir diesen Arbeitsbereich nicht fremd«, schreibt Hofmann-Stirnemann überraschend positiv über die Nachbesetzung.[227]

Noch vor Beginn der reichsweiten Beschlagnahmeaktion »Entartete Kunst«, die die deutschen Museen von den Werken der künstlerischen Moderne »säubern« sollte, vollzieht Meinhof den von Stirnemann 1935 vorbereiteten Tausch von Werken aus dem Bestand des Kunstvereins mit der Galerie Nierendorf in Berlin, der gegen die Schenkungsauflagen der Sammlung Botho Graefs verstößt. Etwa 37 druckgrafische Blätter sowie ein Gemälde von Ernst Ludwig Kirchner und je ein Aquarell von Oskar Kokoschka und Alexej von Jawlensky tauschte Meinhof gegen vermeintlich weniger anstößige Werke von Karl Hofer, Max Kaus, Hans-Theo Richter, Otto Dix, Lovis Corinth und anderen ein.

Schwerer noch trifft den Kunstverein die nationalsozialistische Beschlagnahmeaktion »Entartete Kunst« im Sommer 1937, durch die der Sammlung mehr als 300 weitere Werke verloren gehen. Diese Verluste scheinen Meinhof jedoch nicht sonderlich geschmerzt zu haben: Bereits aus eigenem Antrieb hatte er versucht, die umfangreiche Sammlung an Werken Kirchners aus der Botho Graef-Stiftung an den Berliner Kollegen Eberhard Hanfstaengl abzugeben, um sie gegen »Dubletten aus dem Besitz der Nationalgalerie [...], die den Grundstock einer graphischen Sammlung bilden könnten, wie sie als ständige Schausammlung in Jena dringend gebraucht wird«, zu tauschen. Im Juni 1937 hatte er in Hinblick auf die Arbeiten Kirchners an Hanfstaengl geschrieben: »Dieser Bestand [...] kann heute nicht gezeigt werden. Darüber hinaus bin ich selbst überzeugt, daß diese Kirchnersammlung weder früher noch künftig als Schausammlung geeignet war bzw. sein wird. Der artistischen Qualität steht mit mindestens gleichem Gewicht die menschliche Fragwürdigkeit gegenüber. Eine solche Sammlung steht in einer kunstlosen Stadt wie Jena an falscher Stelle.«[228] Die umfangreiche Sendung, die schließlich im August 1937 nach Berlin gesandt wird, wird dort ebenfalls konfisziert.

Meinhofs Wirken für das Stadtmuseum blieb durch seinen frühen Tod im Februar 1940 begrenzt. Die folgende Vakanz der Leitung des Stadtmuseums trug dazu bei, dass die Sammlungen nur zum Teil evakuiert und große Teile der Bestände ebenso wie die historischen Gebäude an der Weigelstraße und der Siedelhof im Krieg zerstört wurden.[229] Lediglich der Einsatz des Museumsvereinsmitglieds und Berufsschullehrers Oskar Schmolitzky, der mit seinen Schülern – gegen den Willen der städtischen Behörden – knapp 4000 der wichtigsten Objekte des Museums in einem Tiefbunker evakuierte, verhinderte den vollständigen Verlust der Sammlungen.[230] Der ehemalige Assistent Meinhofs Paul Merkel führte das Programm des Kunstvereins während des Krieges bis 1944 fort.[231]

1 Vgl. Ein Heimatmuseum in Greiz, in: *Jenaer Volksblatt* v. 25. April 1929 sowie Das Reußische Heimatmuseum in Greiz, in: *Jenaer Volksblatt* v. 16. Oktober 1929.

2 Vgl. SAJ, D Id 61, Bl. 1. Stirnemann wohnte ab 1929 im Haus der Familie von Paul Weber am Landgrafenstieg 12, ab Oktober 1933 in der Jenaprießnitzer Str. 20 und seit ihrer Heirat 1935 in der Johann-Friedrich-Str. 11 »bei [Otto] Hofmann«, vgl. SAJ, D Id 61, Bl. 44; sowie Mitteilung Hanna Hofmann an Personalamt Jena, Brief v. 2. Mai 1935, SAJ, D Id 61, Bl. 59.

3 Vgl. Buchda-Paul 2001, hier besonders S. 342. Ab 1921 war Paul demnach stundenweise, später als angestellte Assistentin am Stadtmuseum tätig, vgl. Stadtmuseum 1925, SAJ, D Vb Nr. 4, Bl. 145. Hellmanns Behauptung (Hellmann 1995, S. 95), Gertrud Paul habe Weber im Ersten Weltkrieg vertreten, trifft u. E. nicht zu: Die Akten im Stadtarchiv Jena belegen, dass die Vertretung in Händen von Institutslehrer Dr. Paul und Lyzeumsdirektor Prof. Dr. Unrein lag. Ihren akademischen Titel erwarb Gertrud Paul erst nach dem Krieg.

4 Vgl. Vertrag v. 15. November 1929, SAJ, D Id 61, Bl. 8.

5 Oberbürgermeister Alexander Elsner an Reinhard Erbe, Brief v. 5. November 1929, SAJ, D Id-61, Bl. 11.

6 Hanna Stirnemann an Oberbürgermeister Alexander Elsner, Brief v. 15. Februar 1930, SAJ, D Id 61, Bl. 3.

7 Vgl. u. a. Walter Müller-Wulckow an Alexander Elsner, Briefdurchschlag v. 16. Februar 1930, LMO-MW 80d.

8 Vgl. Hanna Stirnemann, Lebenslauf, ca. 1930, SAJ, D Id 61, Bl. 5.

9 Vgl. SAJ, D Id-61, Bl. 21.

10 Der Museumsverein ist formell Eigentümer des Siedelhofs, vgl. SAJ, D Vb Nr. 4, Bl. 62.

11 Hellmann 2001, S. 330.

12 Vgl. Aus Jena und Umgegend. Einen »Führer« durch den Jenaer Siedelhof…, in: *Jenaer Volksblatt* v. 23. Juli 1930. Im Kassenjahr 1934 verzeichnet der Siedelhof 4 000 Besucher, vgl. Jahreshauptversammlung des Museumsvereins Jena, in: *Jenaer Volksblatt* v. 26. Januar 1935.

13 Vgl. SAJ, D Vb Nr. 4, Bl. 48.

14 Am 1. November 1925 wird Hermann Harrass als Nachfolger des Museumswarts Loth angestellt, vgl. Stadtmuseum 1925, SAJ, D Vb Nr. 4, Bl.145. Harrass war spätestens 1933 Amtswalter (politischer Leiter) der NSDAP, vgl. SAJ, D Vb Nr. 4, Bl. 191. Seine Adresse (Weigelstraße 2) und Beruf (Museumswart) sind im Amtlichen Adressbuch der Stadt Jena, Bd. 35 (1921), S. 84 und auch noch im Bd. 39 (1936), S. 233 verzeichnet.

15 Vgl. Stadtmuseum 1926, SAJ, D Vb Nr. 4, Bl. 146.

16 Vgl. SAJ, D Vb Nr. 4, Bl. 1.

17 Vgl. SAJ, D Vb Nr. 4, Bl. 51.

18 Vgl. SAJ, D Id-61, Bl. 152.

19 Vgl. Jahresbericht des Stadtmuseums vom 1. 4. 31 bis 1. 3. 32, vgl. SAJ, D Vb Nr. 4, Bl. 87.

20 Vgl. Tätigkeit von H. Marcus, Stadtmuseum, SAJ, D Id 61, Bl 18.

21 Wilhelm Wagenfeld an Walter Müller-Wulckow, Brief v. 21. September 1930, LMO-MW 154.

22 Stirnemann setzt sich für eine Höhergruppierung von Harrass in die Besoldungsstufe IV (statt zuvor III) ein. Die dadurch verursachten Mehrausgaben plant sie, durch die Museumsarbeit zu erwirtschaften, vgl. SAJ, D Vb Nr. 4, Bl. 79.

23 Vgl. SAJ, D Vb Nr. 4, Bl. 47.

24 Es muss offen bleiben, wann Fräulein Al. Schröder im Jahr 1934 ihren Dienst im Museum begann. SAJ, D Vb Nr. 4, Bl. 205.

25 Irmgard Koska war vom 8. September bis 20. Oktober 1932 am Stadtmuseum Jena tätig, vgl. Stadtmuseum 1932, SAJ, D Vb Nr. 4, Bl. 152. Vgl. zu Koska auch: Hoffmann 2016, hier S. 412, Anm. 28.

26 Vgl. zu Thomae: Hellmann 1995, S. 97, Anm. 31.

27 Vgl. Protokoll über die Jahresversammlung des Museumsvereins für 1930 am 9. Februar 1931, SAJ, D Vb Nr. 4, Bl. 60.

28 Aus Jena und Umgegend, in: *Jenaer Volksblatt* v. 22. März 1930.

29 Siehe u.a. die Meldungen im *Bochumer Tageblatt* v. 24. April 1930, in der *Neuen Hohenlimburger Zeitung* v. 3. Mai 1930 sowie der *Wanne-Eickeler Zeitung* v. 3. Mai 1930.

30 *Die Frau. Organ des Bundes Deutscher Frauenvereine*, 37. Jg., H. 8 v. Mai 1930, S. 507.

31 Vgl. *Bonner General-Anzeiger* v. 24. April 1930, *Illustrierter Sonntag. Das Blatt des gesunden Menschenverstandes*, München v. 7. Juni 1930 sowie *Die Woche*, 1930, H. 22 v. 31. Mai 1930.

32 Mitteilungen des Deutschen Werkbundes v. 1. Mai 1930, in: *Die Form. Zeitschrift für gestaltende Arbeit*, 5. Jg. 1930, H. 9, o.Pag.

33 Die Gedächtnisausstellung für den 1930 früh verstorbenen Bauhäusler Johannes Driesch etwa war von Kunze zunächst für Erfurt konzipiert worden, wanderte von hier nach Weimar, Chemnitz, Wiesbaden, Krefeld, Halle (Saale), Frankfurt am Main und wurde im Juni 1931 im Kunstverein Jena gezeigt.

34 Vgl. Hanna Stirnemann an Walter Müller-Wulckow, Brief v. 30. Juli 1931, LMO-A 24; Hanna Stirnemann an Walter Müller-Wulckow, Brief v. 9. August 1932, LMO-A 25.

35 Ankündigung eines Vortrags »Der Goethe-Tischbein, ein Künstlerleben um 1800« von Walter Müller-Wulckow für den 4. Januar 1931 im Stadtmuseum, in: *Jenaer Volksblatt* v. 25. Oktober 1930. In seinem Taschenkalender findet sich unter dem 4. Januar 1931 kein entsprechender Eintrag. Am 17. Februar 1931 ist zwar »(Jena Hausfr. verein)« notiert. In der *Jenaischen Zeitung* bzw. dem *Jenaer Volksblatt* gibt es – über zwei Ankündigungen hinaus – jedoch keinen weiteren Hinweis zu einem Vortrag.

36 Hanna Stirnemann an Werner Noack, Brief v. 25. Juli 1930, Staatliche Museen zu Berlin, Zentralarchiv, III/DMB 257-2.

37 Protokoll der Sitzung vom 14./15. September 1930 in Essen, LMO-A 387. Neben Stirnemann nehmen mit Agnes Waldstein und Margarete Lippe zwei weitere Frauen teil. Auch die ›Oldenburger Schule‹ ist vollständig vertreten.

38 In der Sitzung wurden u. a. Klaus Graf von Baudissin (Stuttgart), Walter Dieck, Frieda Fischer, Hildegard Heyne (Leipzig), Heinz Köhn (Essen), Margarete Lippe (Münster), Werner Meinhof (Oldenburg), Alois Schardt (Halle/Saale), Hanna Stirnemann, Agnes Waldstein (Essen) und Karl With (Köln) als Mitglieder aufgenommen.

39 Protokoll der Sitzung vom 14./15. September 1930 in Essen, LMO-A 387, S. 5.

40 Vgl. die Mitgliederliste vom 1. November 1930, LMO-A 387 sowie Meyer 2023.

41 Vgl. Hanna Stirnemann an Oberbürgermeister Alexander Elsner, Brief v. 21. September 1930, vgl. SAJ, D Vb Nr. 4, Bl. 33.

42 Vgl. die Einträge in Müller-Wulckows Taschenkalender 1930, LMO-MW 30.

43 Tätigkeit Dr. Stirnemann, Stadtmuseum, SAJ, D Id 61, Bl. 19; vgl. zu ihren Aufgaben und Tätigkeiten auch: Hanna Hofmann-Stirnemann, Lebenslauf und Bildungsgang, 29. Mai 1951, LMO-HHS.

44 Zum Vergleich städtischer, musealer Etats hatte das Oberschlesische Landesmuseum 1930 eine Umfrage über Museumsetats im Verhältnis zu Stadtgröße (Bevölkerungszahl), städtischem Gesamtetat, Personal usw. durchgeführt. Demnach war das städtische Museum in Jena unterdurchschnittlich aufgestellt: Bei rund 59 000 Einwohnern und einem städt. Gesamtetat von 8,5 Mil. erhielt das Museum 14 500 RM, also 0,2 % des Gesamtetats, SAJ, D Vb Nr. 4, Bl. 58. Der städtische Zuschuss sinkt in den kommenden Jahren weiter, für das Geschäftsjahr 1934 werden nur noch knappe 11 000 RM von der Stadt zur Unterhaltung des Museums eingeplant, vgl. SAJ, D Vb Nr. 4, Bl. 194.

45 Vgl. SAJ, D Vb Nr. 4, Bl. 13.

46 Das Gebäude in der Weigelstraße wurde am 19. März 1945 bei einem Luftangriff weitgehend zerstört. Auch große Teile der Museumssammlung wurden dadurch vernichtet.

47 Paul Weber: Führer durch das Jenaer Stadtmuseum und Geschichte seiner ersten dreißig Jahre, 2. Ausg., Jena 1929.

48 Hanna Stirnemann: Aus dem Jenaer Stadtmuseum, in: *Jenaer Volksblatt* v. 5. April 1930. Vgl. auch Hanna Stirnemann: Preisfragen des Jenaer Stadtmuseum, in: *Jenaer Volksblatt* v. 12. April 1930 sowie *Jenaer Volksblatt* und *Jenaische Zeitung* v. 3. Mai 1930.

49 Hanna Stirnemann: Neues aus dem Jenaer Stadtmuseum, in: *Jenaer Volksblatt* v. 23. Mai 1931.

50 Die Fokussierung auf einzelne Materialgruppen wird Stirnemann auch später aufgreifen, so noch mit den Materialausstellungen, die sie für den Berliner Werkbund in der Nachkriegszeit organisiert.

51 Hellmann 1997, S. 73.

52 Stirnemann berichtet von der großzügigen Unterstützung durch den Freundeskreis des Museums, vgl. Hanna Stirnemann: Jahresbericht des Jenaer Stadtmuseums 1932/33, in: *Jenaer Volksblatt* v. 28. April 1933.

53 Vgl. Jahresbericht des Stadtmuseums vom 1. 4. 31 bis 1. 3. 32, vgl. SAJ, D Vb Nr. 4, Bl. 86.

54 Hanna Stirnemann: Ausstellung des Tautenburger Goldschmucks im Stadtmuseum, in: *Jenaer Volksblatt* v. 6. Juni 1931.

55 Vgl. Jahresbericht des Stadtmuseums vom 1. 4. 31 bis 1. 3. 32, vgl. SAJ, D Vb Nr. 4, Bl. 87.

56 W. Co.: Sonderausstellung im Stadtmuseum, in: *Jenaer Volksblatt* v. 26. März 1932.

57 Vgl. Aus Jena und Umgegend, in: *Jenaer Volksblatt* v. 4. März 1932; W. Co.: Sechster Sonntagsvortrag im Stadtmuseum. Goethe und Jena, in: *Jenaer Volksblatt* v. 9. März 1932; W. Co.: Goethes Beziehungen zum Frommannschen Hause. Vortrag im Stadtmuseum von Dr. Vogel von Frommannshausen aus Oschatz, in: *Jenaer Volksblatt* v. 22. März 1932.

58 Hanna Stirnemann: Jenaer Glas und Dornburger Keramik, in: *Jenaer Volksblatt* v. 15. Oktober 1932; vgl. auch die Besprechung der Ausstellung: W. Co.: Sonderausstellung im Jenaer Stadtmuseum, in: *Jenaer Volksblatt* v. 20. Oktober 1932. Von Hanna Stirnemann erworbene Keramiken Lindigs sind vermutlich Kriegsverlust, vgl. Susanne Bartsch, Städtische Museen Jena, an Verf., E-Mail v. 1. November 2023.

59 Rundschreiben der Freunde der Dornburger Keramik, ca. 1931, LMO-MW 150.

60 Rundschreiben an die Mitglieder der Freunde der Dornburger Keramik, Jena, ca. 1932, LMO-MW 150.

61 Vgl. Jakobson 1990, S. 25. Aus dem Briefwechsel zwischen Hanna Hofmann und Maren und Fritz Heide geht hervor, dass Maren Heide nach dem Weggang Hofmanns aus Jena 1936 die Geschäftsführung der Freunde der Dornburger Keramik übernahm.

62 [Otto Lindig]. Keramik, Dornburg [1931], o. Pag.

63 Herbert Koch: Die Ehrenbürger der Stadt Jena, in: *Jenaer Volksblatt* v. 24. November 1932.

64 Eröffnung der Sonneberger Spielzeugausstellung im Stadtmuseum, in: *Jenaer Volksblatt* v. 23. Januar 1933.

65 Vgl. Hanna Stirnemann: Glasschliffarbeiten von Fritz Koerner in Jena, in: *Jenaer Volksblatt* v. 15. April 1933.

66 W. Co.: Eröffnung der Glaserschen Sammlung historischer Musikinstrumente, in: *Jenaer Volksblatt* v. 11. Juli 1933. 1938 wurde das Museum aufgelöst.

67 Tagung der Thüringer Buchbindermeister in Jena, in: *Jenaer Volksblatt* v. 26. August 1933.

68 W. Co.: Lutherausstellung im Jenaer Stadtmuseum, in: *Jenaer Volksblatt* v. 16. November 1933.

69 W. Co.: Jena und Umgebung in der Malerei des 20. Jahrhunderts, in: *Jenaer Volksblatt* v. 30. Januar 1934.

70 Hans Jansen an Oberbürgermeister Armin Schmidt, Brief v. 15. Dezember 1933, SAJ, D Vb Nr. 4, Bl. 174 f.

71 Vgl. Hanna Stirnemann an Hans Jansen, Brief v. 18. Dezember 1933, SAJ, D Vb Nr. 4, Bl. 177.

72 Hanna Stirnemann an Oberbürgermeister Armin Schmidt, Brief v. 20. Dezember 1933, SAJ, D Vb Nr. 4, Bl. 181.

73 t.: Ein Jahr nationalsozialistische Aufbauarbeit Die Sonderausstellung im Stadtmuseum zu Jena, in: *Jenaer Volksblatt* v. 16. April 1934.

74 Jeskow und Stutz 2015, hier besonders S. 42–46.

75 Vgl. Hanna Stirnemann, Rundschreiben v. 23. Februar 1934, Universitätsarchiv Jena, Bestand BA Nr. 1792, Bl. 1r.

76 Protokoll der Arbeitsausschusssitzung für die Ausstellung »Ein Jahr nationalsozialistische Aufbauarbeit in Jena«, Universitätsarchiv Jena, Bestand BA Nr. 1792, Bl. 2r.

77 Stadtmuseum Jena. Die Studien von Otto Herbigs Wandgemälde im neuen Germanenhaus, in: *Jenaer Volksblatt* v. 22. Dezember 1934.

78 Jenaer Stadtmuseum und Glasersche Instrumentensammlung, in: *Jenaer Volksblatt* v. 14. November 1934.

79 K.: Stadtmuseum Jena, in: *Jenaer Volksblatt* v. 17. November 1934.

80 Anzeige, in: *Jenaer Volksblatt* v. 26. Januar 1935.

81 Thüringer Volkskunst, in: *Jenaer Volksblatt* v. 26. Januar 1935, vgl. die Besprechung des Vortrags: A. O. Museumsvortrag von Frau Dr. Stirnemann über Thüringer Volkskunst, in: *Jenaer Volksblatt* v. 30. Januar 1935.

82 A. O.: »Sitte und Brauch in den Thüringer Volkstrachten« Lichtbildervortrag im Stadtmuseum, in: *Jenaer Volksblatt* v. 5. Juni 1935.

83 Paul Weber: Die bevorstehende Vortragsreihe im Stadtmuseum, in: *Jenaer Volksblatt* v. 7. Januar 1930; Veranstaltungen, in: *Jenaer Volksblatt* v. 15. Februar 1930.

84 E. C. O.: Vorträge im Stadtmuseum. Entwicklung der Porträtkunst, in: *Jenaer Volksblatt* v. 20. Februar 1930.

85 Am 1. Februar 1931 hält sie hierzu einen Vortrag im Stadtmuseum, vgl. *Jenaer Volksblatt* v. 25. Oktober 1930, v. 28. Januar 1931 sowie v. 3. Februar 1931. Nicht alle Besucherinnen und Besucher hatten einen Platz bekommen, sodass der Vortrag eine Woche später wiederholt wurde, vgl. *Jenaer Volksblatt* v. 4. Februar 1931.

86 Notiz zur Gründungsversammlung, vgl.: Aus dem Jenaer Stadtmuseum, in: *Jenaer Volksblatt* v. 27. Juni 1931.

87 Stirnemann notiert eine Steigerung von 54 auf 120 Schulklassen: Hanna Stirnemann: Jahresbericht des Jenaer Stadtmuseums 1932/33, in: *Jenaer Volksblatt* v. 28. April 1933.

88 Halbjahrsbericht des Stadtmuseums vom 1. 4. 30 bis 30. 9. 30, SAJ, D Vb Nr. 4, Bl. 35–39, hier Bl. 35.

89 1930 unterstützte Stirnemann u.a. die Ausstellung »Die geistige Idee im Sport« im Darmstädter Landesmuseum und die Ausstellung der Perruquier-Innung im Märkischen Museum in Berlin mit Leihgaben aus dem Stadtmuseum, vgl. ebd., Bl. 36.

90 Weihnachtsfeier des Stadtmuseums, in: *Jenaer Volksblatt* v. 12. Dezember 1931; W. C. O.: Weihnachtsfeier des Stadtmuseums, in: *Jenaer Volksblatt* v. 16. Dezember 1931.

91 Anzeige des Stadtmuseums, in: *Jenaer Volksblatt* v. 10. November 1932; W. Co.: Die Weihnachtsfeier des Jenaer Stadtmuseums, in: *Jenaer Volksblatt* v. 14. Dezember 1932.

92 Anzeige des Stadtmuseums, in: *Jenaer Volksblatt* v. 8. Dezember 1933; W. Co.: Weihnachtsfeier im Jenaer Stadtmuseum, in: *Jenaer Volksblatt* v. 13. Dezember 1933.

93 Vgl. Hanna Stirnemann: Jahresbericht des Jenaer Stadtmuseums 1932/33, in: *Jenaer Volksblatt* v. 28. April 1933 sowie Jahresbericht 1932/33, SAJ, D Vb Nr. 4, Bl. 127.

94 Hanna Stirnemann: Das lebendige Museum, in: *Thüringer Lehrer-Zeitung*, 21. Jg., Nr. 19 v. 3. Juni 1932, S. 289–291, hier S. 289.

95 Vgl. u. a. Wahl 1988, Schmid 1999 und Schmid 2008.

96 Vgl. Edgar Lehmann: Das Prinzessinnenschlösschen als Kunst-Galerie, in: *Von hier. Die Illustrierte Thüringens und des Vogtlandes*, 1. Jg., Nr. 24 v. 1. Dezember 1928, S. 389–392; Schmid 2008, S. 22.

97 Vgl. die tabellarische Übersicht der Ausstellungen des Kunstvereins während der Amtszeit Stirnemanns, in: Rausch und Ernüchterung 2008, S. 201–204.

98 Vgl. Schmid 2008, S. 25.

99 Vgl. zu Hans Rose: Fuhrmeister 2006.

100 Schreiben v. 28. Februar 1937, zit. nach: Fuhrmeister 2006, S. 443.

101 E. C. O.: Kunstverein Jena. Ausstellung Paula Modersohn-Becker, in: *Jenaer Volksblatt* v. 8. Mai 1930. Vgl. auch O. S.: Kunstverein Jena. Modersohn-Becker-Ausstellung im Prinzessinnenschlößchen, in: *Jenaische Zeitung* v. 6. Mai 1930.

102 E. C. O.: Kunstverein Jena. Ausstellung Paula Modersohn-Becker, in: *Jenaer Volksblatt* v. 8. Mai 1930.

103 Anonym [Hanna Stirnemann?]: Photo-Ausstellung des Kunstvereins, in: *Jenaer Volksblatt*, 31. Mai 1930.

104 E. C. O.: Photo-Ausstellung des Kunstvereins im Prinzessinnenschlößchen, in: *Jenaer Volksblatt* v. 4. Juni 1930.

105 E. C. O.: Kunstausstellung im Prinzessinnenschlößchen, in: *Jenaer Volksblatt* v. 16. Juli 1930.

106 Vgl. E. C. O.: Kunstverein Jena. Kunstausstellung im Prinzessinnenschlößchen, in: *Jenaer Volksblatt* v. 22. September 1930. Vgl. die Einladungskarte zur Ausstellung im Teilnachlass Heinrich Ehmsen der Berlinischen Galerie, BG-HE 017.

107 Vgl. E. C. O.: Kunstausstellung im Prinzessinnenschlößchen, in: *Jenaer Volksblatt* v. 18. Oktober 1930.

108 Vermutlich handelt es sich hierbei um die Rede, deren Typoskript sich im Nachlass Hofmanns erhalten hat und das unter dem Titel »Die geistige Situation der abstrakten Malerei« in den Ausstellungskatalogen Hofmanns von 1986 und 1993 mit dem – vermutlich irrtümlichen – Verweis auf eine Ansprache anlässlich einer Ausstellung im Kunstverein Jena auf den November 1932 datiert ist, vgl. Wiesler 1986, S. 97–99, Ausst.-Kat. Otto Hofmann 1993, S. 43–45.

109 Ausst.-Kat. Otto Hofmann 2007, S. 23.

110 Ernst Vincent: Ausstellung im Prinzessinnenschlößchen. Gruppe junger Maler vom Bauhaus Dessau, in: *Jenaische Zeitung* v. 15. Oktober 1930.

111 E. C. O.: Kunstverein Jena. Zur Eröffnung der Ausstellung Gruppe Junger Maler vom Bauhaus Dessau, in: *Jenaer Volksblatt* v. 14. Oktober 1930; vgl. auch Tonne: Leserbrief, in: *Jenaische Zeitung* v. 17. Oktober 1930.

112 Hanna Stirnemann: Otto Hofmann, in: *Die Weltkunst*, 6. Jg., Nr. 51/52 v. 18. Dezember 1932, S. 5.

113 W. E. O.: Kunstverein Jena. Eröffnung der Ausstellung »Familienbildnisse aus Jenaer Privatbesitz« im Prinzessinnenschlößchen, in: *Jenaer Volksblatt* v. 10. November 1930.

114 Jansen: Leserbrief, in: *Jenaische Zeitung* v. 21. Oktober 1930.

115 Hanna Stirnemann an Oberbürgermeister Armin Schmidt, Brief v. 20. Dezember 1933, SAJ, D Vb Nr. 4, Bl. 181 f.

116 Vgl. Köpnick 2021, hier vor allem ab S. 156. Stirnemann vermittelt der Oldenburger Schau Arbeiten des Jenaer Glaswerks Schott & Gen. sowie von Otto Lindig, vgl. LMO-A 488.

117 Ein Manuskript des Vortrags hat sich im Nachlass Müller-Wulckows erhalten, LMO-MW 154.

118 W. Co.: Ausstellung Neues Wohnen. Maschine und Handwerk, in: *Jenaer Volksblatt* v. 14. Januar 1931 sowie Anzeige zum Neufert-Vortrag, in: *Jenaer Volksblatt* v. 4. Februar 1931. Einige Monate später vermittelte Stirnemann Müller-Wulckow für eine mögliche Neuauflage des Bandes »Bauten der Gemeinschaft« Fotografien von Ernst Neuferts ikonischem, erst in diesen Jahren fertiggestelltem Studentenhauses am Philosophenweg in Jena, vgl. Ernst Neufert an Walter Müller-Wulckow, Brief v. 16. Juli 1931, LMO-MW 57.17.

119 [Ernst] Vincent: »Neues Wohnen«. Ausstellung des Kunstvereins Jena im Prinzessinnenschlößchen, in: *Jenaische Zeitung* v. 14. Januar 1931.

120 Wilhelm Wagenfeld an Walter Müller-Wulckow, Brief v. 13. Januar 1931, LMO-MW 154.

121 Vgl. Manske 2012, S. 41.

122 Wilhelm Wagenfeld an Walter Müller-Wulckow, Brief v. 27. Februar 1931, LMO-MW 154.

123 Hanna Hofmann-Stirnemann an Wilhelm Wagenfeld, Brief v. 17. Mai 1955, Wilhelm Wagenfeld Stiftung, Bremen.

124 [Ernst] Vincent: Ausstellung Walter Timmling im Kunstverein, in: *Jenaische Zeitung* v. 19. Februar 1931.

125 Walter Timmling an Walter Müller-Wulckow, Brief v. 18. Februar 1931, LMO-MW 154.

126 [Ernst] Vincent: Dr. Walter Timmling-Dresden: Das Motiv in der Malerei, in: *Jenaische Zeitung* v. 18. Februar 1931.

127 Zit. nach: Lucke und Nowak 2001, S. 43 f. Die Zeichnung gilt heute als Kriegsverlust des Jenaer Stadtmuseums.

128 Vgl. frf: Gestaltende Arbeit der Frau. Ausstellung im Erfurter Museum, in: *Thüringer Allgemeine Zeitung* v. 27. April 1932.

129 Hanna Stirnemann an Hannah Höch, Brief v. 10. Mai 1932, Berlinische Galerie, Nachlass Hannah Höch, K 4251/79.

130 Hanna Stirnemann an Gabriele Münter, Brief v. 6. Juni [1932], Nachlass Gabriele Münter, Gabriele Münter- und Johannes Eichner-Stiftung, München.

131 Karl Scheffler: Die Frau und die Kunst, in: *Jenaer Volkszeitung* v. 7. Juni 1932.

132 J.W.R.: Gestaltende Arbeit der Frau. Ausstellung des Kunstvereins und der Jenaer Frauenvereine, in: *Jenaische Zeitung* v. 30. Mai 1932.

133 Veranstaltungen. Ausstellung: Gestaltende Arbeit der Frau, in: *Jenaische Zeitung* v. 26. Mai 1932.

134 W. Co.: Gestaltende Arbeit der Frau I., in: *Jenaer Volksblatt* v. 13. Juni 1932.

135 W. Co.: Gestaltende Arbeit der Frau II, in: *Jenaer Volksblatt* v. 17. Juni 1932.

136 »Künstlerisches Frauenschaffen«. Vortrag von Frau Dr. Stirnemann am 2. Teenachmittag im Prinzessinnenschlößchen, in: *Jenaische Zeitung* v. 16. Juni 1932.

137 Veranstaltungen. Letzter Teenachmittag der Jenaer Frauenvereine. Ilse Faber liest aus eigenen Werken, in: *Jenaische Zeitung* v. 18. Juni 1932.

138 Walter Müller-Wulckow an Else Mögelin, Briefdurchschlag v. 11. Juli 1932, LMO-A 25.

139 Else Mögelin am Walter Müller-Wulckow, Brief v. 22. Juli 1932, LMO-A 25.

140 Walter Müller-Wulckow an Else Mögelin, Briefdurchschlag v. 28. Juli 1932, LMO-A 25.

141 Else Mögelin am Walter Müller-Wulckow, Brief v. 30. Oktober 1932, LMO-A 25.

142 Grete Reichardt an Walter Müller-Wulckow, Brief v. 30. September 1932, LMO-A 25.

143 Walter Müller-Wulckow an Grete Reichardt, Briefdurchschlag v. 5. Oktober 1932, LMO-A 25.

144 Vgl. Köpnick 2021, S. 149-153.

145 W. Co.: Das Bühnenbild von gestern und heute. Theaterausstellung des Kunstvereins im Prinzessinnenschlößchen, in: *Jenaer Volksblatt* v. 11. Oktober 1932.

146 W. Co: Theaterausstellung im Kunstverein, in: *Jenaer Volksblatt* v. 14. Oktober 1932.

147 Kunstverein Jena, Programm Oktober 1932, LMO-A 25; auch später bleibt der Kontakt zu Greiz erhalten: Im März 1935 wird Stirnemann bzgl. einiger Neuaufstellungen bzw. des Ankaufs einer Privatsammlung um Rat gefragt, vgl. Anfrage um Reiseerlaubnis Hanna Stirnemann an Hauptamt Jena, 19. März 1935, SAJ, D Id 61, Bl. 56.

148 Vgl. W. Co.: Eröffnung der Ausstellung Jenaer Künstler im Prinzessinnenschlößchen, in: *Jenaer Volksblatt* v. 14. November 1932 sowie W. Co.: Ausstellung Jenaer Künstler im Prinzessinnenschlößchen, in: *Jenaer Volksblatt* v. 26. November 1932.

149 W. Co.: Eröffnung der Kunstausstellung im Prinzessinnenschlößchen, in: *Jenaer Volksblatt* v. 17. Januar 1933.

150 W. Co.: »Die Zeichner des Simplicissimus«. Kunstaustellung im Prinzessinnenschlößchen, in: *Jenaer Volksblatt* v. 23. Januar 1933.

151 R. J.: Kunst aus Jenaer Privatbesitz, in: *Jenaische Zeitung* v. 17. Februar 1933.

152 Vgl. Besprechungen am 14. und 25. Februar 1933 im *Jenaer Volksblatt*.

153 Cuno Amiets Gemälde »Mädchenakt mit Blume« wurde – auf Betreiben des Kunstvereinsvorsitzenden Hans Rose – 1931 zur Konsolidierung der Finanzen des Vereins verkauft.

154 Schmid 2008, S. 25.

155 Hanna Stirnemann an Oberbürgermeister Armin Schmidt, Brief v. 16. Februar 1935, SAJ, D Id 61, Bl. 73.

156 Vgl. Jeskow und Stutz 2015, S. 42 f.

157 Hanna Stirnemann an die Redaktion der Zeitschrift *Kunst der Nation*, Brief v. 22. Januar 1934, Abschrift, BG-GFM-C,II 1,553-1,555.

158 Vgl. zur Station in Jena: Dr. H.-W. R.: Eröffnung der Kunstausstellung Gabriele Münter. Vortrag von Frl. Dr. H. Stirnemann, in: *Jenaische Zeitung* v. 15. Januar 1934. Zu Geschichte der Ausstellung vgl. auch Kleine 1998, S. 601 ff.

159 W. Co.: Ausstellung von Gabriele Münter im Kunstverein Jena, in: *Jenaer Volksblatt* v. 20. Januar 1934.

160 Hanna Stirnemann an Gabriele Münter, Brief v. 6. Juni [1932], Nachlass Gabriele Münter, Gabriele Münter- und Johannes Eichner-Stiftung, München.

161 K. J.: Ein Gang durch die Ausstellung Gabriele Muenter, in: *Jenaische Zeitung* v. 16. Januar 1934, hierin werden etliche Werke identifizierbar erwähnt.

162 W. Co.: Eröffnung der neuen Kunstausstellung im Prinzessinnenschlößchen, in: *Jenaer Volksblatt* v. 15. Januar 1934.

163 W. Ko. [sic!]: Öffentliche Aussprache im Kunstverein, in: *Jenaer Volksblatt* v. 23. Januar 1934.

164 Vgl. Kleine 1998, S. 604.

165 Hanna Stirnemann an Schriftleitung *Kunst der Nation*, Abschrift, Brief v. 22. Januar 1934, Berlinische Galerie, Nachlass Galerie Ferdinand Möller (im Folgenden: BG-GFM)-C,II 1,554.

166 Vgl. Redaktion der Zeitschrift *Kunst der Nation* an Ferdinand Möller, mit Abschriften der Briefe von Hanna Stirnemann an die Redaktion sowie der Redaktion an Jansen, Brief v. 29. Januar 1934, BG-GFM-C,II 1,553-1,555.

167 Hanna Stirnemann an Schriftleitung *Kunst der Nation*, Abschrift, Brief v. 22. Januar 1934, BG-GFM-C,II 1,554.

168 Tonne: Leserbrief, in: *Jenaische Zeitung* v. 22. Januar 1934.

169 Katharina Rosenfeld-Janitzky: Leserbrief, in: *Jenaische Zeitung* v. 24. Januar 1934: Erwiderung auf Brief von Tonne.

170 Hanna Stirnemann an Gabriele Münter, Brief o. Dat. [v. Juni 1935], Nachlass Gabriele Münter, Gabriele Münter- und Johannes Eichner-Stiftung, München.

171 Ab 20. September 1934 für 14 Tage, Luftveränderung zur Heilung einer Bronchitis, vgl. Hanna Stirnemann an den Stadtvorstand Jena, Brief v. 19. September 1934, SAJ, D Id 61, Bl. 53.

172 Vgl. Jeskow und Stutz 2015, S. 44.

173 Morgenfeier in der Rathaushalle. Kulturelle Aufgaben des Stadtvorstandes, in: *Jenaer Volksblatt* v. 25. Juni 1934.

174 Eröffnung der Ausstellung im Kunstverein Jena, in: *Jenaer Volksblatt* v. 6. August 1934.

175 Schmid 2008, S. 25.

176 Mitgliederversammlung des Kunstvereins Jena, in: *Jenaer Volksblatt* v. 1. November 1934.

177 Vgl. Köpnick 2021, S. 174 f.

178 Vgl. A. O.: Eröffnung der Ausstellung »Nordisches Land« im Kunstverein Jena, in: *Jenaer Volksblatt* v. 4. Februar 1935.

179 Fritz Hellwag: Nordisches Land. Ausstellung in der Galerie Ferdinand Möller, Berlin, in: *Die Kunst für alle*, 50. Jg., H. 4 v. Januar 1935, S. 96–100.

180 Hans Rose an Franz Radziwill, Brief v. 29. März 1933, Nachlass Franz Radziwill, Dangast.

181 Katharina Rosenfeld an Franz Radziwill, Brief v. 2. Januar 1934, Nachlass Franz Radziwill, Dangast.

182 Hanna Stirnemann an Franz Radziwill, Brief v. 28. November 1934, Nachlass Franz Radziwill, Dangast. Im Gegensatz zu den weiteren Briefen, die sie dem wenige Jahre älteren Maler in Vorbereitung der Schau sendet, endet der erste Brief noch ohne Hitler-Gruß. Hatte sie angenommen, dem alten Bekannten ohne diese Formulierung schreiben zu können? Zudem werden die Briefe förmlicher. Schreibt sie zunächst noch »Lieber Herr Radziwill«, wird daraus die förmlichere Formel »Sehr geehrter Herr Radziwill«, vgl. die Korrespondenz im Nachlass.

183 Franz Radziwill, in: *Jenaische Zeitung* v. 25. März 1935.

184 Hanna Stirnemann an Franz Radziwill, Brief v. 14. März 1935, Nachlass Franz Radziwill, Dangast.

185 A. O.: Eröffnung der Ausstellung von Franz Radziwill im Kunstverein Jena, in: *Jenaer Volksblatt* v. 26. März 1935.

186 K. J.: Franz Radziwill, in: *Jenaische Zeitung* v. 28. März 1935.

187 Walter Hansen an Fritz Sauckel, Brief v. 25.(?) März 1935, zit. nach: Brenner 1963, S. 183. Der Abdruck des Briefes ist hier auf den 15. März 1935 datiert, was aufgrund der am 20. März erfolgten Publikation über das Frühwerk Radziwills in *Das Schwarze Korps* und der wenige Tage darauf erfolgten Eröffnung der Ausstellung in Jena vermutlich zu korrigieren ist.

188 Hanna Stirnemann an Franz Radziwill, Brief v. 5. April 1935, Nachlass Franz Radziwill, Dangast.

189 Hanna Stirnemann an Franz Radziwill, Brief v. 7. Mai 1935, Nachlass Franz Radziwill, Dangast.

190 Die während der Zeit des Nationalsozialisten als Juden verfolgten Sammler Aäron Vecht, Georg Rosenthal und Franz Reyersbach gehörten zu den frühesten Käufern und Sammlern von Werken Radziwills. Franz Reyersbach kam 1936 im Konzentrationslager Sachsenhausen zu Tode, Georg Rosenthal emigrierte 1937 in die USA, Vechts 32-jährige Tochter Deena wurde 1944 in Auschwitz ermordet.

191 Hanna Hofmann an Franz Radziwill, Brief v. 7. Mai 1935, Nachlass Franz Radiziwill, Dangast.

192 A. O.: Kunstvereinsausstellung im Prinzessinnenschlößchen. Handwebereien G. Reichhardt [sic] – Kunstmaler W. Geffken, in: *Jenaer Volksblatt* v. 30. April 1935.

193 O. H.: Ausstellung W. Geffken – G. Reichardt im Jenaer Kunstverein, in: *Jenaer Volksblatt* v. 4. Mai 1935.

194 A. O.: Eröffnung der Ausstellung »Meer und Gebirge« im Jenaer Kunstverein, in: *Jenaer Volksblatt* v. 27. Mai 1935.

195 Ausstellung »Meer und Gebirge« im Jenaer Kunstverein, in: *Jenaer Volksblatt* v. 7. Juni 1935.

196 Begriff, Sinn und Aufgabe des Nationalsozialismus, in: *Jenaer Volksblatt* v. 27. Mai 1935.

197 Hellmann 2001, S. 331.

198 Die Mitteilung an das Personalreferat über den Umzug »von Landgrafenstieg 12 nach Jenapriessnitzerstr. 20 bei Hofmann« erfolgt am 30. Oktober 1933, SAJ, D Id 61, Bl. 44.

199 Barth 1986, S. 10.

200 Otto Hofmann an Hanna Stirnemann, Brief v. 26. April 1933, LMO-HHS.

201 Otto Hofmann an Hanna Stirnemann, Ronco, Brief v. 1. April 1933, LMO-HHS.

202 Otto Hofmann, handschriftliches Testament v. 24. April 1933, Ronco s. Ascona, LMO-HHS.

203 Otto Hofmann an Hanna Stirnemann, undat. (ca. Ende April 33) aus Zürich, LMO-HHS.

204 Otto Hofmann an Hanna Stirnemann, Paris, 28. Juni bis 1. Juli 1933, LMO-HHS.

205 Barth 1986, S. 15 f.

206 In der Literatur heißt es zumeist, Otto Hofmann sei erst 1935 aus Paris zurückgekehrt. Die Briefe im Nachlass belegen indes, dass er bereits Ende 1934 zurückgekehrt ist.

207 Der Mineraloge und Ordinarius für Mineralogie, Kristallografie und Petrografie an der Universität Jena Fritz Heide (1891–1973).

208 Leo Grebe an Lily Klee, Brief v. 24. November 1934, Zentrum Paul Klee, Bern.

209 Der Erfurter Kunstverein 2009, S. 219.

210 Vgl. ebd., S. 130 f.

211 Otto Hofmann an Wassily Kandinsky, Brief v. 2. Januar 1935, Bibliothèque Kandinsky Paris, VK 187. Hofmann hatte 1933 und 1934 in Paris gelebt und war hier wieder mit Kandinsky in Kontakt gekommen. Im Oktober 1934 war er – gemeinsam mit Leo Grebe – in Bern bei Paul und Lily Klee zu Besuch gewesen.

212 Hanna Hofmann an das Personalamt der Stadt Jena, Brief v. 8. Januar 1936, SAJ, D Id 61, Bl. 94. Absenderadresse ist die Regensburgerstr. 28 (Atelier).

213 Wassily Kandinsky an Otto Hofmann, Brief v. 24. Juni 1935, zit. nach: Wiesler 1986, S. 93.

214 Leo Grebe an Lily Klee, Brief Ende 1935, Zentrum Paul Klee, Bern.

215 Deutscher Museumsbund, Protokoll der Tagung v. 25. Mai 1934, Staatliche Museen zu Berlin, Zentralarchiv (im Folgenden: SMB-ZA), III/DMB 285.

216 Johanna Hofmann an das Entschädigungsamt Berlin, Briefdurchschlag v. 4. Februar 1954, LMO-HHS.

217 Vgl. Kreisleiter an Personalamt der Stadt Jena, Schreiben v. 12. Februar 1935, SAJ, D Id 61, Bl. 67 sowie Walter Wünsche an Johanna Stirnemann, Brief v. 14. Februar 1935, Abschrift, SAJ, D Id 61, Bl. 71.

218 Vgl. Ahnentafel Hanna Stirnemann, SAJ, D Id 61, Bl. 69.

219 Hanna Stirnemann an Oberbürgermeister Armin Schmidt, Brief v. 16. Februar 1935, SAJ, D Id 61, Bl. 73.

220 Karl Astel an Oberbürgermeister Armin Schmidt, Brief v. 18. März 1935, SAJ, D Id 61, Bl. 89.

221 Ebd.

222 Hanna Stirnemann an Oberbürgermeister Armin Schmidt, Brief v. 1. April 1935, SAJ, D Id 61, Bl. 81 f.

223 Oberbürgermeister Armin Schmidt, Bescheinigung v. 29. November 1935, LMO-HHS.

224 Vgl. Jakobson 1990, S. 25; Markus Krause in: Hofmann 2001, S. 120; Hellmann 2015, passim.

225 Julia Friedrich an die Verf., E-Mail v. 16. Dezember 2023.

226 Schmid 2008, S. 27.

227 Hanna Hofmann an Maren und Fritz Heide, Brief o. Dat. [ca. Februar 1936], Privatbesitz.

228 Werner Meinhof an Eberhard Hanfstaengl, Brief v. 25. Juni 1937, zit. nach: Schmid 2008, S. 28 f.

229 Vgl. Jeskow und Stutz 2015, S. 45; Schmid 2008, S. 26–32.

230 Vgl. Klossek 2013.

231 Schmid 2008, S. 32 f.

1935–1945

Erzwungener Rückzug ins Private

Hanna Hofmann, Hainichen, um 1944, Fotografie, Landesmuseum Kunst & Kultur Oldenburg

Das berufliche Ende am Stadtmuseum Jena kam für Hanna Hofmann-Stirnemann nicht unerwartet, doch bildete ihre Entlassung einen entscheidenden Einschnitt in ihrer Karriere. Zunächst planen Hanna und Otto Hofmann in Jena zu bleiben, »da hier der boden für unsere arbeit noch am besten ist und ein wirtschaftliches fundament bildet«, wie Otto Hofmann im April 1935 an Wassily Kandinsky nach Paris schreibt.[1] Noch im Oktober 1935 kann Otto Hofmann sich an einer Ausstellung des Kunstvereins zum »Graphischen Schaffen der Gegenwart« beteiligen,[2] die vom Städtischen Museum Erfurt zusammengestellt wurde und dort zuvor zu sehen war.

Zum 1. Dezember 1935 geben Hanna und Otto Hofmann ihre Wohnung in Jena auf.[3] Sie ziehen nach Berlin, wo das Paar hofft, neue Betätigungsfelder zu finden. Bis Ende 1937 wohnen sie in einer Dachgeschosswohnung in der Regensburger Str. 28 in Berlin-Wilmersdorf.

»Uns geht es seelisch-geistig gut, wirtschaftlich schlecht, Grundstimmung ist zuversichtlich u. ich selber lerne immer mehr [...] dieses in der Luft hängen«, berichtet sie dem befreundeten Ehepaar Heide im Frühjahr 1936 aus Berlin: »Als der 15. 1. kam, dachte ich etwas wehmütig an das ausbleibende Gehalt. Dieses Jonglieren und Balancieren ist nicht ohne Spannungsmomente. Mit der Arbeitslosenunterstützung klappt es nämlich noch immer nicht. Ottos Bedürftigkeit muss erst geprüft werden, ferner die Vermögenslosigkeit von Urahne, Grossmutter, Mutter u. Kind. Das dauert natürlich lange. Also Autarkie. [...] Im Übrigen bin ich in erweitertem Sinne Hausfrau mit tägl. Kochen, Reinemachen, Aufwaschen, und habe trotz anfängl. Rückenschmerzen Spass daran. Am beglückendsten ist, dass der Mann von früh bis spät malt u. schöne Bilder entstehen [...]. Schön sind die Museumsgänge für nur 10 Pf. Eintritt mit Wiedersehen vieler schöner alter Meister. Der Kreis von Menschen mit dem wir zusammen sind, ist sehr lebendig u. unabhängig.«[4]

Für ihre »vielen Bewerbungsschreiben« lässt sich »Dr. Hanna Hofmann-Stirnemann« ein eigenes Briefpapier drucken.[5] So versucht sie beispielsweise im Feuilleton des *Berliner Tageblatts* unterzukommen: »Neulich war ich bei dem Berliner Tageblattmann ([Erich] Pfeiffer-Belli), einem jungen, sehr gelassenen, etwas blasierten Gentleman, der sehr höflich war, durchaus nicht ablehnend aber grenzenlos undurchsichtig und unpersönlich. Ich liess bisher Geschriebenes dort u. warte nun auf meine ›Berufung‹«, teilt sie dem Ehepaar Heide mit.[6]

Gemeinsam werben Hanna und Otto Hofmann für Subskribenten für Otto Hofmanns Grafiken: Im April 1936 haben sie schließlich sechs Abonnenten gefunden, die für fünf Mark monatlich eine Druckgrafik abnehmen – und dem Ehepaar somit einen Großteil der Miete finanzieren. Otto Hofmann erteilt darüber hinaus Privatunterricht. Bereits im Vorjahr hatte er mit seinem ehemaligen Bauhaus-Kommilitonen Hans Thiemann, mit dem er sich gegen Ende der gemeinsamen Studienzeit in Dessau überworfen hatte,[7] geplant, eine Malschule zu eröffnen. Thiemann, der nach der langen Kontaktlosigkeit zunächst unentschlossen war, bat Kandinsky um Rat. Dieser empfahl: »Selbst habe ich nur gute Erfahrungen mit ihm [Otto Hofmann] und habe nie etwas Negatives über ihn gehört. Er ist begabt und die Energie selbst. [...] Man könnte aber vielleicht eine spezielle ›Damen-Malschule‹ gründen [...]. Sonst ist eine

Kunstschule kein schlechtes und uninteressantes ›Geschäft‹. Ich glaube, Sie beide würden sich gut gegenseitig ergänzen […]. Ich glaube auch, daß die beiden Hofmanns sehr geschickte ›Geschäftspartner‹ abgeben würden, was in solchem Fall nicht ohne Wichtigkeit ist.«[8] Die Pläne einer gemeinsamen Malschule werden jedoch alsbald verworfen. Thiemann berichtet: »Aus der Malschule mit Hofmann, an der ich jetzt […] teilnehmen würde, ist leider noch nichts geworden, und zwar hat Hofmann selbst den Plan fallen gelassen – wenigstens vorläufig. Wahrscheinlich hat er bei seiner Übersiedlung nach Berlin zuviele Pläne geschmiedet, und sicher wird er jetzt schon froh sein, wenn er nur die Hälfte davon verwirklichen kann. Auch hat er wohl viele seiner Rechnungen ohne die Reichskulturkammer gemacht, die über alle staatlichen und privaten Schulen strenge Aufsicht führt […].«[9]

Auch wenn sich das Unternehmen zerschlägt, bleibt die freundschaftliche Verbindung zu Thiemann erhalten.

Hanna Hofmann versucht sich darüber hinaus im Vertrieb von Keramiken Otto Lindigs: »Mein Lindig-Laden brachte auch einige Verkäufe u. etliche stehen noch bevor«.[10] Zu den Abnehmern gehörte auch Karl Nierendorf, der »eine große Vase für seine Galerie« erwirbt. Die Galerie Nierendorf am Berliner Lützowufer zeigt noch im Februar 1937 Gemälde und Aquarelle Otto Hofmanns.[11]

Im März 1936 erleben Hanna und Otto Hofmann den Propagandaflug der zwei Zeppeline »Hindenburg« und »Graf Zeppelin« über Berlin, das im Jahr der Olympiade noch einmal ein weltoffenes Gesicht zu zeigen versucht: »Neulich sahen wir lange die 2 Zeppeline von unserem Dach aus. Ganz unwirklich u. abstrakt diese grosse[n] silbernen Tiere an einem blaugrünen Himmel über den Dächern Berlins.«[12]

In ihrem späteren Wiedergutmachungsantrag wird Hanna Hofmann-Stirnemann angeben, dass sie während der Jahre 1936 und 1937 kunstgeschichtliche Privatkurse »für einen kleinen Kreis jüdischer Freunde in Berlin« gab.[13] Darüber hinaus ist sie publizistisch aktiv: In der seit 1934 im Verlag von Walter De Gruyter in Berlin erscheinenden Zeitschrift *Geistige Arbeit. Zeitung aus der wissenschaftlichen Welt* veröffentlicht sie vor allem Rezensionen, aber im April 1936 auch ihren Aufsatz »Das lebendige Museum«, mit dem sie sich – wie bereits in ihrer Jenaer Amtszeit – für moderne Museumsarbeit einsetzt: Das Museum habe nicht ein Ort von »ollen Klamotten« zu sein, sondern einer, der Besucherinnen und Besucher zum aktiven Schauen und Entdecken anregt. Einen zentralen Aspekt sieht Hofmann-Stirnemann in der Frage angemessener Beschriftungen, wobei ihre Überlegungen nach wie vor aktuell wirken: »Ein Zuviel enthebt den Beschauer zu sehr der eigenen Leistung oder lenkt ihn dergestalt ab, daß er länger liest als anschaut, ein Zuwenig, was aus ästhetischen Gründen lange propagiert wurde, erschließt manches nicht, was aufschlussreich und hilfreich wäre.«[14]

Nach der Eröffnung der Ausstellung »Entartete Kunst« im Juli 1937 in München und dem Beginn der gleichnamigen Beschlagnahmeaktion moderner Kunst in deutschen Museen, der auch Otto Hofmanns Zeichnung »Abendflug zie-

Otto Lindig (Keramik) und Otto Hofmann (Bemalung und Dekor), Teller mit stilisierter Landschaft, 1935, Ton, dunkelbraune Engobe, Glasur in gesprenkeltem Weißgrau, 3,2 cm (Höhe) × 14,8 cm (Durchmesser), Geschenk von Herbert Kunze 1964, Angermuseum Erfurt

Otto Lindig (Keramik) und Otto Hofmann (Bemalung und Dekor), Teller mit stilisierten Blumen, 1935, Ton, dunkelbraune Engobe, ca. 15 cm (Durchmesser), Privatbesitz

hender Vögel« aus der Sammlung des Städtischen Museums Erfurt zum Opfer fällt, bemüht sich das Ehepaar Hofmann-Stirnemann im September des Jahres um ein Visum für Frankreich. In Neuilly-sur-Seine bei Paris planen sie, Nina und Wassily Kandinsky zu besuchen, der sich beim französischen Konsulat für das Paar einsetzt.[15] Aufgrund »unserer Mittellosigkeit [misslang] eine Emigration«, erinnert Hofmann-Stirnemann später.[16] Durch ihre ablehnende Haltung gegenüber dem Nationalsozialismus geraten Hanna und Otto Hofmann unter Beobachtung: »alle Versuche, ein neues Arbeitsverhältnis zu bekommen, scheiterten, sodass wir wegen erneuter politischer Verdächtigung durch den Blockwart unseres Wohnviertels u. aus wirtschaftlichen Gründen Ende 1937 unseren Wohnsitz in Berlin aufgaben […].«[17]

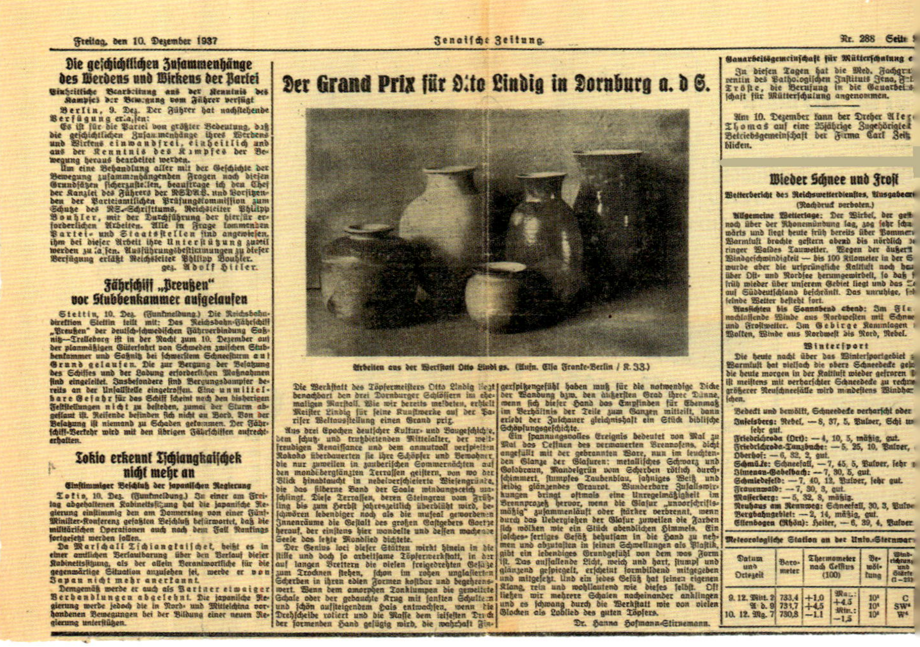

Freitag, den 10. Dezember 1937 — Jenaische Zeitung — Nr. 288 Seite […]

Die geschichtlichen Zusammenhänge des Werdens und Wirkens der Partei

Einheitliche Bearbeitung aus der Kenntnis des Kampfes der Bewegung vom Führer verfügt

Berlin, 9. Dez. Der Führer hat nachstehende Verfügung erlassen:

Es ist für die Partei von größter Bedeutung, daß die geschichtlichen Zusammenhänge ihres Werdens und Wirkens einwandfrei, einheitlich und aus der Kenntnis des Kampfes der Bewegung heraus bearbeitet werden.

Um eine Behandlung aller mit der Geschichte der Bewegung zusammenhängenden Fragen nach diesen Grundsätzen sicherzustellen, beauftrage ich den Chef der Kanzlei des Führers der NSDAP. und Vorsitzenden der Parteiamtlichen Prüfungskommission zum Schutze des NS.-Schrifttums, Reichsleiter Philipp Bouhler, mit der Durchführung der hierfür erforderlichen Arbeiten. Alle in Frage kommenden Partei- und Staatsstellen sind angewiesen, ihm bei dieser Arbeit ihre Unterstützung zuteil werden zu lassen. Ausführungsbestimmungen zu dieser Verfügung erläßt Reichsleiter Philipp Bouhler.

gez. Adolf Hitler.

Fährschiff „Preußen" vor Stubbenkammer aufgelaufen

Stettin, 10. Dez. (Funkmeldung.) Die Reichsbahndirektion Stettin teilt mit: Das Reichsbahn-Fährschiff „Preußen" der deutsch-schwedischen Fährverbindung Saßnitz—Trelleborg ist in der Nacht zum 10. Dezember auf der planmäßigen Güterfahrt von Schweden zwischen Stubbenkammer und Saßnitz bei schwerstem Schneesturm auf Grund gelaufen. Die zur Bergung der Besatzung des Schiffes und der Ladung erforderlichen Maßnahmen sind eingeleitet. Insbesondere sind Bergungsdampfer bereits an der Unfallstelle eingetroffen. Eine unmittelbare Gefahr für das Schiff scheint nach den bisherigen Feststellungen nicht zu bestehen, zumal der Sturm abgeflaut ist. Reisende befinden sich nicht an Bord. Von der Besatzung ist niemand zu Schaden gekommen. Der Fährschiff-Verkehr wird mit den übrigen Fährschiffen aufrechterhalten.

Tokio erkennt Tschiangkaischek nicht mehr an

Einstimmiger Beschluß der japanischen Regierung

Tokio, 10. Dez. (Funkmeldung.) In einer am Freitag abgehaltenen Kabinettssitzung hat die japanische Regierung einstimmig den am Donnerstag von einer Fünf-Minister-Konferenz gefaßten Beschluß befürwortet, daß die militärischen Operationen auch nach dem Fall Nankings fortgesetzt werden sollen.

Da Marschall Tschiangkaischek, heißt es in einer amtlichen Verlautbarung über den Verlauf dieser Kabinettssitzung, als der allein Verantwortliche für die gegenwärtige Situation anzusehen sei, werde er von Japan nicht mehr anerkannt.

Demgemäß werde er auch als Partner etwaiger Verhandlungen abgelehnt. Die japanische Regierung werde jedoch die in Nord- und Mittelchina vorhandenen Bewegungen bei der Bildung einer neuen Regierung unterstützen.

Der Grand Prix für Otto Lindig in Dornburg a. d. S.

Arbeiten aus der Werkstatt Otto Lindigs. (Aufn. Elsa Franke-Berlin / K. 33.)

Die Werkstatt des Töpfermeisters Otto Lindig liegt benachbart den drei Dornburger Schlössern im ehemaligen Marstall. Wie wir bereits meldeten, erhielt Meister Lindig für seine Kunstwerke auf der Pariser Weltausstellung einen Grand prix.

Aus drei Epochen deutscher Kultur- und Baugeschichte, dem schutz- und trutzbietenden Mittelalter, der weltfreudigen Renaissance und dem anmutvoll verspielten Rokoko überdauerten sie ihre Schöpfer und Bewohner, die nur zuweilen in zauberischen Sommernächten auf den mondübergläntzten Terrassen geistern, von wo der Blick hinabtaucht in nebelverschleierte Wiesengründe, die das silberne Band der Saale windungsreich umschlingt. Diese Terrassen, deren Steingrau vom Frühling bis zum Herbst jahreszeitlich überblüht wird, beschwören lebendiger noch als die museal gewordenen Innenräume die Gestalt des großen Gastgebers Goethe herauf, der einstens hier wandelte und dessen wachende Seele das letzte Mondlied dichtete.

Der Genius loci dieser Stätten wirkt hinein in die stille und doch so arbeitsame Töpferwerkstatt, in der auf langen Brettern die vielen freigedrehten Gefäße zum Trocknen stehen, schon im rohen unglasierten Scherben in ihren edlen Formen kostbar und begehrenswert. Wenn dem amorphen Tonklumpen die geweitete Schale oder der gebauchte Krug mit sanften Schultern und schön aufsteigendem Hals entwachsen, wenn die Drehscheibe rotiert und die Masse dem leisesten Druck der formenden Hand gefügig wird, die wahrhaft Fingerspitzengefühl haben muß für die notwendige Dicke der Wandung bzw. den äußersten Grad ihrer Dünne, wenn sich dieser Hand das Empfinden für Ebenmaß im Verhältnis der Teile zum Ganzen mitteilt, dann erlebt der Zuschauer gleichnishaft ein Stück biblische Schöpfungsgeschichte.

Ein spannungsvolles Ereignis bedeutet von Mal zu Mal das Oeffnen des vermauerten Brennofens, dicht angefüllt mit der gebrannten Ware, nun im leuchtenden Glanze der Glasuren: metallisches Schwarz und Goldbraun, Mandelgrün vom Scherben rötlich durchschimmert, stumpfes Taubenblau, sahniges Weiß und seidig glänzendes Graurot. Wunderbare Zufallswirkungen bringt oftmals eine Unregelmäßigkeit im Brennprozeß hervor, wenn die Glasur „unvorschriftsmäßig" zusammenläuft oder stärker verbrennt, wenn durch das Uebergießen der Glasur zuweilen die Farben sich wölken wie ein Stück abendlichen Himmels. Ein solches fertiges Gefäß behutsam in die Hand zu nehmen und abzutasten in seinen Schwellungen als Plastik, gibt ein lebendiges Grundgefühl von dem was Form ist. Das auffallende Licht, weich und hart, stumpf und glänzend gespiegelt, erscheint formbildend mitgegeben und mitgesetzt. Und ein jedes Gefäß hat seinen eigenen Klang, rein und wohllautend wie dieses selbst. Oft ließen wir mehrere Schalen nacheinander anklingen und es schwang durch die Werkstatt wie von vielen Glocken als Loblied des guten Töpfers.

Dr. Hanna Hofmann-Stirnemann.

Gauarbeitsgemeinschaft für Mütterschulung […]

In diesen Tagen hat die Med. […] des Pathologischen Instituts Jena, […] die Berufung in die Gauarbeits[…]schaft für Mütterschulung angenommen.

Am 10. Dezember kann der Dreher […] Thomas auf eine 25jährige Zugehörigkeit […] Betriebsgemeinschaft der Firma Carl Zeiss blicken.

Wieder Schnee und Frost

Wetterbericht des Reichswetterdienstes, Ausgabeort […]

(Nachdruck verboten.)

[…]

Hanna Hofmann-Stirnemann: Der Grand Prix für Otto Lindig in Dornburg a. d. S., in: *Jenaische Zeitung* v. 10. Dezember 1937

Hofmann-Stirnemann und ihr Mann ziehen daraufhin erneut in die Nähe ihrer Heimat, nach Hainichen bei Dornburg an der Saale. In dem kleinen, abgelegenen Dorf, 14 Kilometer von Jena entfernt, gab es »keine Ortsgruppe der NSDAP«,[18] erinnert Hanna Hofmann später. Hier können ihr Mann und sie untertauchen. An ihre erste Zeit in Hainichen erinnert sie sich:

> Wir lebten »in einem kleinen Dorf in Thüringen, das nur 115 Einwohner zählte. Es liegt auf einer Hochebene und lehnt sich an einen schönen Bauernwald, in dem jetzt im Frühling ein Teppich von gelben Primeln, Anemonen und Märzenbechern blüht […]. Unser Haus war Ende des 17. Jahrhunderts als Gemeindeschenke gebaut worden […]. Unser Einzug bedeutete für das Dorf ein spannungsvolles Ereignis. Da wir auf Befragen nach unserm Beruf zunächst noch ungesprächig angegeben hatten, dass wir zu Hause arbeiteten, erregten wir ihr Misstrauen. […] Unsere grosse Bibliothek brachte uns in den für bäuerliches Denken besten Ruf, sehr reich zu sein, weil man doch etwas so Überflüssiges nur besitzen könne, wenn man alles andere schon habe.«[19]

Von Hainichen aus arbeitet das Ehepaar mit dem befreundete Keramiker Otto Lindig zusammen, der nach wie vor im lediglich vier Kilometer entfernten Dornburg ansässig ist. Otto Hofmann bemalt und dekoriert von Lindig gestaltete Teller, Krüge und Fliesen. Vor allem die mit Ritzdekor verzierten Fliesen waren leicht herzustellen und konnten in größeren Mengen gewinnbringend verkauft werden: »Eine Hilfe für alle damals«, wie Lindig erinnert.[20]

Nachdem der Keramiker für seine große Vase von 1936/37 auf der Pariser Weltausstellung von 1937 mit dem Grand Prix ausgezeichnet worden war, publizierte Hofmann-Stirnemann im Dezember des Jahres einen Bericht über einen Werkstattbesuch bei Otto Lindig in der *Jenaischen Zeitung:*

»Ein spannungsvolles Ereignis bedeutet von Mal zu Mal das Öffnen des vermauerten Brennofens, dicht angefüllt mit der gebrannten Ware, nun im leuchtenden Glanze der Glasuren: metallisches Schwarz und Goldbraun, Mandelgrün vom Scherben rötlich durchschimmert, stumpfes Taubenblau, sahniges Weiß und seidig glänzendes Graurot. Wunderbare Zufallswirkungen bringt oftmals eine Unregelmäßigkeit im Brennprozess hervor, wenn die Glasur ›unvorschriftsmäßig‹ zusammenläuft oder stärker verbrennt, wenn durch das Übergießen der Glasur zuweilen die Farben sich wölken wie ein Stück abendlichen Himmels. Ein solches, fertiges Gefäß behutsam in die Hand zu nehmen

Hanna Hofmann mit ihren Tieren, Hainichen, um 1940, Fotografie, Landesmuseum Kunst & Kultur Oldenburg

mein liebe Hanna, heut kam dein 4.43
Paket mit den Backpflaumen und das Päckchen
mit Pudding und Zigaretten, ach du gute frau
wie schön umsorgst du mich. dann kam ein
brief von den Eltern Ker und Marianna,
leider keiner von dir. du siehst ich bin un-
genügsam und kann nicht genug bekommen. heut würde ein Kamerad beinahe bestraft sein brief war in die Zensur
gekommen und ging zurück an die komp.
du siehst man schreibt am besten über das
wetter denn was soll man sonst noch schreiben.
die landschaft zu schildern, nun mein herz,
alles hat maß und ziel. wie du siehst es
geht mir gut, ich bin gesund und schmauche
tüchtig von den zigaretten. habe heut in
einer Pause im [illegible] gelesen. sehr schön
und klar aber wie mir scheint meinem
interessengebiet fremd. doch ist es gut zu
lesen. wie freu ich mich schon auf die tage
dann zuhaus deine Schätze zu bewundern.

Otto an Hanna Hofmann, Brief, Russland, April 1943, Privatbesitz

Mein liebe Hanna, 43
heut ist Pfingsten und meine
gedanken sind so ganz zuhaus
wie sie meist zuhaus sind. Ich
bekam dein Päckchen mit der Schachtel
Zigaretten und 2 briefe vom 4.6
und einen ohne datum, aus denen
ich sehe dass du dich schon sehr mit
meinem Urlaub beschäftigst. Ja,
herz ich hätte gern wenn Hans ein
paar tage wieder bei uns wäre und
ich muss dir gestehen es war mir
im vorigen Jahr ein rechter trost
dich nicht allein und gerad mit
ihm am bahnhof zurückzulassen
Es ist ja nun mal so das wir keine

Otto an Hanna Hofmann, Brief, Russland, Pfingsten 1943, Landesmuseum Kunst & Kultur Oldenburg

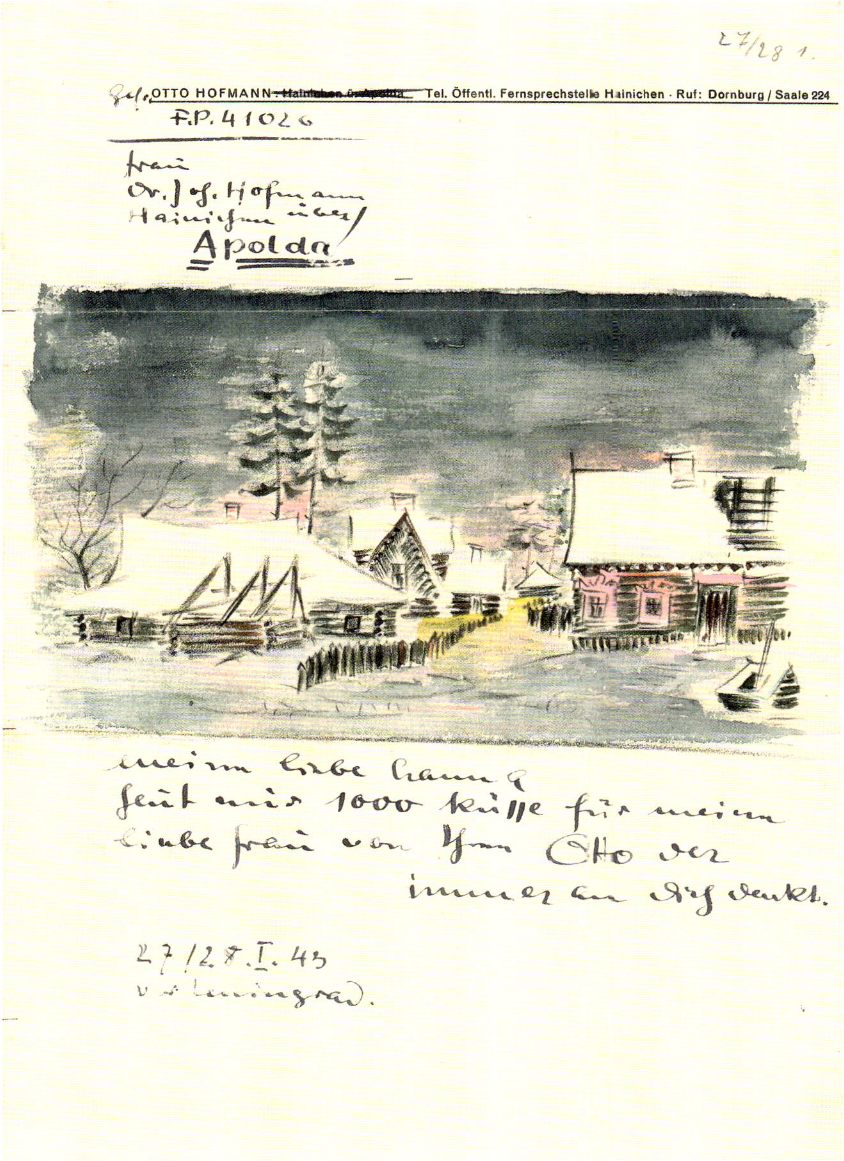

27/28 1.

Gef. OTTO HOFMANN ~~Hainichen ü. Apolda~~ Tel. Öffentl. Fernsprechstelle Hainichen · Ruf: Dornburg / Saale 224

F.P. 41026

Frau
Dr. Joh. Hofmann
Hainichen über
Apolda

mein liebe Hanne
heut nur 1000 küsse für mein
liebe Frau von ihrem Otto der
immer an dich denkt.

27/28.I.43
vor Leningrad.

Otto an Hanna Hofmann, Russland, vor Leningrad, Brief v. 27./28. Januar 1943, Privatbesitz

und abzutasten in seinen Schwellungen als Plastik, gibt ein lebendiges Grundgefühl von dem was Form ist. Das auffallende Licht, weich und hart, stumpf und glänzend gespiegelt, erscheint formbildend mitgegeben und mitgesetzt. Und ein jedes Gefäß hat seinen eigenen Klang, rein und wohl lautend wie dieses selbst.«[21]

Vom thüringischen Hainichen aus publiziert sie ihren bereits in ihren Oldenburger Jahren vorbereiteten Aufsatz zu Johann Heinrich Wilhelm Tischbeins Ofen-Gestaltungen.[22] Ferner widmet sie sich – sprachlich dem Vokabular und Duktus der Zeit angepasst – den »Wesensmerkmalen der Thüringer Volkskunst«.[23] Es ist ihr letzter Aufsatz, der in der *Zeitschrift für Geistige Arbeit* erscheint.

In einem 1951 von ihr verfassten Lebenslauf notiert sie ferner die »Vorbereitung einer Veröffentlichung über moderne Bildwirkereien«,[24] welche nach heutigem Kenntnisstand nicht erschienen ist. Gleichwohl spiegelt das Thema das Interesse Hofmann-Stirnemanns für zeitgenössische Textilkunst und besonders das Werk der ehemaligen Bauhäuslerin Grete Reichardt, deren Arbeiten sie in Rudolstadt eine Einzelausstellung widmen wird. Im Kriegsjahr 1941 hält Hanna Hofmann-Stirnemann auf Einladung der einst von Ida Dehmel gegründeten und inzwischen gleichgeschalteten »Gemeinschaft deutscher Künstlerinnen« (GEDOK) im Volkshaus Jena einen Vortrag über »Bildteppiche aus alter und neuer Zeit«.[25] Es muss ein eigenartiger Besuch gewesen sein: Einerseits kehrte sie in ihre vertraute Umgebung zurück, andererseits war ihr Amtsnachfolger bereits gestorben und ihre ehemaligen Wirkungsstätten waren nahezu verwaist.

Bereits im Juli 1940 war Otto Hofmann zum Kriegsdienst eingezogen worden. Zunächst war er an der Front in Frankreich und Griechenland. Dann nahm er am Russland-Feldzug teil und erlebte die Belagerung Leningrads. Von 1941 bis 1944 schickt er seiner Frau – ebenso wie an Hans Thiemann und Herbert Kunze – zahllose, zum Teil reich illustrierte Malerbriefe.[26] Hanna Hofmann bestreitet in diesen Jahren ihren Lebensunterhalt mit »Nachhilfestunden für Dorfkinder und von dem Ertrag ihres Gartens«.[27]

Im Februar 1945 wird der Sicherheitsdienst erneut auf Hofmann-Stirnemann aufmerksam. Auch einige Bauern beginnen sich gegen sie zu wenden, als behauptet wird, dass sie noch 1939 jüdische Freunde beherbergt habe.[28] Otto Hofmann wird erst im August 1946 – gesundheitlich stark angeschlagen – aus russischer Kriegsgefangenschaft zurückkehren.

1 Otto Hofmann an Wassily Kandinsky, Brief v. 29. April 1935, Bibliothèque Kandinsky Paris, VK 187.

2 A. O.: Graphisches Schaffen der Gegenwart. Ausstellung des Jenaer Kunstvereins im Prinzessinnenschlößchen, in: *Jenaer Volksblatt* v. 22. Oktober 1935.

3 Hanna Hofmann an Oberbürgermeister Armin Schmidt, Brief v. 29. November 1935, SAJ, D Id 61, Bl. 66.

4 Hanna Hofmann-Stirnemann an Maren und Fritz Heide, Brief v. 25. Januar 1936, Privatbesitz.

5 Hanna Hofmann-Stirnemann an Maren und Fritz Heide, Brief o. Dat. [Januar 1936], Privatbesitz.

6 Hanna Hofmann-Stirnemann an Maren und Fritz Heide, Brief 25. Januar 1936, Privatbesitz.

7 Vgl. Hans Thiemann an Wassily Kandinsky, Brief »zum 4. Dezember 1935«, Bibliothèque Kandinsky Paris, VK 333.

8 Wassily Kandinsky an Hans Thiemann, Brief v. 2. Januar 1936, zit. nach: Beutler 1976, S. 158.

9 Vgl. Hans Thiemann an Wassily Kandinsky, Brief v. 28. Januar 1936, Bibliothèque Kandinsky Paris, VK 333.

10 Hanna Hofmann-Stirnemann an Maren und Fritz Heide, Brief v. 25. Januar 1936, Privatbesitz.

11 Vgl. *Weltkunst*, 11. Jg. 1937, Nr. 6 v. 7. Februar 1937, S. 3.

12 Hanna Hofmann-Stirnemann an Maren und Fritz Heide, Brief v. 2. April 1936, Privatbesitz.

13 Johanna Hofmann an das Entschädigungsamt Berlin, Briefdurchschlag v. 4. Februar 1954, LMO-HHS.

14 Hanna Hofmann-Stirnemann: Das lebendige Museum, in: *Geistige Arbeit. Zeitung aus der wissenschaftlichen Welt*, 3. Jg., Nr. 8 v. 20. April 1936, S. 9.

15 Wassily Kandinsky an Otto Hofmann, Brief v. 24. Juni 1935, in: Wiesler 1986, S. 93 sowie Wassily Kandinsky an Otto Hofmann, Brief v. 19. September 1937, ebd., S. 96.

16 Johanna Hofmann an das Entschädigungsamt Berlin, Briefdurchschlag v. 4. Februar 1954, LMO-HHS.

17 Vgl. Hanna Hofmann-Stirnemann, Lebenslauf, ca. 1956, Typoskript, LMO-HHS.

18 Johanna Hofmann an das Entschädigungsamt Berlin, Briefdurchschlag v. 4. Februar 1954, LMO-HHS.

19 Hanna Hofmann-Stirnemann, Typoskript, undat. [ca. Ende 1940], LMO-HHS.

20 Vgl. Otto Lindig an Hans-Peter Jakobson, Brief v. 11. April 1988, zit. nach: Jakobson 1990, S. 25. Vgl. die Abbildungen der gemeinsam geschaffenen Werke, ebd., Kat. 76–78.

21 Hanna Hofmann-Stirnemann: Der Grand Prix für Otto Lindig in Dornburg a. d. S., in: *Jenaische Zeitung* v. 10. Dezember 1937. Der Beitrag war mit einer Fotografie illustriert, welche die Bauhäuslerin Elsa Franke aufgenommen hatte. Franke war mit dem Maler Hans Thiemann liiert. Auch in Jena wird Lindig mit einer Ausstellung geehrt, vgl. Meisterwerke der Keramik von Otto Lindig im Prinzessinnenschlößchen, in: *Jenaer Volksblatt* v. 2. Mai 1939. Werner Meinhof und Otto Dorfner aus Weimar hatten Reden.

22 Hanna Hofmann: Die Eutiner Öfen nach Entwürfen von Wilhelm Tischbein, in: *Keramische Rundschau und Kunst-Keramik*, 45. Jg. 1937, Nr. 25, S. 277–279.

23 Hanna Hofmann-Stirnemann: Wesensmerkmale der Thüringer Volkskunst, in: *Geistige Arbeit. Zeitung aus der wissenschaftlichen Welt*, 5. Jg. 1938, Nr. 11, S. 1 f.

24 Hanna Hofmann-Stirnemann, Lebenslauf und Bildungsgang, 29. Mai 1951, LMO-HHS.

25 Vgl. Ankündigung des Vortrags, in: *Jenaer Volksblatt* v. 17. Mai 1941.

26 Vgl. Hofmann 2001.

27 Didier 1989.

28 Johanna Hofmann an das Entschädigungsamt Berlin, Briefdurchschlag v. 4. Februar 1954, LMO-HHS.

Die Heidecksburg in Rudolstadt, Postkarte, ca. 1957, Landesmuseum Kunst & Kultur Oldenburg

1945–1950

Beruflicher Neubeginn

Landesmuseumspflegerin von Thüringen und Direktorin des Schlossmuseums Rudolstadt

Nach dem Ende des Zweiten Weltkriegs wird Hanna Hofmann-Stirnemann rehabilitiert.[1] »Unbelastet« vom Nationalsozialismus wird die ungewöhnliche »Frau Doktor« im August 1945, nach dem Rückzug der US-Truppen und der Übergabe Thüringens an die Rote Armee, durch den Landrat des Kreises Stadtroda zur Bürgermeisterin von Hainichen berufen.[2] Im Februar 1946 wird sie Mitglied der Sozialdemokratischen Partei Deutschlands (SPD), die unter dem Druck der sowjetischen Besatzungsmacht im April 1946 mit der Kommunistischen Partei (KPD) zur Sozialistischen Einheitspartei (SED) zwangsfusioniert wird.

In diesem Frühjahr gelingt Hanna Hofmann-Stirnemann noch einmal die Rückkehr in ihren Beruf: Nachdem sie sich – offenbar ohne Erfolg – im Januar 1946 um die Leitung des Herzoglichen Museums in Gotha beworben hatte,[3] wird sie am 1. April 1946 zur Direktorin des Schlossmuseums Rudolstadt und Landesmuseumspflegerin von Thüringen ernannt.

Landesmuseumspflegerin

In der Funktion der Museumspflegerin ist Hofmann-Stirnemann für die Beratung von 102 Museen Thüringens zuständig und bereist von Mai bis November 1946 eine Vielzahl an Einrichtungen, um zunächst zu erkunden, welche Museen es noch gibt, wer ihre Leiter sind und über welche politische Vergangenheit diese verfügen. Zerstörungen der Museumsgebäude, zerstörte oder verschleppte Bestände: Die Probleme sind vielseitig und umfangreich. Mit Bahn und Auto besucht sie u. a. Altenburg, Apolda, Bad Liebenstein, Camburg, Eisenach, Gera, Gotha, Greußen, Schmalkalden, Weimar und Weida sowie ihre ehemaligen Wirkungsstätten in Greiz und Jena.

In ihrem ausführlichen »Bericht über die Museumsarbeit des Landes Thüringen seit 1945« schreibt sie:

»Mit den Bürgermeistern (z. T. Neubürgern) wurde über die Aufgaben und Ziele des betreffenden Museums gesprochen, seine Bedeutung für die demokratische Umerziehung und für eine lebensnahe Heimatkunde. [...] Bei diesen Besuchen war es häufig notwendig bei den örtlichen Instanzen mit gewissen nicht unberechtigten Vorurteilen aufzuräumen, die sich aus der Darbietung der Museen als Antiquitätenkabinetten, um nicht zu sagen Rumpelkammern, herausgebildet hatten. [...] Bei dieser ersten Überprüfung mußten die kleinen Museen auch vielfach noch von militaristischen und nazistischen Beständen gereinigt werden, die trotz vorausgegangener schriftlicher Aufforderung noch darin verblieben waren [...].
Eine Reihe von Museen, die als solche gemeldet waren, konnten nach dieser Besichtigung nicht mehr als Museen geführt werden wegen der Geringfügigkeit und Bedeutungslosigkeit ihrer Bestände, die mehr zufällig da zusammengekommen waren und keine sinnvolle Abfolge oder auch nur eine für den Ort bemerkenswerte Abteilung ergeben hätten. [...] Bei einer Reihe von Museen wurde die Anregung gegeben, die Abteilungen, die für den betr. Ort besonders charakteristisch sind, noch sinnfälliger und anschaulicher darzustellen und aufzubauen [...].

Hanna und Otto Hofmann im Innenhof der Heidecksburg, um 1948, Fotografie, Thüringer Landesmuseum Heidecksburg

> Manche Heimatmuseen wiederum, die durch Zufall ein Vermächtnis oder durch falsch geleiteten Sammeleifer Bestände besitzen, die dort ortsfremd oder beziehungslos sind, im Bestand eines größeren Museums (vor allem eines Zentralmuseums) jedoch eine wichtige Ergänzung bilden würden, wurden zu der Einsicht gebracht, diese Bestände abzugeben. (Das ist nicht immer leicht, weil Kirchturmpolitik, Mißtrauen der örtlichen Stellen gegen Zentralisierungsabsichten usw. oft sehr groß sind).«[4]

Unter den Bedingungen von Materialmangel, »Kälte und Stromsperren«, Einbrüchen »und ›Entnahmen‹ von Museumsgut durch die Besatzungstruppen«[5] berät sie ihre Kolleginnen und Kollegen zu Möglichkeiten der Aktualisierung der Präsentation und Verbesserung der Aufbewahrung der Bestände. Vor allem den kleineren Häusern gibt sie auch ein Schema zur Inventarisierung der Sammlungen an die Hand. Eine Besonderheit stellt die Bodenreform dar, durch die einst in fürstlichem Besitz befindliche Schlösser zu öffentlichen Museen und Kulturstätten werden.[6] Manch drängende Themen kann auch Hofmann-Stirnemann nur ins Ministerium ›mitnehmen‹, wie den Hinweis auf den Mangel an qualifizierten Mitarbeiterinnen und Mitarbeitern. Zur Lösung empfiehlt sie u. a., Kunstgeschichtsstudierende zur Katalogisierung von bislang nicht erfassten Beständen einzusetzen. Als erfahrene Museumsfrau konstatiert sie: »Auch eine das Auge führende Beschriftung wurde besprochen. Diese Hilfsstellung ist unerläßlich, da auch hier die ehrenamtlichen Leiter mehr heimatforschend oder kulturpolitisch interessiert und nur zum kleinen Teil künstlerisch begabt sind, jedoch eine museumstechnisch moderne Darbietung die Dinge erst optisch wirksam macht, damit sie im wörtlichen und übertragenen Sinne der *An*schauung dienen.«

Ist ein Museum eröffnungsbereit und von Hofmann-Stirnemann und ihren Kollegen überprüft, kann bei der Sowjetischen Militäradministration (SMA) ein Antrag auf (Wieder-)Eröffnung gestellt werden. Sofern keine Einwände bestehen, wird die Eröffnung von der Abteilung Volksbildung der Militäradministration angeordnet. Zum Teil kommt es dabei – wie Hofmann-Stirnemann berichtet – zu mehrmonatigen Wartezeiten: Von den einst 102 Museen in Thüringen werden, in ihrer Amtszeit, bis 1949 rund 60 wiedereröffnet.

Aufgrund ihres besonderen Engagements und ihrer außerordentlichen Leistungen wird Hofmann-Stirnemann vom thüringischen Volksbildungsministerium zum 1. September 1948 die ehrenamtliche Leitung des Museumsreferats übertragen.[7] Noch im selben Jahr begrüßt sie in dieser Funktion die Teilnehmer des von der Deutschen Verwaltung für Volksbildung in der Sowjetischen Besatzungszone durchgeführten Museumsleiterseminars, das vom 19. bis 24. September in Jena stattfindet. Theo R. Pianas Bericht über die Tagung ist voller Aufbruchspathos und knüpft an die Utopien der Museumsreformbewegung und die Avantgardekonzepte der Zwanziger Jahre an: »Den einzelnen Museumsleitern wird empfohlen, sich angesichts der immer noch schwierigen Arbeitsverhältnisse zu einem Block zusammenzuschließen, der, wenn nötig, Kritik an den Ministerien und an der Verwaltung für Volksbildung üben soll«, heißt es in der Vorstellung der Ergebnisse, die durch Fotografien der modernistischen Museumsinterieurs des Kölner Kunstgewerbemuseums und des Museums Folkwang aus der Weimarer Republik

Hanna und Otto Hofmann im Innenhof der Heidecksburg, um 1948, Fotografie, Landesmuseum Kunst & Kultur Oldenburg

illustriert ist, um die Diskrepanz zwischen der angestrebten Modernisierung und der Realität deutlich zu machen. Die Realität beschreibt Piana allerdings in düsteren Farben: »Überaltertes Personal, fehlender Nachwuchs, Mangel an jeglichem Material, an Glas, Baustoffen, Holz, Nägeln, Farbe, Pappe, scheint auf den ersten Blick ein unlösbares Problem; aber über allem steht die Forderung nach einer durchgreifenden Reform. [...] Die Museen sind keine Orte für gemütliche Bastelstunden oder Experimente einzelner weltfremder Träumer. [...] Allen kulturpolitisch verantwortungsbewußten Persönlichkeiten und Organisationen [...] muß jetzt zum Bewußtsein kommen, daß von ihrer Initiative und Tatkraft die Zukunft einiger unserer hervorragendsten und nach der Zerstörung wertvoller Kulturdenkmäler noch wichtiger gewordenen Bildungsstätten abhängt.«[8]

Im Januar 1949 lädt Hanna Hofmann-Stirnemann zu einer weiteren Museumleitertagung nach Weimar ein. Nach dem Tod des Germanisten und Archivdirektors Hans Wahl im Februar 1949 übernimmt sie vom März bis Mai des Jahres zudem die interimistische Leitung des Goethe- und Schiller-Archivs in Weimar.[9] Auch hier macht sie sich sofort mit den neuen Aufgaben vertraut und übernimmt die Beantwortung zahlreicher Benutzeranfragen.[10] So reagiert sie auf eine Anfrage aus Erfurt im April des »Goethe-Jahrs« 1949 hilfsbereit: »Nachstehend geben wir Ihnen folgende Literatur zu Ihrem Vortrag über ›Goethe als Jurist‹ bekannt [...].«[11]

Wie in Jena greift Hofmann-Stirnemann auch in Weimar das Thema Bestandsschutz auf und entwickelt in Zusammenarbeit mit der Kriminalpolizei Leitlinien, um die Sicherheit der Archivschätze zu verbessern.[12]

Aufgrund des »ständigen Eingreifen[s] der Besatzungsmacht und [der] Verständnislosigkeit der zuständigen Stellen des Volksbildungsministeriums«[13] legt sie das Amt der Museumspflegerin für Thüringen und Leiterin des Museumsreferats jedoch bereits Ende August 1949 nieder, um sich ganz auf ihre Arbeit in Rudolstadt zu konzentrieren.

Auch das Ausbleiben einer angemessenen Vergütung mag dabei eine Rolle gespielt haben: »In den anderen Ländern der Zone sind für diese Aufgabenbereiche 3 bezahlte Stellen vorhanden (Museumsleiter, Landesmuseumspfleger, Referent)«, hatte sie gegenüber dem Ministerium für Volksbildung im Mai 1949 argumentiert, »und ich bin grundsätzlich der Auffassung, daß in meinem Falle die Vergütung nicht der geleisteten Arbeit entspricht und damit auch nicht im Einklang steht mit der Verordnung der DWK [Deutsche Wirtschaftskommission] zur Verbesserung der wirtschaftlichen Lage der schaffenden Intelligenz.«[14]

Museumsdirektorin in Rudolstadt

Als Direktorin des Schlossmuseums auf der Heidecksburg kann sie an ihre Vorkriegstätigkeit in Jena anknüpfen. Aus dem ehemals fürstlichen Schloss entwickelt sie ein kunst- und kulturgeschichtliches Museum in historischen Schlossräumen, erweitert die Sammlungen, führt Ausstellungen und Veranstaltungen durch und richtet die Räume neu ein: »So ließ ich in Rudolstadt trotz großer Materialschwierigkeiten vier Räume für solche monatlich wechselnden

Vorzimmer zu den Festräumen, 1948 neu gestaltet. Venezianischer Kronleuchter aus farbigem Glas (Murano). Kultur- und kostümgeschichtlich interessante Bildnisse von Johann Christoph Morgenstern, dem Ahnherrn der bekannten Malerfamilie. Werke bedeutender Porträtdarsteller der Goethezeit: Gemälde von Johann Ernst Heinsius und Plastiken des in Rudolstadt in der Vorwerksgasse Nr. 6 geborenen Bildhauers Gottlieb Martin Klauer.

6

Wiederum, wie im „Klassizistischen Raum", einem gewandelten Lebensgefühl gemäß, das neue Kunstideal nach antikem Vorbild. Vor dem pompejanischen Rot der Wände stehen, jenem antiken Gipsabguß einer Thalia, geistig und in der Formensprache verwandt, Werke von Schadow, Rauch, Friedrich Thieck, dem Rudolstädter Gottlieb Martin Klauer sowie dem einst hier wirkenden Franz Kotta. Dieser Raum wurde 1950 neu gestaltet.

18

Sammlungsführer Staatliche Museen Heidecksburg, Rudolstadt 1951

…um Jahre 1941 führte dieses Bild, verborgen unter einer dicken Schmutz…ht, ein unerkanntes Dasein in einem Depot der Heidecksburg. Nach …r Restaurierung stand es außer Zweifel, daß hier ein bisher unbe…es Gemälde Caspar David Friedrichs in makelloser Schönheit wieder…nden war. Nicht das Abbild einer Landschaft der Sächsischen Schweiz …argestellt, sondern die Vision eines Berggipfels mit dem Kreuz auf …elsenspitze, umwallt von lichtfarbigen Nebelschleiern, da und dort …elgrüne Tannen, Klippen und Bodengelände freigebend, das Ganze …g gebaut nach einem inneren Bildgesetz. Das durchsichtige Blau …Himmels, der Durchbruch des Lichtes in den oberen Bildregionen …symbolisch gemeint als Hinwendung zur Transzendenz und Ausdeu… kosmischer und seelischer Zusammenhänge im Sinne der Romantik.

Zeitlich am Beginn einer Abteilung, die erweitert werden soll durch Werke zeitgenössischer Kunst, steht dieses Gemälde, das 1949 erworben wurde. Theodor Hagen zählt zu den bedeutendsten Landschaftsmalern des deutschen Impressionismus und wirkte seit 1871 bis zu seinem Tode an der Weimarer Kunsthochschule. Vor allem die Thüringer Landschaft mit ihren abwechslungsvollen Reizen hat er nah oder ins Weite blickend in seinen Bildern eingefangen. Der Beschauer geht in das Bild hinein, am Ilmufer entlang bis zu der Wegbiegung, die, vom formalen Bildaufbau her betrachtet, mit der rechten Uferseite einen Halbbogen umschreibt. Wie malerisch das flimmernde Farbenspiel, vom Wasser gespiegelt! Das Gold des Blattwerkes, der rot und violett ausgelegte Waldboden, der Wechsel von Licht und Schatten, alles ist verwoben zur herbstlichen Symphonie des Parkes.

29

Caspar David Friedrich, Morgennebel im Gebirge, 1808, Öl auf Leinwand, 71 × 104 cm, Thüringer Landesmuseum Heidecksburg

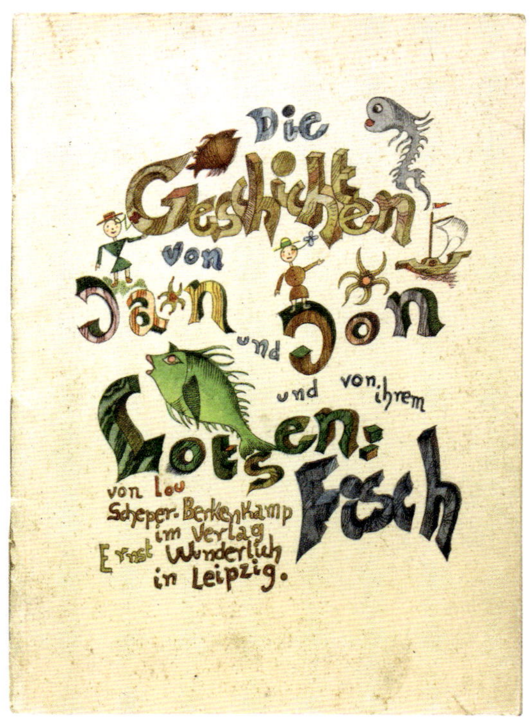

Lou Scheper-Berkenkamp, Die Geschichte von Jan und Jon und von ihrem Lotsen-Fisch, Leipzig 1948, Kunsthandel

Ausstellungen herrichten […]«,[15] berichtet sie. Und ferner: »Das Schlossmuseum zeigte zuvor außer den Rokoko-Festräumen die ehemals fürstlichen Wohnräume mit sehr heterogenen Beständen. Die letzteren wurden völlig umgestaltet und geben jetzt in ihrer räumlichen Abfolge ein Bild der Wohnkultur vom 16. bis 19. Jahrhundert.«[16] In Ergänzung der historisch ausgestatteten Schlossräume richtet sie eine Gemäldegalerie für Werke des 16. bis 20. Jahrhunderts ein. Das heute bekannteste Gemälde der Heidecksburg, Caspar David Friedrichs »Morgennebel im Gebirge«, das 1941 durch Walther Scheidig wiederentdeckt und in die Kunstsammlungen Weimar überführt worden war, holt sie nach Rudolstadt zurück. Den Gewölbesaal richtet sie als Vortragssaal für kulturelle und musikalische Veranstaltungen her. Ihr Mann Otto Hofmann übernimmt – als studierter Architekt – die Leitung der Restaurierungsarbeiten in den Stilräumen der Heidecksburg.[17] Ein von ihr verfasster Führer durch das neugestaltete Museum erscheint 1951, nach ihrer »Republikflucht«, ohne Nennung ihres Namens, aber – bis auf das Vorwort – offenbar inhaltlich unverändert.[18]

Wie schon Jahre zuvor in Jena gründet sie auch in Rudolstadt eine Arbeitsgemeinschaft »Museum und Schule«, um den Besuch von Schülergruppen zu befördern. Aufgrund der Vakanz der Leitung des – ebenfalls in dem Gebäudekomplex des einstigen Residenzschlosses angesiedelten – Naturhistorischen Museums übernimmt sie ab Oktober 1949 die Leitung des Gesamtkomplexes der Rudolstädter Museen in der Heidecksburg, die unter ihrer Leitung 1950 als »Staatliche Museen Heidecksburg« vereinigt werden.[19]

Als erste Sonderausstellung des Schlossmuseums zeigt Hofmann-Stirnemann 1947 die Ausstellung »Grafische Arbeiten von Käthe Kollwitz«, die am 8. Juli, dem 80. Geburtstag der 1945 verstorbenen Künstlerin, eröffnet wird. Hofmann-Stirnemann musste dabei allerdings die Erfahrung machen, dass »gerade die breiten Volksschichten den Wunsch äußerten, lieber Ausstellungen ansehen zu wollen, die ihnen nicht die eigene Daseinsnot vor Augen führte, sondern sie diese einmal vergessen lassen würden.«[20] Vom 17. August bis 14. September des Jahres folgte eine Ausstellung mit Gemälden, Aquarellen und Grafiken von Walther Klemm und Plastiken von Hugo Meisel.

Von Mai bis Juni 1948 zeigt sie – parallel zu dem Erscheinen der Kinderbücher *Die Geschichte von Jan und Jon und von ihrem Lotsen-Fisch*, *Knirps – ein ganz kleines Ding*, *Puppe Lenchen* und *Tönnchen, Knöpfchen und andere* im Leipziger Ernst Wunderlich Verlag – eine Einzelausstellung mit den avantgardistischen Bilderbuchillustrationen der ehemaligen Bauhäuslerin Lou Scheper-Berkenkamp, die ebenso wie Hanna Hofmann – die Zeit des Nationalsozialismus in der ›inneren Emigration‹ verbracht hatte. »Es gibt zwei Arten auf Katastrophen zu reagieren«, zitiert die Lektorin des Wunderlich Verlags die Bilderbuchkünstlerin in dem zur Ausstellung erschienenen Katalogheft: »man gerät außer sich oder man gerät in sich.«[21]

»Moderne Fibeln, das sind die Bilderbücher Lou Schepers, die nach zwölfjähriger Stauung nun hervorsprudeln […]. Die hier ausgestellten Beispiele geben nur einen vagen Begriff von der einzigartigen Synthese aus Ernst und Heiterkeit, Traum und Wirklichkeit, wie sie uns aus den Scheperschen Bilderbüchern entgegentritt«, erläutert Wintgen die Eigenart der gezeigten Illustrationsfolgen. Die Ausstellung zeigte sowohl die Illustrationen für die 1948 in Buchform erschienenen Bildergeschichten für Kinder als auch bis heute unpubliziert gebliebene Bilderfolgen für Erwachsene wie die »Von der Luftpost der Seligen und anderen himmlischen Einrichtungen« (1947).[22]

Vom 1. bis 31. Mai 1948 zeigt Hofmann-Stirnemann die Ausstellung »1848 – 100 Jahre Revolution« in Rudolstadt. In einer ersten Übersicht über »Museumswesen und Ausstellungen« der frühen Nachkriegszeit vermeldet das neugegründete »Informationsblatt« *Kunstchronik* 1948 über das »Staatliche Schlossmuseum auf der Heidecksburg« und dessen Aktivitäten:

> »Gebäude unbeschädigt. Die Bestände und die Festräume des 18. Jahrhunderts mit Wand- und Deckenmalereien sowie reicher Innenausstattung sind erhalten. Durch die Entnahme von Mobiliar sind geringe Verluste eingetreten. Die Gemäldegalerie mit Bildern des 17. bis 20. Jahrhunderts wird in Kürze eröffnungsbereit sein.
> Wechselausstellungen
> 1947: Arbeiten von Käthe Kollwitz, Walt[h]er Klemm, Hugo Meisel, Otto Mueller, Otto Dix, Otto Herbig.
> 1948: Heinrich Burkhardt, Eugen Dzimirsk[i]; ›Rudolstadt und die Revolution 1848‹; Lou Scheper-Berkenkamp und alte Kinderbilderbücher aus Museumsbesitz; Alexander von Szpinger; ›Niederländisches Volksleben vor 300 Jahren‹ (Kupferstiche von Jean Moyreau nach Gemälden von Philips Wou[w]erman, aus Museumsbesitz).«[23]

Vom Ende August bis Mitte Oktober 1949 realisiert Hofmann-Stirnemann eine Goethe-Ausstellung, zu der sie die Publikation »Rudolstadt zur Goethezeit« verfasst: »Mit über 4.300 Besuchen in zwei Monaten darf die Ausstellung des Schlossmuseums ›Rudolstadt zur Goethezeit‹ als ein schöner Erfolg gewertet werden«, meldet die *Thüringische Volkszeitung:* »Die Ausstellungsbesucher kamen zu einem nicht geringen Teil von auswärts, selbst aus den Westzonen. Der Besuch von 56 Schulklassen beweist, dass die Schulen die Ausstellung als wertvolles Bildungselement erkannt hatten. Umso bedauerlicher ist es, dass [...] gerade die Rudolstädter Schulen den Weg zur Heidecksburg gescheut haben und damit eine wohl nie wiederkehrende Gelegenheit vorübergehen ließen«.[24]

Im Juni und Juli 1950 präsentiert Hofmann-Stirnemann eine Einzelausstellung der ehemaligen Bauhäuslerin und Weberin Grete Wagner-Reichardt, die sie bereits aus ihrer Zeit in Jena kennt: »Ihr meisterliches Können auf technischem Gebiet in der Kombination verschiedenartiger Materialien und Gewebebindungen ließ sie im Farbigen wie im Bildaufbau freie, eigenschöpferische Leistungen vollbringen, die ihren Namen weithin bekannt machten«, schreibt Hofmann-Stirnemann in dem kleinen Katalogheft zur Schau.[25]

Eugen Dzimirski (Entwurf), Plakat zur Ausstellung »1848«, Staatliches Schlossmuseum Heidecksburg, Mai 1948, Thüringer Landesmuseum Heidecksburg

Plakat zur Ausstellung »Rudolstadt zur Goethezeit«, Staatliches Schlossmuseum Heidecksburg, August bis Oktober 1949, Thüringer Landesmuseum Heidecksburg

Grete Reichardt, Fischernetz, 1946/47, Gobelin, gewebt, 80 × 70 cm, Thüringer Landesmuseum Heidecksburg

Käthe Kollwitz, Mutter mit Kind auf dem Arm, 1910, Radierung, 19,5 × 13 cm, Thüringer Landesmuseum Heidecksburg

Ernst Barlach, Selbstbildnis I, 1928, Lithografie, ca. 45 × 32 cm, Thüringer Landesmuseum Heidecksburg

Einige der Sonderausstellungen bildeten den Anlass für bescheidene Neuerwerbungen: So erwarb Hofmann-Stirnemann 1947 die Radierung »Mutter mit Kind auf dem Arm« von Käthe Kollwitz. Eine im Juni 1948 gegründete Ankaufskommission, der neben Hofmann-Stirnemann auch Otto Hofmann, Herbert Kühnert, Hugo Meisel und Lisgreth Schwarz angehörten, sollte ferner den Aufbau einer »Galerie des 20. Jahrhunderts« ermöglichen, wie Stirnemann sie im Oldenburger Schloss kennengelernt hatte. Bescheidene Ankaufsmittel dafür stellte der Landkreis zur Verfügung, und Otto Hofmann wurde ermächtigt, auf einer Reise nach Berlin »im Namen der Kommission und im Rahmen der verfügbaren Mittel Verhandlungen zu führen und Ankäufe zu tätigen. Die anzukaufenden Werke sollen [...] einen Überblick geben über die verschiedenen Kunstrichtungen und künstlerischen Schaffensmöglichkeiten«.[26]

Otto Hofmann nutzte die Reisen nach Berlin nicht zuletzt zum Auf- und Ausbau seiner Kontakte zu der sich neu entwickelnden Kunstszene (West-) Berlins und seine Kontakte wiederum für die geplanten Erwerbungen: Schon im März 1947 hatte er seine eigenen Werke in einer Einzelausstellung der legendären, im August 1945 eröffneten Galerie Gerd Rosen am Kurfürstendamm zeigen können. Hans Thiemann hatte für das dazu erschienene Katalogheft den Text verfasst. Die Ankäufe eines vermeintlichen Aquarells von Otto Mueller, das dem Künstler inzwischen abgeschrieben werden musste, und der Radierung »Netzflickerinnen« von Max Liebermann für das Schlossmuseum Rudolstadt tätigte Otto Hofmann somit nicht zufällig bei der Galerie Rosen. Der von der Kommission erwogene Ankauf von Werken von Heinz Trökes, einem Mitbegründer der Galerie Rosen, und Paul Strecker kam jedoch nicht zustande. In der kurzlebigen Galerie Franz an der Berliner Kaiserallee erwarb Hofmann 1948 ein lithografiertes Selbstbildnis von Ernst Barlach von 1928.

Neben Arbeiten von Kollwitz, Liebermann und Barlach erwarb Hofmann-Stirnemann – abgesehen von Werken mit Bezug zum historischen Schloss – für das Museum auf der Heidecksburg vor allem Werke regionaler und zeitgenössischer Künstler. Der Erwerb des um die Jahrhundertwende 1900 entstandenen Gemäldes »Ilmpartie« von Theodor Hagen verweist auf die frühe Bedeutung Weimars als Kunstzentrum. 1947 kaufte sie u.a. zwei Porzellanfiguren des Rudolstädter Porzellankünstlers Hugo Meisel (1887–1966), der zu den Mitgliedern der Ankaufskommission gehörte, sowie mehrere Lithografien Walther Klemms und Otto Herbigs, die an der Weimarer Hochschule für Baukunst und bildende Kunst lehrten. Für Walther Klemm gibt es zudem den Hinweis, dass sein Aquarell »Eisfischer in Masuren« im Juni 1948 als erster »Ankauf für unsere Galerie des 20. Jahrhunderts« erworben wurde, es ist jedoch weder im Inventarbuch verzeichnet noch aufzufinden.[27] Von dem in Halle (Saale) tätigen Carl Crodel erwarb Hofmann-Stirnemann 1949 das Gemälde »Kinderprozession« (1947).

Die umfangreichste, bis heute in der Heidecksburg erhaltene Werkgruppe, die auf Hofmann-Stirnemanns Erwerbungen zurückgeht, stammt jedoch von Otto Lindig: Neun Vasen und Kannen aus der Zeit um 1930 bis um 1942 gelangten durch sie in die Sammlung.[28]

Das Wirken von Hofmann-Stirnemann, die voller Tatkraft und Ideen ist, sowohl für das Rudolstädter Museum als auch für Thüringen, findet Anerkennung in der Presse.[29] Andererseits zeichnet sich spätestens seit der Gründung der Deutschen Demokratischen Republik im Oktober 1949 ein politischer Wandel ab, der ihre gestalterischen Freiheiten und die Offenheit für moderne Strömungen der zeitgenössischen Kunst immer mehr einzuschränken beginnt: Seit Januar 1950 mussten »Kunstausstellung einschliesslich solcher Ausstellungen, die auch Erzeugnisse des Kunstgewerbes umfassen« beim Ministerium für Volksbildung angemeldet und von diesem genehmigt werden. Im März wurden von den Thüringer Museen Ausstellungen über die Aufbauerfolge seit 1945 gefordert. Anfang September 1950 verpflichtete das Ministerium »alle Theater, Museen und Bibliotheken« im Lande Thüringen, die Vorbereitungen für die am 15. Oktober stattfindenden (letzten) Landtagswahlen der DDR, denen die Einheitslisten der Nationalen Front zugrunde lagen, zu unterstützen: »Wir fordern deshalb alle Museen [...], einen Raum in der Nähe des Eingangs freizumachen und in diesem Raum einen Rechenschaftsbericht des entsprechenden Kreises, der Stadt, der Organisationen und Betriebe anzubringen«, hieß es in der entsprechenden »Rundverfügung«.[30] Am 26. September des Jahres wurde angeordnet, dass alle Theater, Museen und Ausstellungshäuser des Landes »auf die Agitation für die Wahlen« hin durch »Spruchbänder, Wandzeitungen und sonstige Sichtwerbung auszuschmücken« und in den Museen ab 1. Oktober Ausstellungen »über die Bedeutung der Wahlen« zu zeigen seien.[31]

Mit Hanna Hofmann-Stirnemanns Idealen einer Museumsreform in Hinblick auf ein ›Lebendiges Museum‹ waren diese Anforderungen kaum vereinbar. Auch das poetisch-ungegenständliche, am Vorbild Kandinskys orientierte Werk ihres Mannes, der seit seiner Rückkehr aus der Kriegsgefangenschaft gemeinsam mit ihr die geräumige Dienstwohnung auf der Heidecksburg bewohnt, ist aufgrund der einsetzenden Formalismusdebatte zunehmenden Anfeindungen ausgesetzt. In der Zeitung *Neues Deutschland*, dem Zentralorgan der Sozialistischen Einheitspartei Deutschlands (SED), wird im Juni 1950 – und somit nur 13 Jahre nach der nationalsozialistischen Aktion »Entartete Kunst« – verkündet, dass »die formalistischen Verirrungen und Spielereien nur Ausdruck spätbürgerlicher Ausweglosigkeit, Ausdruck der Auflösung und des Niedergangs der Kultur der kapitalistischen Gesellschaft« seien und die Zersetzung der Kultur der DDR fördern.[32] Wenige Tage später benennt Walter Ulbricht die »Überwindung des Formalismus« als eine der kulturellen Hauptaufgaben der jungen DDR.[33] Otto Hofmann wusste somit, dass er als Künstler in der DDR keine Zukunft haben würde.

Der Referent im Volksbildungsministerium Theo R. Piana, der Hofmann-Stirnemanns Leistungen außerordentlich schätzte, machte nach ihrer Republikflucht daher vor allem ihn dafür verantwortlich, dass das Ehepaar die DDR 1950 verließ: »Ihr Mann war expressionistischer Maler und vermochte sich mit dem Gedankengang der realistischen Kunstauffassung nicht zu befreunden«, erklärte er den Fortgang Hofmann-Stirnemanns gegenüber der Ministerin Marie Torhorst: »Er verblieb bei seiner volksfremden Arbeitsweise. [...] Ich bin der

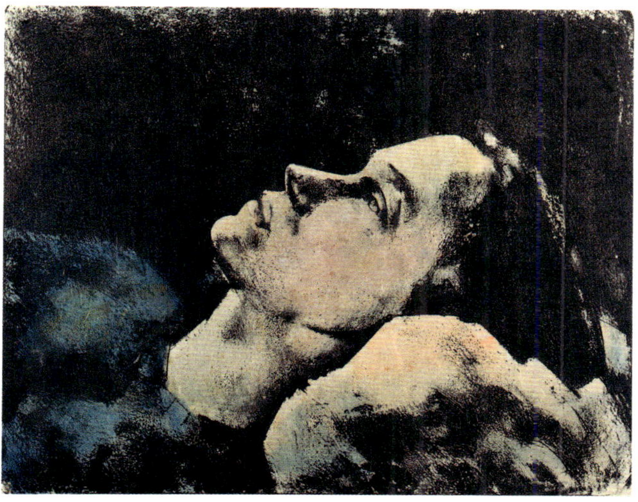

Otto Herbig, Liegende im Wald, 1928, Lithografie, handkoloriert, 40 × 50,5 cm, Thüringer Landesmuseum Heidecksburg

Walther Klemm, Illustrationen zu Goethes Faust I, Titelblatt mit persönlicher Widmung an Hanna Hofmann-Stirnemann, 1949, Lithografie, 53,5 × 38,5 cm, Thüringer Landesmuseum Heidecksburg

Carl Crodel, Kinderprozession, 1947, Öl auf Leinwand, 32 × 45 cm, Thüringer Landesmuseum Heidecksburg

Ansicht, daß es sich bei Frau H. nicht um eine Saboteurin oder Agentin handelt, sondern daß sie aus rein persönlichen Motiven gehandelt hat und bestimmt ihren Schritt heute wieder bereut.«[34]

In einer »Politischen Erklärung«, die sie 1951 verfasst, beschreibt Hofmann-Stirnemann selbst ihre Situation dieser Jahre wesentlich komplexer:

»Bis zum Jahre 1946 gehörte ich keiner politischen Partei an. Ich sah meine Aufgabe bis zu meiner Entlassung 1935 darin, parteilich ungebunden, in demokratischer Weise durch meine Arbeit im Museum und Kunstverein sowie an der Volkshochschule die Volksbildung zu fördern. Durch die politische Entwicklung und den kulturellen Niedergang sowie das unglückliche Schicksal vieler meiner nächsten Freunde in den Jahren 1933 bis zum Kriegsende glaubte ich mit meinem Beitritt in die SPD zu meinem Teil aktiv dazu beitragen zu helfen, eine Wiederholung solch unheilvollen Geschehens künftig zu verhindern.
Bei der Verschmelzung der SPD mit der KPD zur SED übersah ich die daraus entstehenden Folgen noch nicht. […] Immer klarer aber erkannte ich die Zwiespältigkeit zwischen meiner parteipolitischen Bindung und meiner grundsätzlich anderen Auffassung von Humanismus und christlicher Weltanschauung.
So benützte ich mein Amt und sah es als meine Aufgabe an, die grossen Mengen von Kunstgut, die einesteils durch den Krieg verschleppt, anderenteils durch die planlos durchgeführte Bodenreform gefährdet

Otto Hofmann, Variationen. 6 Holzschnitte (Einband der Mappe), 1948, Holzschnitt, 28,8 × 21,7 cm, Landesmuseum Kunst & Kultur Oldenburg

Otto Hofmann, ohne Titel (aus dem Mappenwerk: Variationen. 6 Holzschnitte), 1948, Holzschnitt, handkoloriert, 13 × 15 cm, Landesmuseum Kunst & Kultur Oldenburg

Hanna Hofmann in ihrer Dienstwohnung in der Heidecksburg in Rudolstadt, um 1949, Fotografie, Thüringer Landesmuseum Heidecksburg

Otto Hofmann in seinem Atelier in der Heidecksburg in Rudolstadt, um 1949, Fotografie, Thüringer Landesmuseum Heidecksburg

Hanna und Otto Hofmann in der Dienstwohnung in der Heidecksburg in Rudolstadt, rechts an der Wand u.a. Paul Klees Lithografie »Hoffmanneske Szene«, um 1949, Fotografie, Thüringer Landesmuseum Heidecksburg

Hanna und Otto Hofmann in ihrer Dienstwohnung in der Heidecksburg in Rudolstadt, auf dem Bücherregal u. a. die »Schreitende Löwin« von Gerhard Marcks, um 1949, Fotografie, Thüringer Landesmuseum Heidecksburg

Otto Hofmann in der gemeinsamen Wohnung in der Heidecksburg in Rudolstadt, an der geschlossenen Durchgangstür: Plakate der Galerie Rosen (1947) und der Galerie Otto Ralfs (1949), um 1949, Fotografie, Thüringer Landesmuseum Heidecksburg

Blick in die Wohnung von Otto und Hanna Hofmann in der Heidecksburg in Rudolstadt, links an der Wand Kandinskys Lithografie »Komposition«, um 1949, Fotografie, Thüringer Landesmuseum Heidecksburg

Wassily Kandinsky, Komposition, 1922, Farblithografie, 27,6 × 23,9 cm

waren, zu retten und einer Reihe von Menschen, die davon betroffen waren, beizustehen.
Durch die künstlerische Arbeit meines Mannes und die Diffamierung der von ihm vertretenen Kunstrichtung und ihre politische Verdächtigung als ›Amerikanistisch‹, ›westlerisch‹, ›dem Imperialismus Vorschub leistend‹ u.a.m., sowie die Tatsache, dass Bilder von ihm von westdeutschen Museen angekauft und auf Ausstellungen in Westberlin und Westdeutschland gezeigt worden waren, wurde der Konflikt nach aussen hin offenbar.

Immer unausweichlicher wurde ich in meiner Stellung zu politischen Aussagen gedrängt, die ich innerlich nicht hätte verantworten können. [...] Erst als eine Warnung von uns wohlgesinnter Seite kam, es sei etwas gegen uns im Gange und ratsam, schnell wegzugehen, entschlossen wir uns, um einer Freiheitsberaubung zu entgehen, wie sie schon viele Menschen in solcher Situation getroffen hatte, Rudolstadt unter Zurücklassung fast unseres ganzen Besitzes zu verlassen.«[35]

Für Hofmann-Stirnemann, deren Herz an ihrer thüringischen Heimat hängt, und Otto Hofmann wird die Situation im Laufe des Jahres 1950 unhaltbar: Aufgrund der zunehmenden politischen Vorgaben und der konkreten »Gefahr der Freiheitsberaubung«[36] flieht sie mit ihrem Mann und unter Zurücklassung fast ihres gesamten Hausstandes sowie nahezu aller Bilder Otto Hofmanns, am 7. Oktober 1950 nach West-Berlin, wo sie zunächst bei Wilhelm Wagenfelds erster Frau Else in Berlin-Schlachtensee unterkommt.

Paul Klee, Hoffmanneske Szene, 1921, Federlithografie von drei Steinen, 31,6 × 23 cm, Landesmuseum Kunst & Kultur Oldenburg

Paul Klee, Die Heilige vom inneren Licht, 1921/22, Lithografie, aus der Mappe »Bauhaus-Drucke. Neue Europäische Grafik.« Erste Mappe: Meister des Staatlichen Bauhauses in Weimar, 31 × 17,5 cm

Otto Lindig, Vasen und Krüge, 1937–1946, Steinzeug, Höhen 10,2–24 cm, Thüringer Landesmuseum Heidecksburg

Der gemeinsamen Freundin Hannah Katz (1904–1969),[37] die während des Nationalsozialismus aufgrund antisemitischer Verfolgung von Jena über Großbritannien nach New York geflohen war, berichtet Otto Hofmann in den Tagen der Fluchtvorbereitung aus West-Berlin:

> »nächste woche will ich nach stuttgart fahren um mich mit dem maler baumeister zu beraten. alles ist sehr schwer aber dort in R[udolstadt] zu bleiben unmöglich. ich halte mich immer abwechselnd in berlin und R. auf, noch ist Hanna […] dort tätig und unser fortgang muss heimlich geschehen. bei meinen hin und herfahrten nehme ich immer notwendige bekleidungsstücke mit. in der letzten woche hat sich nun gezeigt daß es nicht möglich ist etwas zu retten, denn unsere wohnung wie auch hannas stellung sind zu exponiert. so werden wir alles verlieren bis auf wenige koffer voll kleidung und wäsche die ich hier nach westberlin brachte. das alles schmerzt mich nicht, wären es nicht 6 große kisten mit bildern, beispiele für meine arbeit in den letzten 17 jahren. […] oft erfasst mich angst dann aber wieder sehe ich mit großem mut in die zukunft. denn ich denke alles schwere ist leichter als diese verstrickung ins böse in die wir gekommen sind, die das leben so elend macht.«[38]

Seinem Schreiben fügt er eine Bitte bei: »schick und schreibe nicht mehr nach R. denn wir werden nach aller voraussicht nicht mehr lange da sein. schreibe an die adresse Else Wagenfeld, berlin, schlachtensee seesteig 20 auch nicht mit unserem namen da wir hier nicht angemeldet sind.«

Wenig später ist es soweit. Ihren »lieben Mitarbeitern« der Museen in der Heidecksburg hinterlässt die 50-jährige Hanna Hofmann-Stirnemann einen eindringlichen Brief:

»Wenn Sie diesen Brief bekommen, habe ich Rudolstadt und meinen dortigen Wirkungskreis verlassen und Sie können sich denken, daß mir dieser heimliche Abschied besonders schwer geworden ist, denn wie gern hätt ich jedem Einzelnen von Ihnen die Hand gedrückt, Ihnen gedankt für Ihre gute Mitarbeit, Ihren Einsatz für die schöne Aufgabe und unsere treue Gemeinsamkeit. Wie sehr hätte ich gewünscht, daß es noch lange so hätte bleiben können angesichts der vielen Aufgaben, die wir noch zusammen bewältigen wollten.
Aus der letzten Betriebsversammlung erfuhren Sie von mir, mit welchen Widerständen ich seit Jahren zu kämpfen hatte, welche ungreifbaren Verleumdungen, Drohungen, Anzeigen usw. […] gegen unsere Arbeit und meinen Mann und mich ständig in Szene gesetzt wurden, wo es sich für uns doch niemals um persönliche Interessen, sondern um den Wiederaufbau der Museen gehandelt hat. […] Noch wissen wir nicht, wo wir einen neuen Wirkungskreis finden werden, und wir haben ja auch von unserem Eigentum fast nichts mitnehmen können, aber wir haben ja schon einmal in der Nazizeit es 10 Jahre lang wirtschaftlich so schwer gehabt und keine Existenzangst, wohl aber Angst vor jenen dunklen Mächten der Lüge und Verleumdung, die uns in Rudolstadt das Leben verbitterten, und gegen die wir machtlos sind.«[39]

Zwei Tage später meldet der Verwaltungsleiter der Staatlichen Museen dem Ministerium für Volksbildung das Ausbleiben der Direktorin: »Frau Dr. Hofmann-Stirnemann [ist] weder gestern noch heute zum Dienst erschienen. Nach ihren Äußerungen war anzunehmen, daß sie mit ihrem Gatten einen Besuch in Jena beabsichtigte. Da eine Nachricht über den Verbleib nicht vorlag, wurde heute die Kriminalpolizei verständigt. Nach Öffnung der Wohnung stellte diese fest, daß beide nicht anwesend sind und auch keine Nachricht über ihren Verbleib zu finden war.«[40] Die Landesstelle für Museumspflege meldete Hofmann-Stirnemann daraufhin am 18. Oktober als »flüchtig«.[41] Die Museen in der Heidecksburg werden daraufhin zunächst geschlossen, bis Hugo Meisel die Nachfolge Hofmann-Stirnemanns übernimmt.

Die außerordentliche Wertschätzung, die sie bis dato bei den Vertretern einer progressiven Kulturpolitik genoss, verdeutlicht die Reaktion des Referenten im Thüringischen Ministerium für Volksbildung Theo R. Piana, der noch nach ihrer Republikflucht Hanna Hofmann-Stirnemann in Schutz nahm: »Frau Dr. H., man kann es durchaus sagen, gehörte [...] zu den fortschrittlichsten Museumsleitern Thüringens. Dies geht klar aus den Protokollen der von ihr geleiteten ersten Museumsleitertagungen in Jena und Weimar 1948 und 1949 hervor. [...] Damals wirkte der Vorstoß der Frau Dr. H. beinahe revolutionär bei all den alten und rückständigen Museumsleuten.«[42]

1 Vgl. Entnazifizierungsfragebogen Johanna Hofmann v. 1. August 1945, LATh – HStA Weimar, Personalakten aus dem Bereich Volksbildung Nr. 11891, Bl. 3r-4v.

2 Der Landrat des Kreises Stadtroda, Beschluss v. 23. August 1945, Abschrift, LMO-HHS.

3 Hanna Hofmann-Stirnemann, Bewerbungsschreiben v. 5. Januar 1946, LATh – HStA Weimar, Personalakten aus dem Bereich Volksbildung Nr. 11891, Bl. 15r.

4 Hanna Hofmann-Stirnemann: Bericht über die Museumsarbeit des Landes Thüringen seit 1945, undat. Typoskript [ca. 1948], LMO-HHS.

5 Vgl. Möller 2000, S. 18.

6 Sie erwähnt u. a. Poschwitz, Großkochberg, Burgk, Lemnitz, Windischleuba, Drackendorf, Wolkramshausen. Die Verwertung der Kunst und Altertümer oblag dem Kunsthistoriker und Stirnemanns ehemaligem Kommilitonen Franz Trautwein (der 1928 Assistent bei Paul Weber war, als Vorgänger Stirnemanns als Geschäftsführer des Jenaer Kunstvereins tätig war und sich auf die Nachfolge Meinhofs in Oldenburg beworben hatte, vgl. LMO-A 160).

7 Ministerium für Volksbildung des Land Thüringen an Hanna Hofmann-Stirnemann, Brief v. 30. August 1948, LMO-HHS.

8 Vgl. Theo R. Piana: Zur Museumsreform in Thüringen. Ergebnisse des Museumsleiterseminars in Jena, in: Geraer Museum im Aufbau, Gera 1949, S. 22–29, hier S. 28 f. In einem Brief an die Landesleitung der SED bekundet Piana nach Hofmann-Stirnemanns Verlassen der DDR, dass es sich bei den wiedergegebenen Beschlüssen um ihre Formulierungen gehandelt habe (vgl. Piana an die Landesleitung der SED, Abteilung Kultur und Erziehung, Herrn Dr. Wiese, Brief v. 6. Dezember 1950, Thüringer Staatsarchiv Rudolstadt – Landesarchiv Thüringen, Bezirkstag und Rat des Bezirkes Gera 17331. Für die Mitteilung des Zitats danken wir Sabrina Lüderitz.). Diese Behauptung lässt sich durch das von der Deutschen Verwaltung für Volksbildung versandte Beschlussprotokoll indes nicht belegen, vgl. Brandenburgisches Landeshauptarchiv, Rep. 205 A, Ministerium für Volksbildung, Nr. 647.

9 Hanna Hofmann-Stirnemann, Lebenslauf und Bildungsgang, 29. Mai 1951, LMO-HHS. Vgl. LATh – HStA Weimar, Personalakten aus dem Bereich Volksbildung Nr. 11892.

10 Im Goethe- und Schiller-Archiv der Klassik Stiftung Weimar ist ihre Tätigkeit in dieser Zeit belegt. Die Akten sind jedoch noch nicht erschlossen, vgl. Klassik Stiftung Weimar, Goethe Schiller Archiv (im Folgenden: KSW, GSA), Sign. 150/A78 und 150/A771.

11 Hanna Hofmann-Stirnemann an Hellmut Neumann, Brief v. 2. April 1949, KSW, GSA, 150, A 771.

12 Vgl. Hanna Hofmann-Stirnemann, Notiz v. 4. März 1949, KSW, GSA, 150/A 78, Bl. 317.

13 Hanna Hofmann-Stirnemann an Marie Torhorst, Brief v. Oktober 1950, zit. nach Möller 2000, S. 25. In ihrem Rücktrittsgesuch an Ministerin Torhorst vom Juni 1949 gibt sie zunächst gesundheitliche Gründe an, vgl. Hanna Hofmann-Stirnemann an Marie Torhorst, Brief v. 9. Juni 1949, LATh – HStA Weimar, Personalakten aus dem Bereich Volksbildung Nr. 11891, Bl. 21r. Dies war nach der Republikflucht nicht mehr notwendig.

14 Vgl. Hanna Hofmann-Stirnemann an das Ministerium für Volksbildung, Festsetzung meiner Vergütung v. 7. Mai 1949, LATh – HStA Weimar, Personalakten aus dem Bereich Volksbildung Nr. 11892, Bl. 30r. Die »Verordnung über die Erhaltung und die Entwicklung der deutschen Wissenschaft und Kultur, die weitere Verbesserung der Lage der Intelligenz und die Steigerung ihrer Rolle in der Produktion und im öffentlichen Leben« v. 31. März 1949 war am 21. April im *Zentralverordnungsblatt für die sowjetische Besatzungszone in Deutschland* veröffentlicht worden.

15 Hanna Hofmann-Stirnemann: Bericht über die Museumsarbeit des Landes Thüringen seit 1945, undat. Typoskript [ca. 1948], LMO-HHS.

16 Hanna Hofmann-Stirnemann, Lebenslauf und Bildungsgang, 29. Mai 1951, LMO-HHS.

17 Otto Hofmann erhält 1.009,75 Mark für die »künstlerische überwachung« und »leitung der restaurationsarbeiten in den stilräumen der heidecksburg«, vgl. Otto Hofmann an das Kreishochbauamt Rudolstadt, Abschrift der Rechnung v. 3. Oktober 1950, LMO-HHS. Die Rechnungs-

abschrift aus der Zeit nach der ›Republikflucht‹ enthält den Hinweis auf die Abtretung der Forderung an Anna Hofmann, seine Mutter.

18 [ohne Nennung der Autorin] Staatliche Museen Heidecksburg, hg. v. Staatliche Museen Heidecksburg, Rudolstadt 1951. Vgl. auch Angaben dazu in: Hanna Hofmann-Stirnemann, Lebenslauf und Bildungsgang, 29. Mai 1951, LMO-HHS.

19 Möller 2000, S. 21.

20 Hanna Hofmann-Stirnemann: Bericht über die Museumsarbeit des Landes Thüringen seit 1945, undat. Typoskript [ca. 1948], LMO-HHS.

21 Lou Scheper-Berkenkamp, Kat. Kunstausstellung Mai bis Juni 1948, Staatliches Schlossmuseum Rudolstadt, o. Pag.

22 Vgl. Scheper 2012, S. 32.

23 Museumswesen und Ausstellungen, Rudolstadt in Thüringen, in: *Kunstchronik*, 1. Jg. 1948, H. 11, S. 7 f.

24 Erfolgreiche Goetheausstellung, in: *Thüringische Volkszeitung*, Nr. 259 v. 5. November 1949, Nr. 259.

25 Grete Wagner-Reichardt, Kat. Kunstausstellung Juni bis Juli 1950, Staatliches Schlossmuseum Rudolstadt, o. Pag.

26 Der Museumspfleger des Landes Thüringen Rudolstadt-Schloßmuseum, Ermächtigung zum Ankauf von Werken für die Galerie des 20. Jahrhunderts v. 16. Juni 1948, Thüringer Landesmuseum Heidecksburg, Archiv.

27 Hanna Hofmann-Stirnemann an Walther Klemm, Brief v. 22. Juni 1948, Thüringer Landesmuseum Heidecksburg, Archiv.

28 Vgl. Jakobson 1990, Kat. Nr. 51, 80, 144–150.

29 Rudolstädter Museen vorbildlich für Thüringen, in: *Thüringische Volkszeitung* v. 5. November 1949.

30 Ministerium für Volksbildung, Rudolph, Rundverfügung 152/50 v. 3. September 1950, Rat der Stadt Erfurt, Abteilung Kultur, Angermuseum. Schriftverkehr mit dem Ministerium für Volksbildung in Weimar 1946–1950, Stadtarchiv Erfurt 1-5/3813-8111, für die Mitteilung des Zitats danken wir Katharina Taxis.

31 Ministerium für Volksbildung, Rudolph, Rundbrief v. 26. September 1950, ebd.

32 Alexander Abusch: Aktuelle Fragen unserer Kulturpolitik, zit. nach: Schubbe 1972, S. 140–144, hier S. 142.

33 Walter Ulbricht: Welches sind die Hauptaufgaben auf dem Gebiet der Kultur?, zit. nach: ebd., S. 149–151.

34 Theo R. Piana an Ministerin Marie Torhorst, Brief v. 16. November 1950, Thüringer Staatsarchiv Rudolstadt – Landesarchiv Thüringen, Bezirkstag und Rat des Bezirkes Gera 17331. Für die Mitteilung des Zitats danken wir Sabrina Lüderitz.

35 Hanna Hofmann-Stirnemann, Politische Erklärung v. 16. Januar 1951, LMO-HHS.

36 Hanna Hofmann-Stirnemann: Lebenslauf und Bildungsgang, 1951, LMO-HHS.

37 Hannah Katz, geb. Labus, die 1930 Mitglied im Museumsverein Jena geworden war, vgl. SAJ, D Vb Nr. 4, Bl. 62. Sie emigrierte 1939 nach Großbritannien und 1943 weiter in die USA.

38 Otto Hofmann an Hannah Katz, undatiertes Brieffragment [ca. 1950], LMO-HHS.

39 Hanna Hofmann-Stirnemann an ihre Mitarbeiter, zu Händen der Betriebsgewerkschaftsleitung der Staatlichen Museen Heidecksburg v. 8. Oktober 1950, Abschrift, Thüringer Landesmuseum Heidecksburg, Archiv.

40 Staatliche Museen Heidecksburg, [Otto] Thon, an das Ministerium für Volksbildung, Brief v. 10. Oktober 1950, LATh – HStA Weimar, Personalakten aus dem Bereich Volksbildung Nr. 11892, Bl. 2r.

41 LATh – HStA Weimar, Personalakten aus dem Bereich Volksbildung Nr. 11892, Bl. 2v.

42 [Theo R.] Piana an die Landesleitung der SED, Herrn Dr. Wiese, Brief v. 6. Dezember 1950, zit. nach Möller 2000, S. 26.

Leben in West-Berlin und Arbeit für den Werkbund

1950–1996

Johanna Hofmann, Berlin, 1955, Fotografie, Landesmuseum Kunst & Kultur Oldenburg

Am 17. Oktober 1950 – wenige Tage nach Hofmann-Stirnemanns 51. Geburtstag – erhalten Hanna und Otto Hofmann durch den Magistrat von Groß-Berlin die Anerkennung als politische Flüchtlinge und einige Monate später die unbefristete Zuzugsgenehmigung, wobei ihnen ihr kulturelles Engagement zu Gute gehalten wird. Der befreundete Bauhaus-Kommilitone Otto Hofmanns, Hubert Hoffmann, der bereits 1949 von Weimar nach West-Berlin übergesiedelt war, erinnert an den Exodus der Vertreter der künstlerischen Avantgarde und Abstraktion aus der frühen DDR: »man bewegte sich in den vorstellungen stalins von bildender und darstellender kunst, die denen des dritten reiches überraschend ähnelten. wir waren vom regen in die traufe geraten [...] will grohmann, [gustav] hassenpflug, dr. hanna und ott[o] hof[]mann, [otto] lindig, [alfred] arndt, [curt] lahs – die führenden bildenden künstler verließen im laufe der nächsten zwei jahre die ostzone«.[1]

Ihr Hab und Gut hatten Hanna und Otto Hofmann fast vollständig in Rudolstadt zurücklassen müssen. Nach langwieriger Prüfung durch die Volkspolizei werden die Reste das Hausstandes im Frühjahr 1951 freigegeben, von Otto Hofmanns Eltern abgeholt und nach Jena verbracht. Neben Möbeln und Einrichtungsgegenständen zählt das Protokoll der »Übergabe-Verhandlung« zwischen den Staatlichen Museen Heidecksburg und Otto Hofmanns Mutter Anna Porzellanplastiken von Ernst Barlach und Gerhard Marcks sowie grafische Blätter von Karl Hartung, Juro Kubicek, Hans Thiemann, Heinz Trökes und Mac Zimmermann auf.[2]

Neustart und Entschädigung

Der berufliche Neustart in West-Berlin ist für Hanna Hofmann schwer, doch im Frühjahr 1951 findet sie, die sich fortan Johanna Hofmann nennt, eine neue Anstellung: Ab 9. April ist sie im Rahmen des Notstandsprogramms infolge der vorangegangenen Berlin-Blockade als Kunsthistorikerin beim Bildarchiv der Berliner Landesbildstelle und beim Bildarchiv des Senators für Kreditwesen beschäftigt.

Diese Tätigkeit übt sie bis etwa Ende 1953 aus. Im Zentrum ihrer Arbeit stehen dabei die wissenschaftliche Identifizierung und Bestimmung der reichhaltigen Bestände an Negativen aus unterschiedlichsten Gebieten der bildenden Kunst, die bis dahin weder katalogisiert noch registriert und dadurch so gut wie unbenutzbar gewesen waren.[3]

Im März 1952 stellt sie einen Antrag auf Entschädigung beim zuständigen Amt in Berlin. Da den Behörden ein »klar ersichtlicher« Grund für ihre Kündigung in Jena fehlt, holt Johanna Hofmann zu einem längeren Erklärungsschreiben aus.[4] Etliche Beteiligte und Zeitzeugen sind inzwischen verstorben oder verschollen. Dennoch kann sie eine Reihe von Fürsprechern anführen, so den Kunsthistoriker und ehemaligen Kommilitonen Hans Junecke, der ebenfalls aus der DDR nach West-Berlin geflohen war, die Tochter ihres Amtsvorgängers Paul Weber in Jena, Käthe Weber, Marianne Steiniger und die nach New York emigrierte befreundete Weggefährtin und Ärztin Hannah Katz (geb. Labus). 1958 wird ihr schließlich eine Entschädigung wegen »Schadens im beruflichen Fortkommen« in Höhe von 9000 DM gewährt.[5]

Zu den – durch ihre Flucht aus der DDR verursachten – Verlusten zählen ihre Bibliothek und die in Rudolstadt zurückgelassene gemeinsame Kunstsammlung, zu der laut Johanna Hofmanns Aufstellung zwei Landschaftsgemälde von Gabriele Münter, vier der fünf erschienenen Bauhausmappen,

Kandinskys Mappe »Kleine Welten«, druckgrafische Einzelblätter von Hans Arp, Max Ernst und Kurt Schwitters, die Porzellanfiguren »Schreitende Löwin« von Gerhard Marcks und »Sitzende Bettlerin« von Ernst Barlach sowie rund 30 Keramiken von Otto Lindig zählten,[6] die zum Teil auf den Fotografien der Rudolstädter Wohnung zu erkennen sind. Das Haus des Paares in Hainichen, das die beiden nicht verkauft hatten, wird in den langen Jahren der DDR geplündert und als Steinbruch für Baumaterialien ausgeschlachtet, erinnert Otto Hofmanns zweite Frau an einen Besuch nach dem Fall der Mauer.

Nach notdürftigen Etappen in Berlin-Schlachtensee und in -Dahlem findet Johanna Hofmann 1954 eine Wohnung in einem Neubau in der Cauerstraße 30a in Berlin-Charlottenburg. Dem befreundeten Wilhelm Wagenfeld berichtet sie 1955: »Seit einem Jahr habe ich wieder eine Wohnung, nachdem ich 1950 nur mit einem Handköfferchen herüber kam.«[7] Und, wenige Wochen später: »Das geistige u. politische Klima ist hier wohl noch am gesündesten, u. wenn ich schon nicht mehr in Thüringen sein kann, dann möchte ich in Berlin bleiben.«[8]

In der Cauerstraße wird sie, unterbrochen von zahlreichen Reisen ins Ausland – so zu Hannah Labus nach Amerika sowie Aufenthalten bei Otto Hofmann im Tessin und an der ligurischen Küste – bis zum Ende ihres Lebens wohnen. Im selben Haus lebt auch ihr einstiger Kommilitone Hans Junecke, der zu einem ihrer engsten Freunde wird.

Die Ehe zu Otto Hofmann hält indes nicht. Nach innerer Emigration, Kriegsdienst und seiner Flucht aus der DDR will sich Otto Hofmann nicht an Berlin binden; ihn zieht es nach Paris, Brüssel und wieder ins Tessin. Im April 1956 lassen sich Hanna und Otto Hofmann scheiden;[9] 1963 heiratet er erneut. Doch mit ihrem ›Lebensmenschen‹ und dessen zweiter Frau Marianne bleibt Johanna Hofmann bis zu seinem Tod im Juli 1996 in Freundschaft verbunden.

Deutscher Werkbund Berlin

Nach einer kurzen Probezeit ist Johanna Hofmann ab 1. April 1954 halbtags als Geschäftsführerin für den Deutschen Werkbund Berlin e. V. tätig. Aus der zunächst befristeten Tätigkeit wird schließlich eine 13-jährige Anstellung. Zudem übernimmt sie einen Lehrauftrag an der »Meisterschule für das Kunsthandwerk«, der von Semester zu Semester bewilligt werden muss. Hier hält sie u.a. eine Vorlesung über »Die Geschichte des Kunsthandwerks unter besonderer Berücksichtigung der soziologischen Verhältnisse«.

Johanna Hofmanns Arbeit für den von dem Landschaftsarchitekten Walter Rossow geleiteten Berliner Werkbund, der 1949 von Heinrich Tessenow neugegründet worden war und 1955 60 Einzel- und vier Firmenmitglieder zählt,[10] erfüllt sie mit Genugtuung. Als Geschäftsführerin kann sie wieder ihren Interessen nachgehen und in ihrem Berufsfeld arbeiten: Sie organisiert Ausstellungen, publiziert und hält Vorträge. Zu ihren Arbeitsschwerpunkten gehören erneut das Kunsthandwerk und Design der Gegenwart. Insbesondere die Vorbereitung von Ausstellungen bereitet ihr großes »Spassvergnügen«, »da ich doch nach der Zonenflucht erst ein bisschen auf Eis gelegen habe. Die Arbeit wird zunehmend initiativer […]«, berichtet sie Wilhelm Wagenfeld im

BESCHEINIGUNG

über die

Anerkennung als

politischer Flüchtling

Nr. 021 / 50

Gilt nicht als Personalausweis

Bescheinigung für Johanna Hofmann über die Anerkennung als politischer Flüchtling, Magistrat von Groß-Berlin, 17. Oktober 1950, Landesmuseum Kunst & Kultur Oldenburg

Name und Vorname: Dr. Hofmann, Johanna

(bei Frauen auch Geburtsname)

Geb.-Tag u. -Ort: 12.10.1899

Staatsangehörigkeit: Deutsch

Familienstand: verh.

Kinder unter 15 Jahren: keine

Dr. Johanna Hofmann

(Eigenhändige Unterschrift)

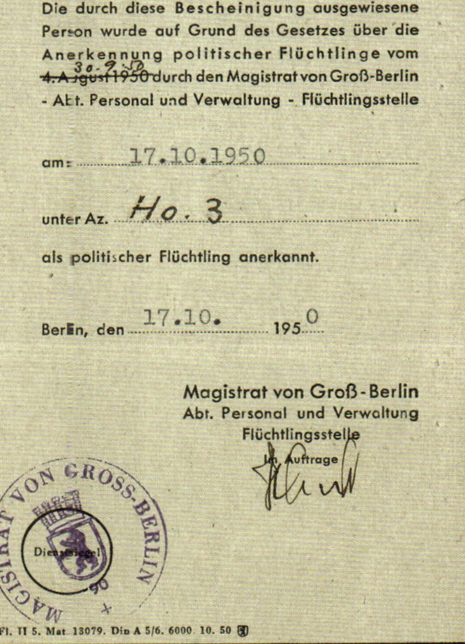

Die durch diese Bescheinigung ausgewiesene Person wurde auf Grund des Gesetzes über die Anerkennung politischer Flüchtlinge vom ~~4. August 1950~~ 30.9.50 durch den Magistrat von Groß-Berlin - Abt. Personal und Verwaltung - Flüchtlingsstelle

am: 17.10.1950

unter Az. Ho. 3

als politischer Flüchtling anerkannt.

Berlin, den 17.10. 1950

Magistrat von Groß-Berlin
Abt. Personal und Verwaltung
Flüchtlingsstelle
Im Auftrage

MAGISTRAT VON GROSS-BERLIN
Dienstsiegel
90

Fl. II 5. Mat 13079. Din A 5/6. 6000 10. 50

Der Deutsche Werkbund/ Hochschule für bildende Künste: Werkstoff Glas. 2. Heft der Werkstoffreihe. Mit einem Vorwort von Johanna Hofmann, Berlin 1955/56, Landesmuseum Kunst & Kultur Oldenburg

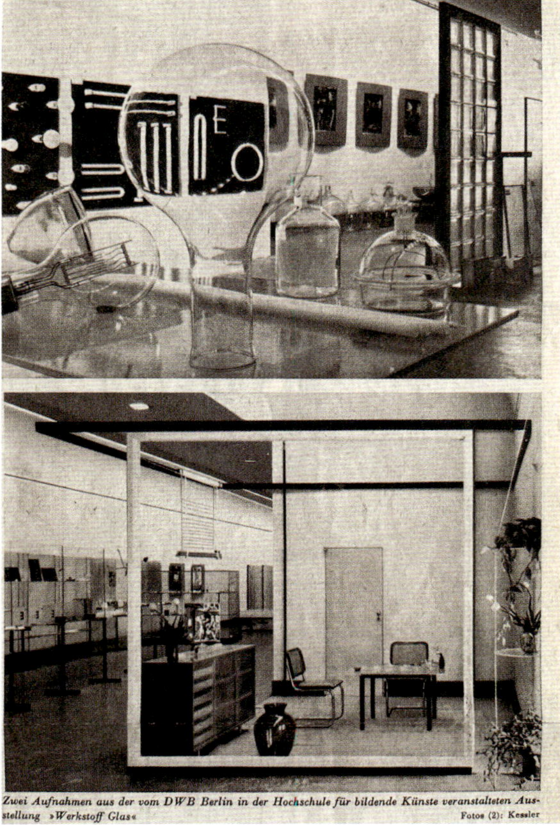

Zwei Aufnahmen aus der vom DWB Berlin in der Hochschule für bildende Künste veranstalteten Ausstellung »Werkstoff Glas«

Fotos (2): Kessler

Ausstellungsansichten »Werkstoff Glas« 1956, in: Johanna Hofmann: Werkstoff Glas, in: *werk und zeit*, 5. Jg. 1956, H. 6, S. 5

Oktober 1955.[11] In Ihren Beiträgen für die Werkbund-Zeitschrift *werk und zeit*, über die Textilkünstlerinnen Woty Werner und Lieselotte Rietz-Ebelt, wird sie sich von Berlin aus erneut der Kunst von Frauen widmen.

Werkstoff Porzellan, Werkstoff Glas und die Interbau

Zu den wichtigsten Projekten dieser Jahre zählen die – maßgeblich von Johanna Hofmann konzipierten – Werkbund-Ausstellungen »Werkstoff Porzellan« und »Werkstoff Glas«, die 1955 und 1956 in der Berliner Hochschule für bildende Künste gezeigt und durch von ihr verfasste Kataloghefte begleitet wurden.

Die Ausstellung »Werkstoff Porzellan« wird am 21. Juni 1955 eröffnet.[12] Gestaltet wurde die Schau, über die Hofmann in *werk und zeit* (mit einer Ansicht aus der Ausstellung) und weiteren Zeitschriften berichtet, von den ehemaligen Bauhäuslern und Berliner Werkbundmitgliedern Wils Ebert und Georg A. Neidenberger, der auch die Kataloggestaltung übernahm. Erneut steht der didaktische Zugang im Fokus: Den Auftakt der Ausstellung bildet eine Station, die den Weg vom Material zum fertigen Produkt vermittelt. Es werden ›Klassiker‹ der Gestaltung, von Marguerite Friedländer und Trude Petri, aber auch innovative Produkte von Nachwuchsgestaltern präsentiert. Ausgestellt werden sowohl Haushalts- und Hotelgeschirr als auch technisches Porzellan. »Porzellan [ist] kein Luxus mehr«, referiert Hofmann den Tenor der Berichterstattung über die Ausstellung.[13]

Die Ausstellung zum Werkstoff Glas findet knapp ein Jahr später, vom 11. Mai bis 3. Juni 1956, statt: »Es fehlt auf dieser Ausstellung wohl kein Gebiet der so vielseitigen Verarbeitung und Verwendung dieses ältesten Kunststoffes, auch nicht eine Reihe von Großfotos moderner Architektur, in welcher der Baustoff Glas dominiert«, berichtet Hofmann in *werk und zeit*.[14] Erneut sind Wils Ebert und Georg Neidenberger die ausführenden Gestalter der Schau.

Für die Realisierung der Vorhaben kann Hofmann auf ihre freundschaftlichen Kontakte zurückgreifen: Mit Wilhelm Wagenfeld korrespondiert sie über dessen Beteiligung und berichtet ihm im Oktober 1955: »Dexel, bei dem ich 2 Tage in Braunschweig war, wird den einführenden Text für die Schrift ›Werkstoff Glas‹ schreiben und aus seiner Formensammlung schöne alte Gläser dazu geben sowie Fotos von alten Glashütten u. a. m.«[15]

Die beiden Ausstellungen zu den Werkstoffen Porzellan und Glas tragen nicht zuletzt zum Aufbau einer Mustersammlung bei, obwohl der Werkbund Berlin zu dieser Zeit noch über keine eigenen Ausstellungsräume verfügt. Ein ursprünglich geplantes drittes Heft der Reihe über den »Werkstoff Metall« erscheint nicht mehr. Indes realisiert Hofmann 1957 mit dem zur Internationalen Bauausstellung Interbau erschienenen Wohnratgeber »Wohnen in unserer Zeit« ihre dritte – und umfangreichste – Publikation für den Berliner Werkbund.

Während der Einfluss des Werkbundes auf die – für den Wiederaufbau in Westdeutschland programmatische – Bauausstellung »Interbau« recht überschaubar war, nutzten Johanna Hofmann und der Werkbund Berlin den Erfolg der Präsentation der Musterbauten von Alvar Aalto, Egon Eiermann, Walter Gropius, Oscar Niemeyer und vielen weiteren Architekten zur Präsentation mustergültiger Wohnformen im Geiste der Werkbundtradition: Auf über

Deutscher Werkbund Berlin: Wohnen in unserer Zeit. Wohnungsgestaltung der Interbau, Darmstadt 1958, Sammlung Werkbundarchiv – Museum der Dinge

hundert reich illustrierten Seiten führt die Publikation »Wohnen in unserer Zeit« moderne Wohnungseinrichtungen als »Beispiel einer neuer Wirklichkeit« vor: »Das feststehende Ensemble früherer Wohnungen ist einer Bewegungsfreiheit des Mobiliars gewichen, das sich je nach Bedarf zwanglos umgruppieren läßt, ohne das Raumgefüge zu stören, das ja ebenfalls dynamisch ist«, führt Johanna Hofmann aus und bildet – in bester Werkbundtradition – mustergültig eingerichtete Interieurs u.a. von Alfred Altherr, Hans Gugelot, Arne Jacobsen und Alvar Aalto mit Möbeln, Leuchten und Einrichtungsgegenständen von Charles Eames, Egon Eiermann, Günter Kupetz, Heinz Löffelhardt, Wilhelm Wagenfeld sowie der Firmen Walter Knoll, Thonet und B. A. G., Turgi ab. »Scheuen wir uns nicht, wohnen zu lernen!«, fordert die Autorin, die damit erneut an ihre pädagogischen Überzeugungen anknüpfen kann: »In den skandinavischen Ländern gehört Wohnerziehung zum Lehrplan der Schulen, um bereits in der Jugend Urteilskraft und Unterscheidungsvermögen zu wecken für das Gute und

Gültige, zugleich in dem Wissen darum, wie nachhaltig die Dingwelt […] einzuwirken vermag.«[16]

Johanna Hofmann war damit, bereits wenige Jahre nach ihrer Übersiedelung, ganz im Westdeutschland der Wiederaufbau- und Wirtschafswunderjahre angekommen. Aus Murnau beglückwünscht Gabriele Münter sie in einem Dankesschreiben für die von Johanna Hofmann übersandten Glückwünsche zum Geburtstag: »Sie haben sich eine Existenz in Berlin geschaffen […].«[17]

Ständige Ausstellung »Wohnen«

Am 15. März 1958 – und nach dem großen Erfolg der Interbau – gelingt dem Deutschen Werkbund Berlin die Eröffnung einer Dauerausstellung zum Thema »Wohnen« in der Hardenbergstraße 9. Hofmann veröffentlicht hierzu einen »Erfahrungsbericht« in der Zeitschrift *Kulturarbeit.*[18] Hierin beschreibt sie die positiven Rückmeldungen breiter Bevölkerungsschichten auf die präsentierten Wohnensembles, die nicht nur ein jüngeres Publikum ansprechen, sondern auch bei vielen ausgebombten, älteren Besuchern Anklang finden und Ausstattungsfirmen neue Anregungen bieten. Die Ausstellung, die zunächst etwa 60 Aussteller auf rund 100 Quadratmetern versammelt und mit der Zeit erweitert wird, gibt den Besuchern »unvoreingenommene Beratung« ohne »merkantile Interessen«. Hofmann berichtet nicht nur über die Öffentlichkeitsarbeit der Schau, sondern auch über Bemühungen, »die oberen Klassen der Schulen sowie Fach- und Berufsschulen zum Besuch der Ausstellung einzuladen.« Sie resümiert erfreut: »Es kamen bereits einige Klassen mit ihren Lehrern, und es zeigte sich in lebhaften Diskussionen, wie sehr bereits die Jugendlichen an den Fragen des Wohnens interessiert sind.«

Arbeiten von Wilhelm Wagenfeld, in: Der Deutsche Werkbund/ Hochschule für bildende Künste: Werkstoff Glas. 2. Heft der Werkstoffreihe. Mit einem Vorwort von Johanna Hofmann, Berlin 1955/56, Landesmuseum Kunst & Kultur Oldenburg

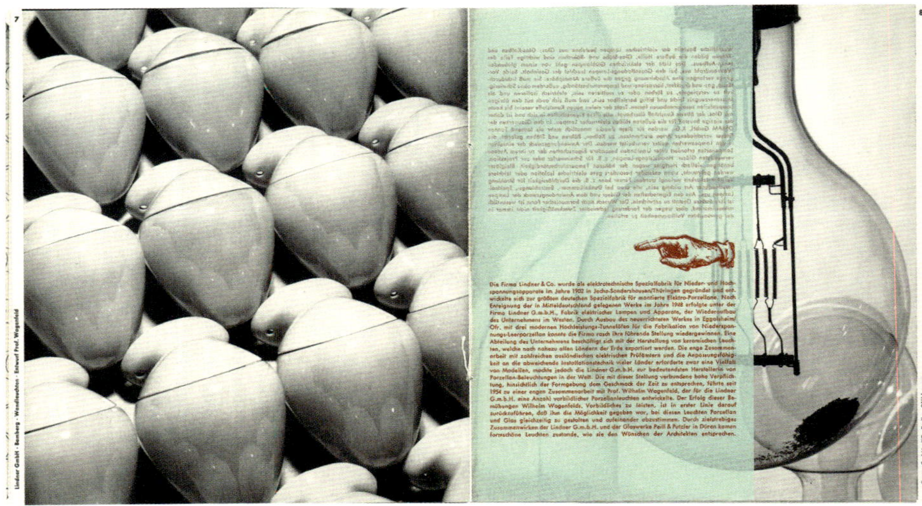

Arbeiten von Wilhelm Wagenfeld, in: Der Deutsche Werkbund/Hochschule für bildende Künste: Werkstoff Glas. 2. Heft der Werkstoffreihe. Mit einem Vorwort von Johanna Hofmann, Berlin 1955/56, Landesmuseum Kunst & Kultur Oldenburg

Freundschaft mit Wilhelm Wagenfeld

Im freundschaftlichen Austausch ist Hofmann-Stirnemann nach wie vor mit dem Industriedesigner Wilhelm Wagenfeld, den sie vermutlich bereits in ihrer Oldenburger Zeit kennengelernt und mit dem sich der Kontakt in den Jenaer Jahren intensiviert hatte. 1946 war Wagenfeld ebenfalls aus der Sowjetischen Besatzungszone nach West-Berlin übersiedelt, wo er 1948 eine Professur an der von Karl Hofer geleiteten Hochschule für Bildende Künste übernahm, bevor er 1949 nach Stuttgart ging, wo er als künstlerischer Leiter der Württembergischen Metallwarenfabrik (WMF) tätig war. 1955 berichtet sie ihm von einem Besuch bei Erich Schott, der 1952 – nach der Verstaatlichung des Jenaer Glaswerks – die westdeutschen Schott-Glaswerke in Mainz gegründet hatte: »Es war ein so herzliches Wiedersehen. Wir aßen zusammen Mittag, und dort lernte ich auch [den Designer und früheren Mitarbeiter Wagenfelds Heinrich] Löffelhardt kennen und besuchte den ›kleinen‹ Otto Lindig, der dort Physiker ist, in seinem Labor.«[19]

In etlichen Briefen insistiert Wagenfeld in die angemessene Berücksichtigung seiner Entwürfe bei den von Johanna Hofmann konzipierten Werkstoff-Ausstellungen. Zu den Institutionen der DDR hat auch er ein angespanntes Verhältnis, teilt er ihr dabei mit: »Übrigens wollte auch Ost-Berlin die Ausstellung gern haben. Ich konnte dort erst recht nicht zusagen, weil wir noch einen jahrelangen Streit um die Lizenzverpflichtungen der volkseigenen Betriebe haben. Die volkseigenen Betriebe stellten ihre Lizenzleistungen ein, als ich nach Westdeutschland übersiedelte und begründeten ihr Vorgehen damit, daß ich nunmehr in den kapitalistischen Westen abgewandert sei.«[20]

Über Wagenfelds Berücksichtigung an den Ausstellungen der »Werkstoff-Reihe« hinaus realisiert Johanna Hofmann für den Werkbund Berlin schließlich eine umfassende Retrospektive seines Wirkens als Industriedesigner, die unter dem Titel »Wilhelm Wagenfeld. Zusammenarbeit mit Fabriken 1930–1962« vom 25. März bis 15. April 1962 in der Akademie der Künste am Hanseatenweg gezeigt wird. In ihrem Katalogtext würdigt sie Wagenfeld als Pionier der Umsetzung des Werkbund-Ideals, das Schöne für Alle zugänglich zu machen: »Nicht das Einzelstück galt es zu schaffen, sondern das Modell für viele tausend gleicher Stücke, weil viele tausend Menschen diese brauchten. Jede[s] einzelne davon sollte aber nach Wagenfelds Worten ›so schön und praktisch sein, daß sich der Reichste wünscht, es zu besitzen, und so preiswert, daß auch der Ärmste es sich kaufen kann.‹«[21] Unmittelbar nach der Eröffnung der Ausstellung dankt Wagenfeld ihr »für das wirklich sehr schöne Vorwort von Dir zum Berliner Katalog.«[22]

Bereits 1962 – im Jahr der Wagenfeld-Schau – hatte Hofmann-Stirnemann ihre Prioritäten neu verteilt: »Ich werde mich ab 1. 1. 62 mehr als bisher der Schreibtischarbeit widmen, habe die Dozentur aufgegeben und nur noch den DWB behalten. Allerhand gute Pläne hab ich schon im Kopf. Und im Sommer möchte ich länger, als es sonst möglich war, in unserem Berghaus im Tessin sein.«[23] 1962 wirkt sie an der Ausstellung »Svensk Form. Eine Ausstellung schwedischer Formgestaltung« mit und berichtet, auch »eine Ausstellung Berliner Künstler in Stockholm« stehe bevor. Sie konstatiert: »So kommt jetzt viel erfreuliche und lebendige Arbeit auf mich zu […].«[24] Als Vertreterin des Werkbunds Berlin nimmt sie 1959 an der Werkbund-Tagung »Die große Landzerstörung« in Marl und 1963 an der Werkbund-Tagung »Sinn und Gebot der Gestalt« in Baden-Baden teil. Bis 1967 ist sie für den Werkbund tätig, bevor sie mit 68 Jahren in den Ruhestand tritt.[25]

Späte Jahre

In den Jahren des Ruhestands nimmt sie weiterhin interessiert am Berliner Kulturleben teil. Anlässlich ihres 80. Geburtstages resümiert sie, weise und ohne Verbitterung: »… und wenn ich wieder zu einer Person mit verdächtiger Gesinnung werden sollte, ich könnte noch heute meine Handtasche nehmen und mich wieder aufmachen, ohne alles. Wissen Sie, nach so einem Leben hat man überhaupt keine Lebensangst mehr und keinerlei Besitzverhältnisse zur Welt.«[26]

Nach einem langen Leben in Kaiserzeit, Weimarer Republik, Nationalsozialismus, im geteilten und schließlich wiedervereinten Deutschland stirbt Johanna Hofmann alias Hanna Hofmann-Stirnemann am 25. November 1996 im Alter von 97 Jahren in Berlin. Wenige Wochen zuvor hatte sie die Nachricht vom Tod ihres ehemaligen Mannes Otto Hofmann erreicht. Ihre warme, herzliche Art, ihre aufrechte Haltung, ihr Humor und nicht zuletzt ihre von den vielen Jahren des Rauchens tiefe dunkle Stimme ist den Menschen, die Stirnemann kennenlernen und die wir für dieses Buch sprechen konnten, in Erinnerung geblieben. Einen umfangreichen Nachlass hat die kinderlos gebliebene

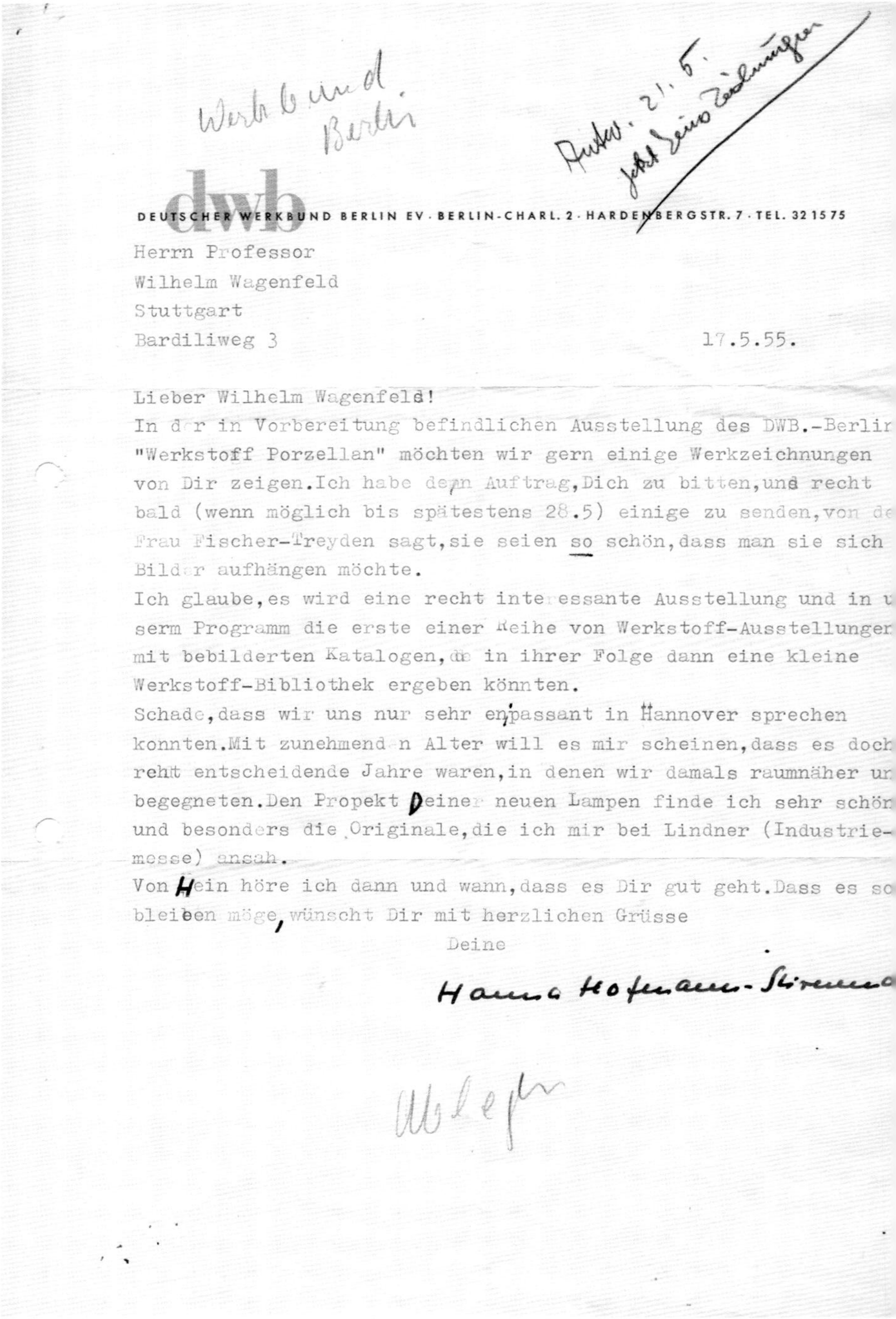

Werkbund Berlin

Antw. 21.5.
jetzt keine Zeichnungen

dwb
DEUTSCHER WERKBUND BERLIN EV · BERLIN-CHARL. 2 · HARDENBERGSTR. 7 · TEL. 32 15 75

Herrn Professor
Wilhelm Wagenfeld
Stuttgart
Bardiliweg 3 17.5.55.

Lieber Wilhelm Wagenfeld!
In der in Vorbereitung befindlichen Ausstellung des DWB.-Berlin "Werkstoff Porzellan" möchten wir gern einige Werkzeichnungen von Dir zeigen. Ich habe den Auftrag, Dich zu bitten, und recht bald (wenn möglich bis spätestens 28.5) einige zu senden, von de[…] Frau Fischer-Treyden sagt, sie seien so schön, dass man sie sich […] Bilder aufhängen möchte.
Ich glaube, es wird eine recht interessante Ausstellung und in u[n]serm Programm die erste einer Reihe von Werkstoff-Ausstellungen mit bebilderten Katalogen, die in ihrer Folge dann eine kleine Werkstoff-Bibliothek ergeben könnten.
Schade, dass wir uns nur sehr en passant in Hannover sprechen konnten. Mit zunehmendem Alter will es mir scheinen, dass es doch recht entscheidende Jahre waren, in denen wir damals raumnäher un[s] begegneten. Den Propekt Deiner neuen Lampen finde ich sehr schön und besonders die Originale, die ich mir bei Lindner (Industriemesse) ansah.
Von Hein höre ich dann und wann, dass es Dir gut geht. Dass es so bleiben möge, wünscht Dir mit herzlichen Grüsse

Deine

Hanna Hofmann-Stirnemann

Ablegen

Hanna Hofmann-Stirnemann an Wilhelm Wagenfeld, Brief v. 17. Mai 1955, Wilhelm Wagenfeld Stiftung, Bremen

Kunsthistorikerin – nicht zuletzt bedingt durch die Flucht aus der DDR – nicht hinterlassen. Zu den wenigen verbliebenen Werken aus ihrer Sammlung gehörten Bilder und Malerbriefe von Otto Hofmann, Keramiken von Otto Lindig, Marguerite Friedländer-Wildenhain und Gerhard Marcks[27] sowie Helmut Krauses Holzschnitt »Bildnis H. St.« (vgl. S. 63), der die Kunsthistorikerin als Museumsdirektorin in Jena zeigt.

1 Hoffmann 1971, S. 209.

2 Vgl. Übernahme-/Übergabe-Verhandlung zwischen den Staatlichen Museen Heidecksburg und Anna Hofmann, 10. Februar 1951, LMO-HHS.

3 Die Tätigkeit ist ihr seit den Studienjahren in Halle/Saale vertraut, wo sie die Bildsammlung des Kunsthistorischen Instituts half zu katalogisieren, vgl. Hanna Stirnemann, Lebenslauf und Studiengang, undat. [ca. Ende 1927], LMO-MW 80d.

4 Johanna Hofmann an das Entschädigungsamt Berlin, Briefdurchschlag v. 4. Februar 1954, LMO-HHS.

5 Landesamt für Bürger- und Ordnungsangelegenheiten, Abt. I – Entschädigungsbehörde an Verf., E-Mail v. 23. November 2023.

6 Johanna Hofmannn, undatiertes Beiblatt [ca. 1952] an das Bundesausgleichsamt, LMO-HHS.

7 Hanna Hofmann an Wilhelm Wagenfeld, Brief v. 26. Oktober 1955, Wilhelm Wagenfeld Stiftung, Bremen.

8 Hanna Hofmann an Wilhelm Wagenfeld, Brief v. 26. November 1955, Wilhelm Wagenfeld Stiftung, Bremen.

9 Die Ehe wurde am 4. April 1956 geschieden. Das Urteil wurde Mitte Mai 1956 rechtsgültig, vgl. Urteil des Landgerichts Berlin, Brief v. 26. Mai 1956, LMO-HHS.

10 Deutscher Werkbund Berlin e. V., Jahresbericht für das Geschäftsjahr 1955/56, Wilhelm Wagenfeld Stiftung, Bremen.

11 Hanna Hofmann an Wilhelm Wagenfeld, Brief v. 26. Oktober 1955, Wilhelm Wagenfeld Stiftung, Bremen.

12 Vgl. Deutscher Werkbund Berlin e. V., Jahresbericht für das Geschäftsjahr 1955/56, Wilhelm Wagenfeld Stiftung, Bremen.

13 Vgl. Johanna Hofmann: Werkstoff Porzellan, in: *werk und zeit*, 4. Jg. 1955, H. 7, S. 2.

14 Johanna Hofmann: Werkstoff Glas, in: *werk und zeit*, 5. Jg. 1956, H. 6, S. 5.

15 Hanna Hofmann an Wilhelm Wagenfeld, Brief v. 26. Oktober 1955, Wilhelm Wagenfeld Stiftung, Bremen. Den einführenden Text der genannten Publikation verfasste schließlich nicht Walter Dexel, sondern Johanna Hofmann selbst. Anlässlich von Dexels 70. Geburtstag veröffentlicht Hofmann eine Würdigung in *werk und zeit*.

16 Johanna Hofmann: Wohnen in unserer Zeit. Wohnungsgestaltung der Interbau, hg. v. Deutschen Werkbund Berlin, Darmstadt [1958], o. Pag.

17 Gabriele Münter an Johanna Hofmann-Stirnemann, Brief v. 18. März 1957, LMO-HHS.

18 Johanna Hofmann: Die ständige Ausstellung ›Wohnen‹ des Deutschen Werkbundes in Berlin. Ein erster Erfahrungsbericht, in: *Kulturarbeit. Monatsschrift für Kultur und Heimatpflege*, 11.1959, H. 2, S. 32 f.

19 Hanna Hofmann an Wilhelm Wagenfeld, Brief v. 26. Oktober 1955, Wilhelm Wagenfeld Stiftung, Bremen

20 Wilhelm Wagenfeld an Hanna Hofmann-Stirnemann, Brief v. 9. Juli 1957, Wilhelm Wagenfeld Stiftung, Bremen.

21 Johanna Hofmann, Einführung, in: Wilhelm Wagenfeld. Zusammenarbeit mit Fabriken 1930–1962, Ausstellung in der Akademie der Künste vom 25. März bis zum 15. April 1962, S. 8.

22 Wilhelm Wagenfeld an Johanna Hofmann-Stirnemann, Brief v. 27. März 1962, Wilhelm Wagenfeld Stiftung, Bremen.

23 Hanna Hofmann an Wilhelm Wagenfeld, Brief v. 15. Dezember 1961, Wilhelm Wagenfeld Stiftung, Bremen.

24 Hanna Hofmann an Wilhelm Wagenfeld, Brief v. 29. April 1962, Wilhelm Wagenfeld Stiftung, Bremen.

25 Vgl. Johanna Hofmann-Stirnemann in einem Interview mit Bernhard Schneider, anlässlich ihres 80. Geburtstages, in: *Werk und Zeit*, 1979, H. 3, S. 2.

26 Ebd.

27 Weber 1989, Kat. Nr. 107, 112, 130, 154 und 155.

unter dem Namen Hanna Stirnemann

Plastische Arbeiten von Elsa Oeltjen-Kasimir, in: *Die Frau und ihr Haus*, 8. Jg., H. 11 v. November 1927, S. 347

Ausstellung Christian Rohlfs' im Augusteum, in: *Oldenburgische Landeszeitung* v. 2. Dezember 1927

H. ST.: Ausstellung ›Neue Baukunst‹. Vorbericht, in: *Oldenburgische Landeszeitung* v. 13. Januar 1928

Moderne deutsche Webstoffe, Keramik, Spitzen und Gläser, in: *Oldenburgische Landeszeitung* v. 21. Oktober 1928

[anonym] Ausstellung Webstoffe und Keramik im Augusteum. Neue Wertarbeit, in: *Oldenburgische Landeszeitung* v. 4. November 1928

Holländische Malerei der Gegenwart, in: *Der Cicerone*, 20. Jg. 1928, H. 22, S. 738 f.

Holländische Malerei der Gegenwart. Ausstellung im Oldenburger Landesmuseum, in: *Der Kunstwanderer. Halbmonatsschrift für Alte und Neue Kunst für Kunstmarkt und Sammelwesen*, 10. Jg., 1./2. Novemberheft 1928, S. 107–109

Dr. St.: Oldenburger Landesmuseum [Holländische Malerei der Gegenwart und Ankündigung der Ausstellung Renger-Patzsch], in: *Die Tide. Niederdeutsche Heimatblätter*, 5.1928, H. 12, S. 620

St.: Die Gemäldegalerie des Oldenburger Landesmuseums, in: *Die Tide. Niederdeutsche Heimatblätter*, 5.1928, H. 12, S. 620

Nordwestdeutsche Klinkerplastik von Elsa Oeltjen-Kasimir, in: *Die Tide. Niederdeutsche Heimatblätter*, 6.1929, H. 4, S. 155–157

Der Stilbegriff des »Spätgotischen« in der Altdeutschen Malerei. Inaugural-Dissertation zur Erlangung der Doktorwürde der Hohen Philosophischen Fakultät der Preußischen Vereinigten Friedrichs-Universität Halle-Wittenberg, Straßburg: Heitz 1929

Der Stilbegriff des »Spätgotischen« in der Altdeutschen Malerei (= Studien zur Deutschen Kunstgeschichte, Heft 268), Straßburg: Heitz 1929

Führer durch das Reußische Heimat-Museum der Stadt Greiz, Greiz 1929

Arbeiten der Metallwerkstatt in der Staatlichen Bauhochschule Weimar, in: *Der Baumeister. Monatshefte für Architektur und Baupraxis*, 28. Jg. 1930, S. 237–240

Aus dem Jenaer Stadtmuseum, in: *Jenaer Volksblatt* v. 5. April 1930

Preisfragen des Jenaer Stadtmuseums. 1. Wer kennt die Jenaer Altstadt?, in: *Jenaer Volksblatt* v. 12. April 1930

Dr. H. St.: Aus dem Jenaer Stadtmuseum. Das Ergebnis des Museumswettbewerbs und die neue Preisfrage, in: *Jenaer Volksblatt* v. 3. Mai 1930

Dr. H. St.: Das Ergebnis des Museumswettbewerbs, in: *Jenaische Zeitung* v. 3. Mai 1930

Vortragsreihe des Museumsvereins Jena, in: *Jenaer Volksblatt* v. 25. Oktober 1930

Führer durch den Siedelhof in Jena. Ein eingerichtetes Altjenaer Weinbauerngehöft, Neuenhahn 1930

Alte Jenaer Bürgerhäuser. Sonderdruck aus dem Jenaer Adressbuch von 1931, Jena 1931

Neues aus dem Jenaer Stadtmuseum, in: *Jenaer Volksblatt* v. 23. Mai 1931

Ausstellung des Tautenburger Goldschmucks im Stadtmuseum, in: *Jenaer Volksblatt* v. 6. Juni 1931

Das lebendige Museum, in: *Thüringer Lehrer-Zeitung*, 21. Jg., Nr. 19 v. 3. Juni 1932, S. 289–291

Jenaer Glas und Dornburger Keramik, in: *Jenaer Volksblatt* v. 15. Oktober 1932

Das siebenhundertjährige Jena, in: *Thüringer Fähnlein*, 1. u 2. Jg. 1932/33, H. 1 v. Oktober 1932, S. 32–36

O. Hofmann, in: *Jenaische Zeitung* v. 17. November 1932

Sonderausstellung im Stadtmuseum. »Die Bildnisse der Jenaer Ehrenbürger und das Goldene Buch der Stadt Jena«, in: *Jenaer Volksblatt* v. 25. November 1932

Otto Hofmann, in: *Die Weltkunst*, 6. Jg., Nr. 51/52 v. 18. Dezember 1932, S. 5

Glasschliffarbeiten von Fritz Koerner in Jena. Sonderausstellung im Stadtmuseum, in: *Jenaer Volksblatt* v. 15. April 1933

Jahresbericht des Jenaer Stadtmuseums 1932/33, in: *Jenaer Volksblatt* v. 28. April 1933

unter dem Namen Hanna Hofmann-Stirnemann bzw. Hanna Hofmann

Das lebendige Museum, in: *Geistige Arbeit. Zeitung aus der wissenschaftlichen Welt*, 3. Jg., Nr. 8 v. 20. April 1936, S. 9 f.

Zeichnungen und Kupferstiche [Tierzeichnungen aus acht Jahrhunderten] (Rez.), in: *Geistige Arbeit. Zeitung aus der wissenschaftlichen Welt*, Nr. 14 v. 20. Juli 1936, S. 6

Grundstile der Kunst (Rez.), in: *Geistige Arbeit. Zeitung aus der wissenschaftlichen Welt*, Nr. 14 v. 20. Juli 1936, S. 12

Eine italienische Bacon-Biographie (Rez.), in: *Geistige Arbeit. Zeitung aus der wissenschaftlichen Welt*, Nr. 18 v. 20. September 1936, S. 8

Wandgemälde der deutschen Romantik (Rez.), in: *Geistige Arbeit. Zeitung aus der wissenschaftlichen Welt*, Nr. 21 v. 5. November 1936, S. 11

Die bildende Kunst in Österreich; Österreichische Malerei des 18. Jahrhunderts; Kunst und Geschichte; Dürers ›Ritter, Tod und Teufel‹ (Rez.), in: *Geistige Arbeit. Zeitung aus der wissenschaftlichen Welt*, 4. Jg., Nr. 6 v. 20. März 1937, S. 11

Die Meißner Bildwerke; Kunstgaben; Die bildende Kunst in Österreich, in: *Geistige Arbeit. Zeitung aus der wissenschaftlichen Welt*, Nr. 16 v. 20. August 1937, S. 2–4

Der Grand Prix für Otto Lindig in Dornburg a.d.S., in: *Jenaische Zeitung* v. 10. Dezember 1937

Die Eutiner Öfen nach Entwürfen von Wilhelm Tischbein, in: *Keramische Rundschau und Kunst-Keramik*, 45. Jg. 1937, Nr. 25, S. 277–279

Lebenswege und Forschungsziele (Rez.), in: *Geistige Arbeit. Zeitung aus der wissenschaftlichen Welt*, 5. Jg. 1938, Nr. 5, S. 4

Die Bürgertugenden Lucas Cranach d. Ä., in: *Geistige Arbeit. Zeitung aus der wissenschaftlichen Welt*, 5. Jg. 1938, Nr. 5, S. 9

Wesensmerkmale der Thüringer Volkskunst, in: *Geistige Arbeit. Zeitung aus der wissenschaftlichen Welt*, 5. Jg. 1938, Nr. 11, S. 1 f.

Heimatmuseum und Volksbildung, in: Geraer Museum im Aufbau, Gera 1949, S. 16–18

Rudolstadt zur Goethezeit, Weimar/Rudolstadt 1949

Grete Wagner-Reichardt, Ausst.-Kat. Rudolstadt. Staatl. Schlossmuseum, Juni – Juli 1950, Rudolstadt 1950

[ohne Nennung der Verfasserin] Staatliche Museen Heidecksburg, hg. v. Staatliche Museen Heidecksburg, Rudolstadt 1951

unter dem Namen Johanna Hofmann

Werkstoff Porzellan, in: *Werk, Architektur, Kunst, künstlerisches Gewerbe*, 42. Jg., H. 9 v. September 1955, S. 182–184

Werkstoff Porzellan, in: *werk und zeit*, 4. Jg. 1955, H. 7, S. 2

Werkstoff Porzellan. 1. Heft der Werkstoffreihe. Mit einem Vorwort von Johanna Hofmann, Geschäftsführerin des Deutschen Werkbundes Berlin, Ausst.-Kat. (1955)

Die Bildwirkerin Woty Werner, in: *werk und zeit*, 5. Jg. 1956, H. 2, S. 3 f.

Werkstoff Glas, in: *werk und zeit*, 5. Jg. 1956, H. 6, S. 5

Werkstoff Glas. 2. Heft der Werkstoffreihe. Mit einem Vorwort von Johanna Hofmann, Geschäftsführerin des Deutschen Werkbundes Berlin, Ausst.-Kat. Der Deutsche Werkbund/Hochschule für bildende Künste o. J. (1956)

Neue Reiseandenken. Wettbewerb des Deutschen Werkbundes Berlin, in: *werk und zeit*, 6. Jg., H. 6 v. Juni 1957, S. 5

Johanna Hofmann (Red.): Wohnen in unserer Zeit. Wohnungsgestaltung der Interbau, hg. v. Deutschen Werkbund Berlin, Darmstadt [1958]

Die ständige Ausstellung ›Wohnen‹ des Deutschen Werkbundes in Berlin. Ein erster Erfahrungsbericht, in: *Kulturarbeit. Monatsschrift für Kultur und Heimatpflege*, 11.1959, H. 2, S. 32 f.

Walter Dexel 70 Jahre, in: *werk und zeit*, 9. Jg., Nr. 2 v. Februar 1960, S. 4

ohne Titel [Notiz über die Ständige Ausstellung Wohnen des DWB Berlin], in: *werk und zeit*, 9. Jg., Nr. 7 v. Juli 1960, S. 5

Kunsthandwerk Berlin, in: *Kunst + Handwerk. Zeitschrift für das gestaltende Handwerk in Deutschland und Europa*, 6. Jg., H. 1 v. Januar 1962, S. 15 mit Abb. auf S. 21–23

Sonderausstellungen des DWB Berlin, in: *werk und zeit*, 10. Jg., Nr. 2 v. Februar 1962, S. 7

Interview mit einem Marionettenspieler, in: *werk und zeit*, 11. Jg., Nr. 3 v. März 1962, S. 3 f.

Die Bildweberein Lieselotte Rietz-Ebelt, in: *Kunst + Handwerk. Zeitschrift für das gestaltende Handwerk in Deutschland und Europa*, 6. Jg., H. 2 v. März 1962, S. 25 und 37

(Einführung in:) Wilhelm Wagenfeld. Zusammenarbeit mit Fabriken 1930–1962, Ausstellung in der Akademie der Künste vom 25. März bis zum 15. April 1962, S. 7–11

Handwerk – Form – Qualität, in: *werk und zeit*, 11. Jg., Nr. 12 v. Dezember 1962, S. 1 f.

Handwerk – Form – Qualität, in: *Kunst + Handwerk. Zeitschrift für das gestaltende Handwerk in Deutschland und Europa*, 7. Jg., H. 2 v. März 1963, S. 2 f.

›Gutes Spielzeug aus der Schweiz‹, in: *werk und zeit*, 12. Jg., Nr. 7/8 v. Juli/August 1963, S. 6

[ohne Nennung der Verfasserin] Bontjes van Beek 65 Jahre, in: *Werk und Zeit*, 13. Jg., H. 2 v. Februar 1964, S. 2

Otto Lindig +, in: *Werk und Zeit*, 15. Jg., H. 12 v. Dezember 1966, S. 2

Literaturverzeichnis

Ausst.-Kat. Otto Hofmann 1993
Otto Hofmann. Ausst.-Kat. Goethe-Institut Brüssel/Angermuseum Erfurt, Brüssel 1993

Ausst.-Kat. Otto Hofmann 2007
Otto Hofmann. Die Poetik des Bauhauses zwischen konkreter und lyrischer Kunst/ La poetica del Bauhaus tra lirico e concreto, hg. v. Giovanni Battista Martini, Mailand 2007

Bach 2021
Ingo Bach: Johanna Hofmann-Stirnemann, in: *Weißenfelser Heimatbote*, 30. Jg. 2021, H. 4, S. 110–112

Barth 1986
Max Barth: Flucht in die Welt. Exilerinnerungen 1933–1950, hg. und mit einem Nachwort von Manfred Bosch, Waldkirch 1986

Beutler 1976
Zwölf Briefe von Wassily Kandinsky an Hans Thiemann 1933–1939, hg. v. Christian Beutler, in: *Wallraf-Richartz-Jahrbuch* 38.1976, S. 155–166

Braune 2022
Andreas Braune: Jena. Manche müssen die Ersten sein, in: Moderne und Provinz. Weimarer Republik in Thüringen 1918–1933, hg. v. Michael Grisko, Halle (Saale) [2022], S. 109–113

Brenner 1963
Hildegard Brenner: Die Kunstpolitik des Nationalsozialismus, Reinbek 1963

Buchda-Paul 2001
Ulrike Buchda-Paul: Gertrud Paul – »So hoffe ich, nicht umsonst geschafft zu haben«, in: Entwurf und Wirklichkeit. Frauen in Jena 1900 bis 1933, hg. v. Gisela Horn, Jena 2001, S. 339–344

Chichester und Sölch 2021
K. Lee Chichester und Brigitte Sölch (Hg.): Kunsthistorikerinnen 1910–1980. Theorien, Methoden, Kritiken, Berlin [2021]

Didier 1989
Christina Didier: »Probe glänzend bestanden: Johanna Hofmann-Stirnemann, in Jena die erste deutsche Museumsdirektorin, wird 90«, in: *Volkswacht*, Jena 1989

Dieck 2004
Walter Dieck. Volontär im Landesmuseum 1925–1927. Erinnerungen, hg. und kommentiert v. Egbert Koomar, in: *Jahrbuch 2004*, Landesmuseum Oldenburg, S. 17–33

Engelhardt 2013
Katrin Engelhardt: Ferdinand Möller und seine Galerie. Ein Kunsthändler in Zeiten historischer Umbrüche, Diss. Universität Hamburg, Hamburg 2013, online: https://ediss.sub.uni-hamburg.de/handle/ediss/5203

Der Erfurter Kunstverein 2009
Der Erfurter Kunstverein. Eine Dokumentation von 1886 bis 1945 mit Beiträgen zur Geschichte der »Vereinigung der Erfurter Museumsfreunde« und der »Museumsgemeinde zu Erfurt«, zusammengestellt von Cornelia Nowak unter Mitarbeit von Ruth Menzel, Erfurt 2009

Fries und Gutsmiedl-Schümann 2013
Jana Esther Fries und Doris Gutsmiedl-Schümann (Hg.): Ausgräberinnen, Forscherinnen, Pionierinnen. Ausgewählte Porträts früher Archäologinnen im Kontext ihrer Zeit, Münster/New York/München 2013

Fuhrmeister 2006
Christian Fuhrmeister: Hans Rose. Eine biographische Skizze, in: Pablo Schneider und Philipp Zitzlsperger: Bernini in Paris. Das Tagebuch des Paul Fréart de Chantalou über den Aufenthalt Gianlorenzo Berninis am Hof Ludwigs XIV., Berlin 2006, S. 434–448

Grüttel 1913
Else Grüttel: Weibliche Museumsangestellte, in: *Museumskunde*, 9.1913, S. 219–224

Hellmann 1995
Birgitt Hellmann: Paul Weber. Kunsthistoriker, Museumsgründer und Denkmalpfleger in Jena, in: Jürgen John und Volker Wahl (Hg.): Zwischen Konvention und Avantgarde. Doppelstadt Jena Weimar, Weimar 1995, S. 91–104

Hellmann 1997
Birgitt Hellmann: Johanna Hofmann-Stirnemann (12. Oktober 1899–25. November 1996) – die erste Museumsdirektorin Deutschlands, in: *Thüringer Museumshefte*, 6. Jg. 1997, H. 1, S. 72–74

Hellmann 2001
Birgitt Hellmann: »... nach so einem Leben hat man überhaupt keine Lebensangst mehr und keinerlei Besitzverhältnis zur Welt«. Johanna Hofmann-Stirnemann – die erste Museumsdirektorin Deutschlands, in: Entwurf und Wirklichkeit. Frauen in Jena 1900 bis 1933, hg. v. Gisela Horn, Jena 2001, S. 325–338

Hellmann 2015
B. H. [Birgitt Hellmann]: Johanna Hofmann-Stirnemann (1899–1996), in: Jüdische Lebenswege in Jena: Erinnerungen, Fragmente, Spuren, hg. v. Stadtarchiv Jena in Zusammenarbeit mit dem Jenaer Arbeitskreis Judentum, Jena 2015, S. 311–313

Hellmann und Weigelt 2023
Birgitt Hellmann und Sylvia Weigelt: Die erste Museumsdirektorin Deutschlands. Johanna Hofmann-Stirnemann, in: dies.: Jena. 55 Meilensteine der Geschichte. Menschen, Orte und Ereignisse, die unsere Stadt bis heute prägen, Tübingen 2023, S. 104 f.

Hoerner 1931
Margarete Hoerner: Hanna Stirnemann: Der Stilbegriff des »Spätgotischen« in der altdeutschen Malerei (Rez.) in: *Zeitschrift für Ästhetik und allgemeine Kunstwissenschaft*, Bd. 25, H. 3, 1931, S. 278 f.

Hoffmann 1971
Hubert Hoffmann: die wiederbelebung des bauhauses nach 1945, in: Bauhaus und Bauhäusler. Bekenntnisse und Erinnerungen, hg. v. Eckhard Neumann, Bern und Stuttgart 1971, S. 206–210

Hoffmann 2016
Meike Hoffmann: Verboten und Verborgen. Lagerorte »Entarteter Kunst«, in: Sabine Loitfellner und Pia Schölnberger (Hg.): Bergung von Kulturgut im Nationalsozialismus: Mythen – Hintergründe – Auswirkungen, Wien 2016, S. 401–420

Hofmann 2001
Otto Hofmann: Malerbriefe aus Rußland 1941–1944, hg. v. Markus Krause. Mit einem Beitrag von Marianne Hofmann, Berlin 2001

Jakobson 1990
Hans-Peter Jakobson: Otto Lindig – der Töpfer. 1895–1966, Gera 1990

Jeskow und Stutz 2015
Jan Jeskow und Rüdiger Stutz: Die antijüdische Kommunalpolitik der Jenaer Stadtverwaltung in der NS-Zeit, in: Marc Bartuschka (Hg.): Nationalsozialistische Lager und ihre Nachgeschichte in der StadtRegion Jena. Antisemitische Kommunalpolitik – Zwangsarbeit – Todesmärsche, Jena 2015, S. 37–64

Kleine 1998
Gisela Kleine: Gabriele Münter und Wassily Kandinsky. Biographie eines Paares, Frankfurt/Main und Leipzig 1998

Klossek 2013
akl [Andreas Klossek]: Ein Haus voller Geschichte(n), in: *Das Stadtmagazin für Jena und Region*, Ausgabe 44, März 2013, S. 30–32

Köpnick 2018
Gloria Köpnick: Gabriele Münter, Portrait Hanna Stirnemann, 1934, Landesmuseum für Kunst und Kulturgeschichte Oldenburg, Kunstwerk des Monats Oktober 2018

Köpnick 2021
Gloria Köpnick: Avantgarde in der Provinz. Die Oldenburger »Vereinigung für junge Kunst« (1922–1933), Petersberg 2021

Köpnick und Stamm 2023
Gloria Köpnick und Rainer Stamm: Johanna Hofmann-Stirnemann. The first female museum director in Germany, in: Journal of Art Historiography, Nr. 29, Dezember 2023, online: https://arthistoriography.files.wordpress.com/2023/11/koepnick_stamm-1.pdf

Lang 2022
Lisa Lang: Frieda Fischer, Lilli Fischel und Hanna Stirnemann. Frauen in Führungspositionen an Museen zu Beginn des 20. Jahrhunderts, Masterarbeit Technische Universität Berlin 2022, online: https://doi.org/10.14279/depositonce-16770

Lucke und Nowak 2001
Mechthild Lucke und Cornelia Nowak: »... Driesch zu der Geltung zu verhelfen, die er gerade heute verdient«. Die Gedächtnisausstellung 1930 im Angermuseum und ihre Stationen, in: Ausst.-Kat. Johannes Driesch. Vom Bauhaus nach Arkadien, Weimar/Erfurt 2001, S. 41–48

Manske 2012
Beate Manske: Wilhelm Wagenfelds Lehrjahre, in: Zeitgemäß und zeitbeständig. Industrieformen von Wilhelm Wagenfeld, Bremen 2012, S. 10–55

Meyer 2023
Andrea Meyer: Towards a modern museum. Women in the German museum association, in: Journal of Art Historiography, Nr. 29, Dezember 2023, online: https://arthistoriography.files.wordpress.com/2023/10/meyer.pdf

Möller 2000
Rudolf Möller: Beiträge zur Geschichte des Rudolstädter Naturhistorischen Museums. 1903 bis 1960, in: *Rudolstädter Naturhistorische Schriften* 10.2000 (i.e. 2001), S. 3–32

Nowack 2011
Bernd Nowack: Hanna Stirnemann (1899–1996) als Lyrikerin, Blogeintrag v. 30. Januar 2011, online: http://barrynoa.blogspot.com/2011/01/hanna-stirnemann-1899-als-lyrikerin.html

Osten 1962
Gert von der Osten: Paul Frankl. 1878–1962, in: *Wallraf-Richartz-Jahrbuch* 24.1962, S. 7–14

Quandt 1954
Ingeborg Quandt: Geschichte des Heimatmuseums Greiz, in: 25 Jahre Heimatmuseum Greiz. Jubiläumsschrift, Reichenbach 1954, S. 5–22

Lindig 2019
Otto Lindig. Die Dornburger Zeit, hg. v. Förderkreis Keramik-Museum Bürgel und Dornburger Keramik-Werkstatt e. V., bearb. v. Ulf Häder und Konrad Kessler, [Dornburg] 2. Aufl. 2019

Rausch und Ernüchterung 2008
Rausch und Ernüchterung. Die Bildersammlung des Jenaer Kunstvereins – Schicksal einer Sammlung der Avantgarde im 20. Jahrhundert, Jena und Quedlinburg 2008

Scheper 2012
Renate Scheper: Lou Scheper-Berkenkamp. Leben und Werk, in: Phantastiken. Die Bauhäuslerin Lou Scheper-Berkenkamp, Ausst.-Kat. Bauhaus-Archiv Berlin, Bramsche 2012, S. 11–37

Schmid 1999
Maria Schmid: Die Avantgarde im Jenaer Kunstverein, in: Expressionismus in Thüringen. Facetten eines kulturellen Aufbruchs, hg. v. Cornelia Nowak, Kai Uwe Schierz und Justus H. Ulbricht, Jena 1999, S. 74–83

Schmid 2008
Maria Schmid: Die Geschichte der Jenaer Kunstvereinssammlung, in: Rausch und Ernüchterung. Die Bildersammlung des Jenaer Kunstvereins. Schicksal einer Sammlung der Avantgarde im 20. Jahrhundert, Jena und Quedlinburg 2008, S. 9–44

Schubbe 1972
Elimar Schubbe (Hg.): Dokumente zur Kunst-, Literatur- und Kulturpolitik der SED, Stuttgart 1972

Stamm 2011
Rainer Stamm (Hg.): Der zweite Aufbruch in die Moderne. Expressionismus – Bauhaus – Neue Sachlichkeit. Walter Müller-Wulckow und das Landesmuseum Oldenburg 1921–1937, Ausst.-Kat. Landesmuseum Oldenburg 2011/12, Bielefeld 2011

Stamm 2014
Rainer Stamm: »eine neue Art des Sehens«. Fotografie der Neuen Sachlichkeit im Landesmuseum Oldenburg, in: *Oldenburger Jahrbuch 2014*, S. 169–182

Stamm 2018
Rainer Stamm: Hanna Stirnemann: Die Avantgarde der Frauen, in: *Frankfurter Allgemeine Zeitung* v. 3. April 2018

Stamm 2019
Rainer Stamm: Die Moderne in der Provinz, in: *Frankfurter Allgemeine Zeitung* v. 19. Oktober 2019

Stamm 2020
Rainer Stamm: »Jedes Blatt ist ein Paradigma«. Auf Spurensuche nach den ersten Museumsausstellungen Aenne Biermanns, in: Aenne Biermann. Fotografin, hg. v. Simone Förster und Thomas Seelig, Zürich 2020, S. 129–133

Weißenfelser Amtsblatt 2021
o. A.: Erste Museumsdirektorin Deutschlands stammte aus Weißenfels, in: *Weißenfelser Amtsblatt*, 31. Jg., Nr. 6 v. 25. Juni 2021, S. 14 f.

Wahl 1988
Volker Wahl: Jena als Kunststadt. Begegnungen mit der modernen Kunst in der thüringischen Universitätsstadt zwischen 1900 und 1933, Leipzig 1988

Weber 1989
Klaus Weber (Hg.): Keramik und Bauhaus. Geschichte und Wirkungen der keramischen Werkstatt des Bauhauses, Berlin 1989

Wendland 1999
Ulrike Wendland: Biographisches Handbuch deutschsprachiger Kunsthistoriker im Exil. Leben und Werk der unter dem Nationalsozialismus verfolgten und vertriebenen Wissenschaftler, München 1999

Wiesler 1986
Hermann Wiesler: Otto Hofmann. Bilder und Aquarelle, Stuttgart und Ravensburg 1986

Wischnewski 2019
Manuel Wischnewski: First Ladies / Die ersten Direktorinnen, in: *BLAU Magazin*, Nr. 38, Oktober/November 2019, S. 69–73

Wischnewski 2020
Manuel Wischnewski: Forerunners, in: *BLAU International*, Nr. 2, Sommer 2020, S. 206–211

Wurm, Henkel und Ballon 2001
Carsten Wurm, Jens Henkel und Gabriele Ballon: Der Greifenverlag zu Rudolstadt 1919–1993. Verlagsgeschichte und Bibliographie, Wiesbaden 2001

Register

Impressum

»Eine Frau als Museumsdirektorin«
Hanna Hofmann-Stirnemann
(1899–1996)
von Gloria Köpnick und Rainer Stamm

Die vorliegende Publikation erscheint anlässlich des 125. Geburtstags von Hanna Hofmann-Stirnemann.

Die Veröffentlichung wurde großzügig von der Ernst von Siemens Kunststiftung gefördert.

Gestaltung
Annett Stoy, Sandstein Verlag

Satz und Reprografie
Katharina Stark, Jana Neumann, Sandstein Verlag

Druck und Verarbeitung
FINIDR s.r.o., Český Těšín

Schrift
Sonar Sans, Core Serif

Papier
Luxo Art Samt New 150 g/m²

Die Deutsche Nationalbibliothek verzeichnet diese Publikation in der Deutschen Nationalbibliografie; detaillierte bibliografische Daten sind im Internet über http://dnb.dnb.de abrufbar.

www.sandstein-verlag.de
ISBN 978-3-95498-824-2

Bildnachweis
Sofern nicht anders vermerkt stammen die Abbildungen von den bestandsführenden Institutionen und Sammlungen.
Darüber hinaus danken wir den folgenden Fotografinnen und Fotografen

Landesmuseum Kunst & Kultur Oldenburg: Sven Adelaide
S. 79: Berlinische Galerie, Nachlass Hannah Höch, Foto: Anja Elisabeth Witte/Berlinische Galerie
S. 117 oben und unten: Angermuseum Erfurt, Foto: Dirk Urban
S. 130 unten: Christian Hesse Auktionen 2018, Foto: Grit Hesse

Bildzitate aus Publikationen
S. 88 und 89: Gabriele Münter. 1877–1962. Retrospektive, hg. v. Annegret Hoberg und Helmut Friedel, München, zweite Auflage 1993
S. 106: Werner Meinhof: Lebendige Anschauung. Aufsätze und Vorträge, hg. v. Hajo Jappe, Jena 1941
S. 134 oben: Margaretha Reichardt 1907–1984. Textilkunst, Erfurt 2009
S. 142: Punkt, Linie, Fläche. druckgraphik am bauhaus. Ausst.-Kat. Bauhaus-Archiv, Berlin 1999
S. 143 unten: Paul Klee in Jena 1924. Die Ausstellung, Ausst.-Kat. Jena 1999

Umschlag
Hanna Stirnemann im Stadtmuseum in Jena, 1931, Fotografie, Landesmuseum Kunst & Kultur Oldenburg